Uni-Taschenbücher 1998

UTB
FÜR WISSEN
SCHAFT

Eine Arbeitsgemeinschaft der Verlage

Wilhelm Fink Verlag München
A. Francke Verlag Tübingen und Basel
Paul Haupt Verlag Bern · Stuttgart · Wien
Hüthig Fachverlage Heidelberg
Verlag Leske + Budrich GmbH Opladen
Lucius & Lucius Verlagsgesellschaft Stuttgart
Mohr Siebeck Tübingen
Quelle & Meyer Verlag Wiesbaden
Ernst Reinhardt Verlag München und Basel
Schäffer-Poeschel Verlag Stuttgart
Ferdinand Schöningh Verlag Paderborn · München · Wien · Zürich
Eugen Ulmer Verlag Stuttgart
Vandenhoeck & Ruprecht in Göttingen und Zürich

James C. VanderKam

Einführung in die Qumranforschung

Geschichte und Bedeutung der Schriften vom Toten Meer

Übersetzt von Markus Müller

Vandenhoeck & Ruprecht in Göttingen

Dr. James C. VanderKam ist Professor für hebräische Bibel und Schriften an der University of Notre Dame, Indiana/USA.

Dr. Markus Müller ist wiss. Assistent am Institut für Neues Testament der Universität Erlangen-Nürnberg.

Mit 4 Abbildungen

Die Deutsche Bibliothek – CIP-Einheitsaufnahme

VanderKam, James C.:
Einführung in die Qumranforschung: Geschichte und Bedeutung der Schriften vom Toten Meer / James C. VanderKam.
Übers. von Markus Müller. –
Göttingen: Vandenhoeck und Ruprecht, 1998
(UTB für Wissenschaft: Uni-Taschenbücher; 1998)
ISBN 3-8252-1998-4 (UTB)
ISBN 3-525-03292-7 (Vandenhoeck & Ruprecht)

ISBN 3-525-03292-7
Printed in Germany
Einbandgestaltung: A. Krugmann, Stuttgart
Satz: Competext, Heidenrod
Druck und Bindung: Hubert & Co., Göttingen

ISBN 3-8252-1998-4 **(UTB-Bestellnummer)**

Inhalt

Einführung

Beim Erscheinen dieser deutschen Übersetzung des preisgekrönten Buches von James C. VanderKam, The Dead Sea Scrolls Today, ist das Jubeljahr 1997 mit dem Prädikat „50 Jahre Qumrantexte“ eben vorbei. Es war ein Jahr der Kongresse und Symposien, der Rückblicke und Darstellungen des Standes der Wissenschaft nach einem halben Jahrhundert Erforschung sowohl der 1947 (bis 1956) entdeckten Schriftrollen aus den Grotten der Wüste Juda wie auch der archäologischen Sachverhalte der in den Jahren 1950 bis 1958 durchgeführten und seither immer wieder ergänzten Ausgrabungen der Ruinen von Qumran und dem nahen Quellort En Feschcha am Rand des Toten Meeres.

Das Jubeljahr brachte noch einmal alle Spielarten der Deutung der Texte und der Steine von Qumran hervor und bot noch einmal all jene interpretativen Geflechte zum Gesamtbefund an, in welchen manchmal eine frühjüdische Gruppe ganz eigener Prägung, manchmal eine schon bekannte „Religionspartei“ des Frühjudentums (Pharisäer, Sadduzäer, Essener, Zeloten) oder eine Vor-/Parallelform des Christentums aufscheint, manchmal aber auch nur eine Parfüm-, Pharmazeutika-, Asphalt-, Leder- oder Glasmanufaktur, eine Karawanserai (Lea Cansdale), eine Quarantänestation (A. Crown) oder immerhin eine vornehme Wintervilla (Pauline Donceel-Voûte), eine Festung (Norman Golb) oder der Sitz eines „land lord“, das Zentrum eines Landwirtschaftsbetriebes (Yizhar Hirschfeld) ersichtlich wird. In einigen Fallen besteht das Geflecht hauptsächlich nur aus den Hypothesen der Autoren (wie bei Robert Eisenman; Barbara Thiering) und stellt deshalb deren eigenes phantasievolles oder polemisches Gespinst dar.

Auch die Texte wurden jeweils von diesen Gesamtdeutungen in Beschlag genommen und bekamen dann unterschiedliche Funktionen und Schicksale zugesprochen. Sie konnten als eine nach Sachgruppen geordnete Hausbibliothek der Gemeinschaft von Qumran verstanden werden, in welche sich im Laufe der Jahrzehnte ein Querschnitt der um die Zeitenwende vorhandenen und gelesenen jüdischen Literatur eingelagert hat. Dann geben diese Texte – und dies scheint mir immer noch die vernünftigste und ungezwungenste Gesamtinterpretation der Funde zu sein – einen Einblick in jene jüdische Literatur, die aus *verschiedenen* frommen Kreisen pietistisch-apokalyptischer Färbung stammen und durch Mitglieder, neu Eintretende oder Besucher der Gemeinschaft von Qumran hierher gebracht wurden. Die Texte spiegeln dann zwar besonders die Theologie und Praxis der Qumranleute wider, sind aber ebenfalls wertvolle Bezeugungen der religiösen Welt und Literatur des frommen Judentums ... eines Judentums, das „in Formation" war und – weder was die heiligen noch was die erbaulichen Schriften angeht – schon endgültig feste Vorgaben hatte; das heißt aber auch: eines Judentums, das sich nicht auf die doch enge und polemische Situation von Qumran reduzieren läßt, sondern eine Fülle von Vereinen umfaßt, die alle parallel oder gegen die Großtheorien der theologisch-institutionell maßgebenden Gruppen in Jerusalem liefen und in ihrer apokalyptischen Grundstruktur und ihrer auf zukünftige Veränderung ausgehenden Subversivität eine Gemeinsamkeit hatten. Die Texte sind dann aber auch ein Fenster in die Welt jenes Judentums, das sich nicht auf die doch konservative Hochtheologie des Tempels oder der Schriftgelehrsamkeit einschränken ließ, sondern damals moderne, aufrührerische Theologie betrieb, die vieles in Bewegung zu setzen versuchte. Daß Jesus, die Jesusbewegung und die im jüdischen Bereich sich entwickelnden urchristlichen Gruppen in diesem Kontext anzusiedeln sind und deshalb ein intensives Geflecht von Beziehungen zwischen Qumrantexten und Neuem Testament bestehen muß, ist selbstverständlich.

Auch wird dann deutlicher, daß die sogenannten Pseudepigraphen und Apokryphen des Alten Testaments, die nach den neuesten Darstellungen immerhin fast 70 verschiedene Texte ausmachen und deren Wert für die literarische und theologische Kontinuität zwischen „Altem" und „Neuem Testament" in den letzten Jahren sehr deutlich herausgearbeitet wurde, nur ein kleiner Teil dessen ist, was das frühe Judentum an Literatur hervorgebracht hat. Gerade die neueren Bände mit poetischen, liturgischen, sapientialen und „parabiblischen" Texten (s.u.), die eine weitere Fülle von erzählenden, paränetischen, weisheitlichen, apokalyptischen, astronomisch-astrologischen usw. Inhalten aufweisen, haben dies unterdessen zur Evidenz heranreifen lassen.

Letztlich ist es dann nicht mehr von großem Belang, ob die Rollen schon länger in den Höhlen gelagert waren oder ob sie erst unter dem Ansturm der Römer im Jahre 68 n.Chr. dorthin ausgelagert wurden. Daß es hier um die gerettete Bibliothek des Tempels oder

der jüdischen Elite von Jerusalem geht, wie Norman Golb am vehementesten behauptet, ist jedoch vom Inhalt der Texte her unwahrscheinlich, es sei denn, man postuliert in Jerusalem eine theologische Offenheit für die verschiedensten, auch subversiven und polemisch-zelotischen Strömungen des damaligen Judentums, wie wir Heutige es den damaligen elitären Kreisen nicht zumuten. Dann käme es aber, was die Gesamteinschätzung dieser Texte betrifft, wieder auf dasselbe hinaus: eine alternative Bibliothek aus den verschiedenen Bereichen des Judentums, inklusive Qumran, nur ursprünglich zusammengestellt in Jerusalem und dann wegen der Not der Zeit in die Wüste Juda gebracht. Aber dies ist stets die unwahrscheinlichere Erklärungsvariante; sie verlangt mehr Hypothetik und Kriminalistik als die erstgenannte Deutung.

In den interpretativen Extremfällen wie bei M. Baigents und R. Leighs „Verschlußsache Jesus" wurde die Kriminalistik dann noch bis in die Neuzeit verlängert, wo heutige Gelehrte, die „Inquisition" der Dominikaner oder gar der Vatikan selbst versteckt haben sollen und die Journalisten endlich aufgedeckt haben! Da wird dann allerdings das eigene Buch zum akademischen *crimen*.

Bei allen Sturmwinden, die den Blätterwald mit zum Teil absurden Thesen zum Rauschen (und die Kassen zum Klingeln) bringen, und auch bei allen juristischen und forschungsgeschichtlichen Querelen, die die Veröffentlichungen begleiten, darf nicht übersehen werden, daß in den letzten Jahren eine immense seriöse Arbeit geleistet wurde, sowohl zur wissenschaftlich verantwortbaren Edition, Übersetzung und Interpretation der Texte wie auch zur möglichst authentischen Wahrnehmung der archäologischen Sachverhalte – und dies auch im deutschsprachigen bzw. europäischen Raum. Die heftigen Anfragen und Beschuldigungen eines Robert Eisenman, die hartnackigen Forderungen eines Hershel Shanks oder Norman Golb oder auch die genialische Umgehung des Publikationsverbotes mit Hilfe des Computers durch Ben Zion Wacholder und Martin Abegg (s.u. S. 219f) haben sicher zur Beschleunigung des ganzen seriösen Prozesses beigetragen. Dieses Verdienst haben sie auf jeden Fall. Daß die Israelis mit Amir Drori einen ehemaligen General in die Entscheidungsspitze der Qumrangremien gesetzt und damit etwas militärische Rigorosität in das wissenschaftliche Glasperlenspiel gebracht haben und daß ein internationales, endlich auch die jüdische Seite einbeziehendes Advisory Committee Kontrollfunktion ausüben kann, hat nicht nur negative Seiten, sondern trägt zur Versachlichung der Situation sicherlich bei.

Das Buch von James C. VanderKam, der zum neuen internationalen Team der Herausgeber der Qumrantexte gehört, bezeugt die akademische Nüchternheit, die bei jenen vorherrscht, die die Probleme der definitiven Edition der Texte und der sachgerechten Deutung der Steine trotz ihrer Komplexität in den Griff zu bekommen versuchen und dazu die Knochenarbeit leisten. Die Faszination an den Qumranbefunden bekommt darin einen adäquateren Ausdruck als in den Eruptionen der gewinn- oder skandalorientierten Interpretationskünstler. Das Buch vertritt – bei allen eigenen Deutungen von Detailbefunden – keine neue Gesamtposition. Es ist in diesem Sinn ein Lehrbuch, das den Konsens dort formuliert, wo er vorhanden ist, aber die Türen nicht verschlossen hält, die durch neue Evidenzen geöffnet werden können. Da das Buch aber schon 1994 erschienen ist, ist hier wohl der Ort, das halbe Jahrzehnt Forschungsgeschichte seitdem im Hinblick auf ein deutschsprachiges Publikum in einigen wichtigen Punkten einzubeziehen.

Die *Discoveries in the Judaean Desert* sind inzwischen durch folgende Bände mit biblischen und frühjüdischen Texten aus der 4. und 11. Höhle bereichert worden:

XI: Qumran Cave 4/VI: Poetical and Liturgical Texts, Part 1, by Carol Newsome and Eileen Schuller, Oxford 1996.

XII: Qumran Cave 4/VII: Genesis to Numbers [= 4Q1–27], by Eugene Ulrich et al., Oxford 1994.

XIII: Qumran Cave 4/VIII: Parabiblical Texts, Part 1 [= 4Q216–228. 364–367. 369. 382. 422], by Harold Attridge, Torleif Elgvin, Józef Milik, Saul Olyan, John Strugnell, Emanuel Tov, James VanderKam, and Sidnie White, in consultation with James VanderKam, Oxford 1994.

XIV: Qumran Cave 4/IX: Deuteronomy, Joshua, Judges, Kings [= 4Q28–54], by E. Ulrich et al., Oxford 1996.

XV: Qumran Cave 4/X: The Prophets, by E. Ulrich, Frank Moore Cross, Russell E. Fuller et al., Oxford 1997.

XVIII: Qumran Cave 4/XIII: The Damascus Document (4Q266–273), by Joseph M. Baumgarten, On the basis of transcription by Józef T. Milik; with contributions by Stephen Pfann and Ada Yardeni, Oxford 1997.

XIX: Qumran Cave 4/XIV: Parabiblical Texts, Part 2 [= 4Q196–200. 339. 340. 370. 374–376], by H. W. Attridge et al., Oxford 1996.

XX: Qumran Cave 4/XV: Sapiential Texts, Part 1, by Joseph A. Fitzmyer, SJ., Oxford 1997.

XXII: Qumran Cave 4/XVII: Parabiblical Texts, Part 3, by George Brooke, John Collins, Torleif Elgvin, Peter Flint, Jonas Greenfield, Erik Larson, Carol Newsome, Émile Puech, Lawrence Schiffman,

Michael Stone and others, in consultation with James VanderKam, Oxford 1997.

XXIII: Qumran Cave 11: 11Q2–18 and 11Q20–22, by Florentino García Martínez, Oxford 1998.

Alle Texte, die definitiv ediert sind oder in Vorpublikationen schon vorliegen, sind in einer monumentalen Übersetzungs- und Deutungsarbeit (von über 1700 Seiten!) durch den Judaisten Johann Maier in deutscher Sprache zugänglich gemacht worden:

Die Qumran-Essener. Die Texte vom Toten Meer, 3 Bde (UTB 1862f. 1916) München, Basel, I + II: 1995; III: 1996; I: Die Texte der Höhlen 1–3 und 5–11: XXVI + 441 S.; II: Die Texte der Höhle 4: VIII + 741 S.; III: Einführung, Zeitrechnung, Register und Bibliographie: XV + 477 S. – Dazu jetzt noch:

Die Tempelrolle vom Toten Meer und das „Neue Jerusalem" (UTB 829) [3]1997, 128 S.

Dieses Werk erfüllt hohe wissenschaftliche Ansprüche, da hier von einem einzelnen Gelehrten, aus dem Gesamtüberblick der Texte und in direkter Auseinandersetzung mit den auf den Mikrofichen zugänglichen Originaltexten, eine Übersetzungsarbeit geleistet wurde, in der das antike Vokabular in seiner Fremdheit aufgenommen und in moderne Äquivalente umgesetzt ist. Die Lektüre führt deshalb auf sehr intensive Weise in die seltsame Sprach- und Denkwelt dieser Gruppe(n) hinein. Dabei wird bewußt in der Perspektive des antiken Judentums *vor* dem Christentum gedacht und die christliche Perspektive, die in der Vergangenheit oftmals die Übersetzungsarbeit beeinflußt hat, konsequent vermieden. Zudem ist es hier erstmals möglich, anhand der verschiedenen Schrifttypen den genauen Textbestand überlappender, paralleler Texte zu erkennen und so den Zusammenbau eines Textes aus verschiedenen Fragmenten gleichsam zu verfolgen. Eine einzigartige Hilfe stellt das ausführliche Register dar, über das Namen und Sachverhalte aller Art erschlossen sind. So sind auch thematische Untersuchungen möglich, ohne daß man sich durch die unterschiedlichsten Teil- oder Einzelwerkkonkordanzen durcharbeiten muß (während man noch auf die große Konkordanz wartet).

Daneben kann die allzu marktschreierisch angekündigte Übersetzung von M. Wise, M. Abegg Jr. und E. Cook, Die Schriftrollen von Qumran, Augsburg 1997, höchstens als alternative Übersetzung (zudem einer englischen Übersetzung aus dem Jahre 1996) gelten. Die Art, wie dort unter Umgehung des Werkes von J. Maier auf Leserschaft spekuliert wurde, ist hier nicht durch eine ausführlichere Besprechung zu honorieren.

Als nützlicher Dauerbrenner mit einer Auswahl von wichtigsten Texten (mit Vokalzeichen versehener Urtext und in deutscher Übersetzung) erweist sich immer noch das Buch von Eduard Lohse, Die Texte aus Qumran. Hebräisch und Deutsch mit masoretischer Punktation, Übersetzung, Einführung und Anmerkungen hrsg., Darmstadt [Wissenschaftliche Buchgesellschaft] [4]1986, XXIV + 298 S.

Nicht unerwähnt bleiben sollen auch die beiden anderen europäischen Übersetzungswerke von Garcia Martinez Florentino, The Dead Sea Scrolls Translated. The Qumran Texts in English (aus dem Spanischen 1992) Leiden 1994, LXVII + 513 S., und der dritte Band zur Bibel in der *Bibliothèque de la Pléiade* (Paris 1987) mit dem nach deutscher Vorstellung nicht mehr adäquaten, aber publikumswirksamen Titel *Écrits intertestamentaires*, wo auf den ersten 460 Seiten „Écrits qoumraniens" geboten werden (leider vor allem die alten, kaum veränderten Übersetzungen von André Dupont-Sommer).

Zur Lage der Publikation und Deutung des archäologischen Befundes der Siedlung von Qumran ist auf die Bemühungen der École Biblique et Archéologique Française in Jerusalem unter der Leitung des Archäologen Jean-Baptiste Humbert OP hinzuweisen, die in Absprache mit den israelischen Archäologen zur möglichst objektiven und transparenten Darstellung der Ausgrabungen 1950 bis 1957 durch Roland de Vaux führen soll. Beauftragt mit der Publikation ist das Biblische Institut in Fribourg, das als ersten Band (NTOA.SA 1; 1994) die Grabungstagebücher von R. de Vaux, also die ursprünglichste Darstellung des Befundes, mit einer reichen photographischen Dokumentation veröffentlicht und auch in einer deutschen Übersetzung durch Bettina Hofmeir und mit einer erstmaligen Aufbereitung und Darstellung aller Fundobjekte durch Ferdinand Rohrhirsch zugänglich gemacht hat (NTOA.SA 1/A). Letzterer hat zudem in seiner Habilitationsschrift *Wissenschaftstheorie und Qumran* (NTOA 32; Fribourg, Göttingen 1996) die forschungsgeschichtliche Situation zu Qumran und En Feschcha aufgearbeitet und die vielfachen Deutungen nach ihren Argumentationsstrategien mit dem Ergebnis durchsucht, daß R. de Vaux' Gesamtinterpretation (in: L'Archéologie et les Manuscrits de la Mer Morte [The Schweich Lectures of the British Academy 1959] London 1961, rev. engl. transl.: Archaeology and the Dead Sea Scrolls, London 1973) immer noch jene Hypothese ist, die den archäologischen Sachverhalten am besten Rechnung trägt. Dies ist ja im übrigen auch die Meinung von J. C. VanderKam.

Eine eigene Leistung auf High-tech-Niveau stellen die Untersuchungen dar, die das Mäzenat der *Électricité de France* an den Kupferrollen vorgenommen hat und die zu neuen Lesungen dieser vor allem topographisch interessanten Liste von Schätzen und zu einem präzisen Faksimile der äußerst zerbrechlichen Kupferfolie geführt haben. Die Sicherheitsmaßnahmen, die die Operation „Kupferrolle" umgaben, und die politisch fast gefährliche Konkurrenz zwischen israelischen, amerikanischen und europäischen Interessenten an dem in jordanischem Besitz befindlichen Objekt zeigten noch einmal, welche Faszination Qumran immer noch auszuüben vermag. Die Resultate sollen noch im Jahre 1998 auf französisch und englisch (in NTOA. SA 2) veröffentlicht werden.

So drängen Texte und Steine von Qumran an die Öffentlichkeit, und es ist nur zu hoffen, daß kein zweiter akademischer Skandal der Verzögerung geschieht und die beiden Unternehmen nicht erst allzu tief im 3. Jahrtausend zu ihrem Abschluß kommen. Erst mit diesem Abschluß ist die Grundlage für eine neue Gesamtinterpretation vorhanden. Aber schon mit dem Vorhandenen bleibt in Israel, Amerika und Europa (dort bei den Forschungsstellen in Paris und Louvain, in Heidelberg und Bonn sowie in Krakau) genug zu tun, um die Geschichte und Literatur des Judentums des ersten vor- und nachchristlichen Jahrhunderts – und damit auch des frühen Christentums – besser zu verstehen.

Im Zusammenhang mit den oben genannten polemischen Publikationen stehen in deutscher Sprache gute und spannend geschriebene Bücher auch für ein weiteres Publikum zur Verfügung, besonders:

Betz, Otto/Riesner, Rainer: Jesus, Qumran und der Vatikan. Klarstellungen, Freiburg 1993, 111 S.

Berger, Klaus: Qumran und Jesus. Wahrheit unter Verschluß? Stuttgart 1993, 137 S.

Stegemann, Wolfgang: Die Essener, Qumran, Johannes der Täufer und Jesus. Ein Sachbuch (Herder Spektrum 4249), Freiburg, Basel, Wien 1993, 381 S.

Mayer, Bernhard: Christen und Christliches in Qumran? (Eichstätter Studien NF 32), Regensburg 1992, 268 S.; Illustrationen.

Auch wenn noch viele Fragen offen stehen und zahlreiche Antworten, die wir gerne hätten, nie gegeben werden können, so haben die Texte und die Steine von Qumran bis heute schon mehr an neuen und unbestrittenen Einsichten in das frühe Judentum ergeben als jede andere wissenschaftliche Entdeckung dieses Jahrhunderts. In der Presse wird stets die Hypothetik einzelner Positionen hervorgehoben, und mit Vorliebe werden unterschiedliche Forscherpositionen gegeneinander gestellt, als ob Qumran nur aus ungelösten Fragen bestünde. Wir wissen aber schon jetzt, ganz anders als vor 50 Jahren, was im Judentum zur Zeit Jesu an theologischen Einsichten und Verrücktheiten möglich war, wie unglaublich vielfältig sich das palästinische Judentum vor der Zerstörung des Tempels im Jahre 70 n.Chr. darstellte, und können erraten, daß das, was wir zum Beispiel im Markusevangelium an Auseinandersetzungen zwischen Jesus und seiner Bewegung mit den Repräsentanten des gelehrten und priesterlichen Judentums lesen können, nur einen kleinen Ausschnitt aus den Richtungskämpfen der damaligen Zeit bietet. Auch können wir schon jetzt, selbst wenn noch nicht alles definitiv ediert ist, mit Sicherheit theologische Positionen im Judentum erkennen und recht genau beschreiben, die in diametralem Gegensatz zur Jerusalemer Theologie standen und die ihre Ansichten mit großer Radikalität historisch verwirklicht haben, auch wenn sie das in ihren physischen Untergang getrieben hat.

Daß in diesem Kontext auch der historische Jesus präziser mit den jüdischen Aufbruchsbewegungen der damaligen Zeit verglichen werden kann und sowohl die Einbettung in die Soziologie und Theologie von damals wie auch die individuelle Abgrenzung Jesu von verwandten religiösen Gründerfiguren besser gelingt, ist ein auch für die christliche Theologie schon jetzt erzielter Gewinn. Qumran steht als religiöses Großphänomen über dem gesamten Disput: Daß am Ende einer fast zweitausendjährigen Geschichte der Feindschaft zwischen Juden und Christen eine Tendenz sichtbar wird, nach den gemeinsamen Wurzeln im Frühjudentum, dieser für die Juden ebenso wie für die Christen formativen Zeit, zu suchen, wird meines Erachtens in nicht unbedeutendem Maß auch durch die Evidenz von Qumran gefördert. Wenn der gemeinsame Ursprung wirklich so vielfältig war, sollte doch auch eine Vielfalt in der Gegenwart als neue Form des Zusammenlebens möglich sein.

Für die sachliche Durchsicht der Übersetzung ein besonderer Dank an Frau Dr. Annette Steudel.

Freiburg/Schweiz
Im Januar 1998 Max Küchler

Vorwort

Ein sehr viel besserer Schriftsteller schrieb einst: „Nun habe auch ich mich entschlossen, allem von Grund auf sorgfältig nachzugehen, um es für dich, hochverehrter Theophilus, der Reihe nach aufzuschreiben. So kannst du dich von der Zuverlässigkeit der Lehre überzeugen, in der du unterwiesen wurdest.“ (Lk 1,3–4) – In der Tat: Viele haben jüngst über die Schriftrollen vom Toten Meer und die sie umrankenden Kontroversen geschrieben. Eine völlige Verwirrung über die Geschehnisse war die Folge. Die Medien neigen dazu, Sensationen zu veröffentlichen und ausgefalleneren Theorien mehr Raum zu gewähren als solchen, die weiter verbreitet sind; letztere interessieren nicht. Behauptet jemand, in einem Rollenfragment einen neuen Hinweis auf den Messias mit grundstürzenden Konsequenzen für das Christentum gefunden zu haben, findet das in der Presse ein großes Echo. Ausgewogenere Ansichten erfahren nur geringe Aufmerksamkeit. Angesichts dieser Situation schien ein Rechenschaftsbericht über die Schriftrollen und die Geschehnisse seit der Mitte der 80er Jahre angebracht.

Józef T. Milik, einer der ersten und besten Herausgeber der Schriftrollen, übertrug mir im Januar 1990 das Recht, zwölf der ihm zugeteilten Manuskripte zu veröffentlichen. Nachdem ich seine Fotografien und Notizen erhalten hatte, studierte ich die Originale im Rockefeller-Museum in Jerusalem, untersuchte Miliks Material und nahm zusammen mit ihm die Veröffentlichung in Angriff. Schnell erkannte ich, wie kontrovers die Schriftrollen geworden waren: Auf Nachfrage eines Zeitungsreporters erklärte ich mich bereit, die Fotografien anderen zu zeigen. Diese kurze Antwort ließ jedoch bald mein Telefon nicht mehr still stehen, und mein Kommentar wurde an verschiedenen Orten veröffentlicht. Meine Bereitschaft, anderen die Fotografien zu zeigen, bedeutete – wie es schien – eine Abkehr von der offiziellen Politik. Man hat sie sogar als einen großen Durchbruch bezeichnet! Ich verstehe heute noch nicht, warum man anderen verwehren sollte, die Bilder der Schriftrollenfragmente zu untersuchen, aber diese Erfahrung zeigt die Spannungen und starken Emotionen, die damals die Frage des Zugangs zu den Rollen beherrschte. Als ich mehr darüber erfuhr, was in den nahezu 40 Jahren an Forschung über die Manuskripte der Höhle 4 geschehen war, begann ich die Ursachen der Gefühle der Menschen auf beiden Seiten besser zu verstehen.

Die vorliegende, dem aktuellen Stand entsprechende Einführung in die Schriftrollen ist für ein breiteres Publikum bestimmt. Ich habe versucht, die wichtigsten Gebiete der Qumranforschung und die neuesten Kenntnisse, die sich auf sie beziehen, abzudecken. Erst kürzlich sind vollständige Listen der Qumrantexte verfügbar geworden. Erstmalig ist nun ein Blick auf die gesamte außerordentliche ursprünglich in den elf Höhlen versteckte Bibliothek möglich. Das Buch wurde von Jon Pott von der *Wm. B. Eerdmans Publishing Company* angeregt. Ich bin ihm für diesen Vorschlag und für seine Begleitung des Entstehungsprozesses dankbar; so konnte das Manuskript schnell in den Druck gehen.

Die Abfassung dieses Buches gab mir die Gelegenheit, einige zuvor geschriebene Aufsätze zu überarbeiten und auf den neuesten Stand zu bringen sowie eine Reihe von Gebieten zu erforschen, auf denen ich zuvor noch nichts veröffentlicht hatte. Nur bei Kapitel 6 lehne ich mich eng an die Struktur und den Inhalt eines bereits früher veröffentlichten Textes an: *The Scrolls and the New Testament.* Er stellt einen zweiteiligen Artikel dar, der in *Bible Review* unter dem Titel *The Dead Sea Scrolls and Early Christianity: How Are They Related?* (*Bible Review* 7/6 [1991], S. 14–21 und *Bible Review* 8/1 [1992], S. 16–23 und S. 40–41) erschienen ist. Diese zwei Teile wurden später unter dem Titel *The Dead Sea Scrolls and Christianity*, in: *Understanding the Dead Sea Scrolls*, hg. von H. Shanks, New York 1992, S. 181–192, wieder abgedruckt. In zahlreichen Punkten habe ich diesen Aufsatz abgeändert und aktualisiert. Das 7. Kapitel stellt eine persönliche Darstellung der Ereignisse seit 1989 dar.

Alle Zitate aus den Schriftrollen vom Toten Meer wurden – bis auf wenige Ausnahmefälle – der deutschen Übersetzung von Johann Maier, Die Qumran-Essener: Die Texte vom Toten Meer, Bd. I und II, München/Basel 1995 (UTB 1862; UTB 1863) entnommen. Die biblischen Zitate stammen aus: Die Heilige Schrift. Einheitsübersetzung, Stuttgart 1981. Um den Text nicht durch Fußnoten zu überfrachten, habe ich entsprechende bibliographische Angaben an das Ende jedes Kapitels gestellt.[1]

[1] Bei zitierten deutschen Übersetzungen der Qumrantexte und anderer antiker Quellen wurde die Schreibweise im wesentlichen der gängigen Rechtschreibung angepaßt; offensichtliche Satzfehler wurden stillschweigend korrigiert.

Die Abkürzungen für die biblischen, apokryphen und pseudepigraphischen Bücher entsprechen, von Ausnahmen abgesehen, dem Ökumenischen Verzeichnis der biblischen Eigennamen nach den Loccumer Richtlinien, Stuttgart ^{2}1981, bzw. dem Abkürzungsverzeichnis der TRE (IATG, Berlin u.a. ^{2}1992). Bei Zitaten aus den Schriftrollen gebe ich im allgemeinen die Kolumne in römischen und die Zeilen in arabischen Ziffern an. Die Angabe 4Q175 beispielsweise bedeutet: Es handelt sich um Text 175 aus der Qumran-Höhle 4. In manchen Fällen muß auch komplizierter zitiert werden: 4Q175 12–13 I,8. Die Ziffern 12–13 beziehen sich in diesem Fall auf zusammengehörige Fragmente, I ist die entsprechende Kolumne und 8 die Zeilennummer. Nach Möglichkeit habe ich solche Angaben jedoch vermieden.

Dank schulde ich verschiedenen Personen. Mein Kollege Eugene Ulrich, der seit 1980 mit der Herausgabe der Schriftrollen betraut ist und heute einer der drei Hauptherausgeber ist, hat mir zahlreiche nützliche Informationen aus seinen Unterlagen zur Verfügung gestellt und mir vielfältig weitergeholfen. Emanuel Tov bin ich für seine Verbesserungen und Vorschläge dankbar. Meine Frau Mary VanderKam und meine Schwiegereltern Agnes und Herman Vander Molen haben die Mühe auf sich genommen, das Manuskript zu lesen und eine Reihe von Korrekturen und Verbesserungen vorzuschlagen. Ihnen allen sei herzlich dafür gedankt, daß sie mir geholfen haben, ein möglichst genaues Buch zu schreiben.

Kapitel 1

Entdeckungen

1. Einführung

Bedeutende schriftliche Zeugnisse aus der Antike hatte man auf dem Gebiet des jetzigen Staates Israel nie entdeckt. Anders als in Ägypten und im Irak, wo die Ausgrabungen unzählige Texte ans Tageslicht gebracht haben, wurde in Palästina bis zum Jahre 1947 nichts Vergleichbares gefunden. Freilich kennen wir Berichte, nach denen vor Jahrhunderten in der Region um Jericho, nahe dem Toten Meer, Manuskripte gefunden worden seien. Zu ihnen ist auch das Zeugnis des Origenes zu zählen. Der christliche Gelehrte Origenes (185–254 n.Chr.) war ein gewissenhafter Erforscher des genauen Wortlauts des biblischen Textes. Als Wegbereiter der Textkritik stellte er ein höchst umfangreiches Werk zusammen, das in parallelen Spalten sechs Versionen des gesamten Alten Testaments (hebräisch und griechisch) enthält. Man nennt es *Hexapla* oder sechsfaches Buch. Er erwähnt darin, daß die sechste, griechische Version der Psalmen, die er in seiner Hexapla wiedergibt, in einem Krug in der Gegend von Jericho gefunden worden sei. In seiner Beschreibung desselben Textes fügt der Kirchenvater und Kirchengeschichtsschreiber Euseb von Cäsarea (ca. 260–340) in seiner Kirchengeschichte (VI,16,1–4) hinzu, daß eine griechische Version der Psalmen und andere griechische und hebräische Manuskripte in einem Tonkrug bei Jericho während der Herrschaft des Kaisers Caracalla (Antonius, 211–217) gefunden worden seien. Später, etwa im Jahre 800, schreibt der nestorianische Patriarch von Seleukia, Timotheus I. (727–819), einen Brief an Sergius, den Metropoliten von Elam († ca. 805; im Brief wird er als *Mar* angeredet). Darin heißt es:

„Wir erfuhren von glaubwürdigen Juden, die eben als Katechumenen im Christentum unterrichtet wurden, daß vor 10 Jahren in der Nähe von Jericho in einem Felsenhause Bücher gefunden wurden. Es heißt nämlich, daß der Hund eines jagenden Arabers einem Tiere folgend eine Höhle betrat und nicht zurückkam. Sein Herr folgte ihm und fand im Felsen ein Häuschen und darin viele Bücher. Der Jäger ging nach Jerusalem und teilte es den

Juden mit. Sie kamen in Menge heraus und fanden die Bücher des alten (Testamentes) und andere in hebräischer Schrift."

Der Patriarch fährt fort, daß er einen Fachmann befragt habe, ob die Passagen, die im Neuen Testament als Zitate aus dem Alten Testament angesehen werden, jedoch nicht in den in Israel vorhandenen Abschriften der Schriften Israels vorhanden sind, in diesen Manuskripten vorhanden wären. Man versicherte ihm, daß es solche in der Tat gebe, aber sein Versuch, an diesem Punkt genauere Informationen zu erhalten, schlug fehl. Der jüdische Fachmann teilte ihm auch mit: „Wir fanden in jenen Büchern mehr als 200 Psalmen Davids." Wir können heute nicht mehr nachprüfen, ob die Manuskripthöhle, die man kurz vor 800 n.Chr. ausfindig machte, eine derjenigen ist, in denen man fast 1150 Jahre später die Schriftrollen vom Toten Meer fand. Aber die Parallele ist zumindest interessant, und die Beschreibung der Rollen gleicht in mancherlei Hinsicht der von Qumran, dem Ort, wo die Schriftrollen vom Toten Meer entdeckt wurden. Einige jüdische und arabische Quellen verweisen auch auf eine mittelalterliche jüdische Gruppe, die unter dem Namen „Die Höhlenmenschen" (arabisch: *magariyah*) bekannt war, da ihre Lehren den Büchern entstammte, die in einer Höhle gefunden wurden.

2. Die Entdeckungen von Qumran

Vor dem Jahre 1947 sind keine anderen Funde dieser Art bezeugt. In jenem Jahr stießen einige arabische Hirten zufällig auf eine Höhle, und ihr Fund führte zu dem, was man sehr bald als die größte archäologische Entdeckung des 20. Jahrhunderts gepriesen hat. Die Entdeckung der Höhlen und wie die Texte in ihnen die Aufmerksamkeit der Wissenschaftler erfuhren, ist selbst eine spannende Geschichte.

2.1 Die erste Höhle

2.1.1 Die sieben ursprünglichen Schriftrollen

John Trever war einer der ersten Wissenschaftler, der 1948 die Rollen und Fotografien in Augenschein nehmen konnte. Er schrieb eine gründlich recherchierte und dokumentierte Geschichte der anfänglichen Funde von Qumran. Vieles, was in seinen Bericht einging, entstammte eigener Anschauung und eigenen Notizen. Seiner Darstellung nach hielten sich im Winter 1946 oder Frühjahr 1947 drei Beduinen-Hirten in einem Qumran genannten Gebiet an der Nordwestseite des Toten Meeres auf (wahrscheinlich gegen Ende 1946, wie ein Beduine behauptete). Damals stand das Gebiet unter britischem Mandat in Palästina. Die Hirten – sie waren Vettern und Mitglieder des Stammes der Ta'amireh – weideten anscheinend ihre Herden, während einer von ihnen, nämlich Jum'a Muhammad Khalil, der gerne nach Höhlen suchte, sich damit die Zeit vertrieb, Steine an eine Höhlenöffnung in den Felsabhängen des Westplateaus bei Qumran zu werfen. Einer der Steine fiel in die Höhlenöffnung und zerbrach etwas im Inneren der Höhle. Die drei betraten sie jedoch nicht gleich um nachzusehen, was zerbrochen war. Vielmehr stand einer der Hirten, Muhammad edh-Dhib (sein richtiger Name ist Muhammad Ahmed el-Hammed), zwei Tage später, ehe seine Begleiter erwachten, früh morgens auf, machte die Höhle aus und zwängte sich hinein. Er fand dort zehn Krüge, jeder etwa 60 cm hoch. Zu seiner Enttäuschung waren bis auf zwei alle leer. Einer der beiden war mit Unrat angefüllt, der andere enthielt drei Rollen, von denen zwei in Leinen gewickelt waren. Die Rollen wurden später als eine Kopie des Jesajabuches, als Sektenregel (eine Sammlung von Regeln für eine Gemeinschaft, daher auch ‚Gemeinderegel' genannt) und als ein Kommentar zum Propheten Habakuk identifziert. Später wurden dieser Höhle noch vier weitere Rollen entnommen: eine Sammlung von Psalmen bzw. Hymnen (bekannt als Loblieder oder als die Hymnenrolle), eine weitere Teilkopie des Jesajabuches, die Kriegsregel (ein eschatologischer Text, der den letzten Kampf zwischen den „Söhnen des Lichts" und den „Söhnen der Finsternis" beschreibt) sowie das Genesis-Apokryphon (Geschichten, die auf einigen Erzählungen des Buches Genesis beruhen).

Die Schriftrollen wurden im März 1947 zu einem Antiquitätenhändler namens Kandu (Khalil Iskandar Shahin) gebracht. Kandu – Mitglied der syrisch-orthodoxen Kirche – nahm Kontakt zu einem anderen Kirchenmitglied auf, nämlich George Isaiah, der mit Athanasius Jeshua Samuel sprach, einem Metropoliten, der mit dem St. Markus-Kloster in Jerusalem verbunden war. Niemand kannte zu diesem Zeitpunkt den Inhalt der kurz zuvor entdeckten Schriftrollen; weder wußte man, in welcher Sprache sie geschrieben waren noch wieviel sie wert waren. Weil man annahm, daß die Rollen in syrischer Sprache geschrieben waren, nahm man mit Gliedern der syrisch-orthodoxen Kirche Kontakt auf. Offensichtlich wurde man auch schnell handelseinig: Die Beduinen sollten zwei Drittel der

Summe erhalten, die Kandu und George Isaiah für die Rollen erzielen konnten. Im Sommer 1947 wurde dann ein Treffen zwischen dem Metropoliten Samuel und den Beduinen arrangiert. Berühmt ist die Geschichte, wonach ein Mönch, der von dem geplanten Treffen nichts wußte und zufällig die Tür auf das Klopfen der Beduinen hin öffnete, den ärmlich gekleideten Stammesangehörigen die Tür wies und so beinahe die Möglichkeit verpfuscht hätte, an einen großen Schatz zu gelangen. Das Mißverständnis wurde schließlich ausgeräumt und der Metropolit kaufte vier der Rollen von Kandu für 24 £ (damals etwa im Wert 100 US-$). Die Schriftrollen, die der Metropolit kaufte, waren die große Jesajarolle, die Gemeinderegel, der Habakuk-Kommentar und das Genesis-Apokryphon.

Der Metropolit versuchte nun, Informationen von verschiedenen Fachleuten über seine neu erworbenen Rollen einzuholen. Einer der von ihm zu Rate Gezogenen war Professor Eliezer Sukenik von der Hebräischen Universität in Jerusalem.

Zur damaligen Zeit war Palästina ein gefährliches Pflaster. Das britische Mandat ging unter heftigen Erschütterungen zu Ende, begleitet von einer Orgie von Gewalt. Außerdem debattierten die Vereinten Nationen die Teilung Palästinas. Das machte das Reisen natürlich außerordentlich schwierig und gefährlich. Trotzdem unternahm Sukenik einen geheimen Besuch in Betlehem, als er erfuhr, daß ein Antiquitätenhändler in der Stadt anscheinend alte Schriftrollen zum Verkauf anbot, und zwar genau am 29. November 1947, dem Tag, an dem die Vereinten Nationen eine Resolution verabschiedeten, die zur Gründung des Staates Israel führte. Das Glück war Sukenik wohlgesonnen. Er kaufte drei nicht von dem Metropoliten erworbenen Rollen, nachdem er sich von ihrem Alter überzeugt hatte: zwei am 29. November (die Hymnenrolle und die Kriegsregel) und die andere am 3. Dezember (die zweite Jesajarolle). Im Januar 1948 zeigte ihm ein Begleiter die vier Rollen, die der Metropolit in Besitz hatte. Man erlaubte ihm sogar, sie kurze Zeit zu behalten. Es war Sukenik nicht bewußt, daß sie aus derselben Quelle stammten wie die drei Schriftrollen, die er gerade erstanden hatte. Natürlich wollte er diese Rollen ebenfalls erwerben. Mar Samuel entschloß sich jedoch, sie zu diesem Zeitpunkt nicht zu veräußern. So wurden die sieben Schriftrollen aus der ersten Höhle in zwei Gruppen getrennt und später von verschiedenen Parteien veröffentlicht.

Bereits damals hatten verschiedene Gruppen die große Jesajarolle, die Mar Athanasius besaß, identifiziert. Sukenik scheint allerdings der erste gewesen zu sein, der das Alter der neuen Dokumente erkannte. Mehr noch: Er glaubte, daß sie mit der Essener-Partei in Verbindung zu bringen seien, die in alten Quellen bezeugt ist: Der römische Historiker Plinius (23–79 n.Chr.) schrieb nämlich über eine Essener-Gruppe, die nahe der Küste des Toten Meeres gelebt hat, unweit von En Gedi, d.h. da, wo offensichtlich die Schriftenhöhle zu lokalisieren gewesen war (den Abschnitt aus Plinius werde ich in Kapitel 3 untersuchen).

In der Zwischenzeit jährte sich der Fund von Muhammad edh-Dhib. Nur wenige Leute kannten die Rollen, und die wenigen, die davon erfahren hatten, verstanden kaum etwas von ihnen. Auch war niemandem, bis auf die Beduinen und deren unmittelbare Kontaktmänner, der Ort der Höhle bekannt. Im Februar 1948 (d.h. nach seinen Verhandlungen mit Sukenik) nahm der Metropolit Kontakte zur *American School of Oriental Research* in Jerusalem auf, wo zwei promovierte Wissenschaftler arbeiteten, nämlich William Brownlee und John Trever. Trever war nicht nur Wissenschaftler, sondern auch Fotograf und veranlaßte, daß man die Rollen zur *American School* brachte. Dort wurden unter äußerst primitiven Umständen die ersten Fotografien der Dokumente aus dem Besitz des Metropoliten angefertigt (der Jesajarolle, der Gemeinderegel und dem Habakuk-Kommentar). Die Fotografien gelangen überraschend gut und sind noch heute unschätzbare Dokumente der inzwischen zerfallenden Texte. Die Wissenschaftler an der *American School*, unter ihrem Direktor Professor Millar Burrows von der Yale-Universität – der allerdings nicht anwesend war, als die ersten Schriftrollen eintrafen –, verbrachten Stunden damit, die Texte zu studieren, die Trever fotografiert hatte. Einer der Texte erinnerte Burrows an ein methodistisches Handbuch (englisch: *manual*); so erhielt es den modernen Namen „Sektenregel" (englisch: *Manual of Discipline* = Gemeinderegel). Im Februar 1948 wandte sich dann Trever schriftlich an Professor William Foxwell Albright von der Johns-Hopkins-Universität in Baltimore, dem führenden Experten in der Handschriftenkunde alter jüdischer Schriften. Albright erkannte sofort das Alter der Handschrift an der Probe, die man ihm geschickt hatte, und antwortete: „Meine herzlichsten Glückwünsche zum größten Manuskriptfund der Moderne!"

Die gefährliche Lage im Lande und die politischen Umstände schlossen immer noch jeden Versuch aus, nach der Schriftenhöhle zu suchen. Die Wissenschaftler an der *American School* wollten aber offensichtlich eine solche Erkundigung anstrengen. Um ihre Pläne zu verwirklichen, gaben sie ihre Absichten schließlich den Syrern preis, die ihnen irreführende Informationen über die Quelle der Rollen und deren vermutliches Alter gegeben hatten. Man leitete auch eine Presseerklärung in die Wege. Am 11. April 1948 veröffentlichte das Büro der *American School of Oriental Research* in New Haven folgende Erklärung. Sie trug einen New Yorker Sperrfristvermerk und lautete (im Wortlaut der *Times* von London vom 12. April 1948):

„Die Yale-Universität gab gestern die Entdeckung des frühesten bekannten Manuskripts des Buches Jesaja in Palästina bekannt. Es wurde im syrischen St. Markus-Kloster in Jerusalem gefunden, wo es in Form einer Pergamentrolle aufbewahrt wurde, die etwa in das erste Jahrhundert v.Chr. zu datieren ist. Kürzlich wurde sie von Wissenschaftlern der American School of Oriental Research identifiziert.

An dem Institut untersuchte man ebenso drei weitere antike hebräische Schriftrollen. Eine war Teil eines Kommentars über das Buch Habakuk; eine weitere schien die Gemeinderegel einer vergleichsweise wenig bekannten Sekte oder einer monastischen Gemeinschaft, wahrscheinlich der Essener, gewesen zu sein. Die dritte Rolle ist noch nicht identifiziert worden."

Die Presseerklärung ist aus mehreren Gründen interessant. Zum einen, weil sie nichts über die Höhle und ihren möglichen Ort sagt. Die Leser wurden in dem irreführenden Glauben gelassen, daß die Schriftrollen im St. Markus-Kloster gefunden worden seien. Zum zweiten wurde die Datierung der Jesajarolle (auf den paläographischen bzw. Schriftanalysen von Trever und Albright basierend) als zuverlässig genug erachtet, um bekannt gegeben zu werden. Drittens trug das eine Dokument bereits den Namen „Gemeinderegel" (englisch: *Manual of Discipline*), der seitdem erhalten geblieben ist. Viertens brachten die amerikanischen Wissenschaftler die Vorstellung auf, daß das Regelbuch mit einer „Sekte oder einer monastischen Gemeinschaft" in Verbindung stand. Anders als es später den Anschein hatte, stammte die Idee dazu jedoch nicht von einem der Priester (wie etwa Roland de Vaux), die später die Qumranforschung beherrschten. Fünftens brachte man die Schriftrollen bereits mit den aus antiken Quellen bekannten Essenern in Verbindung. Und schließlich war die letzte Rolle – heute unter dem Namen Genesis-Apokrpyphon bekannt – in einem solch schlechten Zustand, daß sie nicht einmal geöffnet, geschweige denn identifiziert werden konnte.

Am 26. April gab Sukenik bekannt, daß er ebenfalls Rollen erworben hatte. Er bemerkte später dazu, daß es – nachdem er gleich gesehen hatte, wie ungenau die amerikanische Presseerklärung war – an der Zeit für eine Erklärung an die Zeitungen mit einer Richtigstellung war. Daß auch er Schriftrollen besaß, war auch für die Wissenschaftler der *American School* neu – so schlecht war die Kommunikation in Jerusalem zu jener Zeit. Die ursprüngliche Presseerklärung war jedoch nicht so abgedruckt worden, wie sie von Millar Brownlee formuliert worden war.

> „Leider geriet irgendwie ein Fehler in die Version, die der Presse zugeleitet wurde. Ich hatte geschrieben: ‚Die Rollen wurden von dem syrisch-orthodoxen St. Markus-Kloster *erworben*.' So wie die Erklärung an die Presse in Amerika ging, hieß es, daß die Rollen ‚viele Jahrhunderte in der Bibliothek des syrisch-orthodoxen Klosters von St. Markus *aufbewahrt* worden sind'. Wer dies eingefügt hat, weiß ich nicht."

Obwohl die Presseerklärung von Sukenik auf den 26. April datiert war, enthielt die *New York Times* einen speziell von J. L. Meltzer für die Ausgabe vom 25. April (Seite 6) verfaßten Bericht. Darin hieß es, daß zehn antike hebräische Schriftrollen „vor einiger Zeit in der Höhle einer Hügellandschaft nahe En-Gedi, etwa auf dem halben Weg zur Westküste des Toten Meeres" gefunden worden seien. Der Korrespondent der *Times* wußte also über die Texte der *American School* und über die der Hebräischen Universität (einschließlich der Fragmente des Buches Daniel, die Sukenik ebenso erworben hatte) Bescheid und war sich der Tatsache bewußt, daß Beduinen die Rollen entdeckt hatten. Der Artikel behauptete auch, daß die Lederrollen „mit Pech" versiegelt gewesen seien. Später erfuhr man, daß das, was man zunächst für Pech gehalten hatte, zerfressenes Leder war. Im selben Monat, also im April 1948, gab Albright den Fund im *Bulletin of the American Schools of Oriental Research* (10 [April 1948] 3) bekannt; er wußte inzwischen über die vier in Besitz der *American School* befindlichen Texte und über die von Sukenik Bescheid. Den Neuigkeiten fügte er ein geradezu prophetisches Wort bei: „Es ist leicht vorstellbar, daß die neue Entdekkung das Studium der zwischentestamentlichen Literatur revolutionieren wird und daß sie bald alle gegenwärtigen Handbücher über den Hintergrund des Neuen Testaments, der Textkritik und der Interpretation des Alten Testaments veralten lassen wird."

Auch wenn rückblickend die Geschichte dieser sieben Rollen und ihr Schicksal viele Drehungen und Wendungen genommen hatte, wurden alle Schriftrollen bereits sehr früh publiziert. So veröffentlichte die *American School of Oriental Research* schon in den Jahren 1950 und 1951 Fotografien und Transkriptionen der Jesajarolle, des Kommentars zum Habakukbuch und der Gemeinderegel, während Sukeniks Text in einem postum herausgegebenen Band 1954 erschien (die englische Übersetzung 1955). Er und die Amerikaner hatten jedoch bereits 1948 damit begonnen, Fotografien und Transkriptionen in vorläufiger Form herauszugeben. Die Veröffentlichung der letzten der sieben Rollen, des Genesis-Apokryphons, war wegen des fortgeschrittenen Zerfallsstadiums ein besonderes Problem. Aber nachdem man die Rolle öffnen konnte, wurde der noch lesbare Inhalt 1956 veröffentlicht.

1948 hatte Metropolit Samuel auf Drängen der Amerikaner seine vier Rollen von Jerusalem in den Libanon zur Sicherstellung gebracht. Dies allerdings warf Fragen auf, wie es sich mit der Rechtmäßigkeit des Abtransportes von Antiquitäten aus dem Land, in dem sie gefunden wurden, verhielt. Schließlich brachte er die Rollen in die Vereinigten Staaten und versuchte sie zu verkaufen. Seine Anstrengungen zeitigten zunächst keinen Erfolg. Man zögerte offenbar, beachtliche Summen in Rollen zu investieren, deren Besitzverhältnisse umstritten waren. Während seines Aufenthaltes in den Vereinigten Staaten ließ er eine inzwischen berühmte Anzeige im *Wall Street Journal* vom 1. Juni 1954 (Seite 14) drucken, die man Sukeniks Sohn, Yigael Yadin, zur Kenntnis brachte, der sich zufällig in den Vereinigten Staaten aufhielt: „VIER SCHRIFTROLLEN VOM TOTEN MEER – Biblische Handschriften zu verkaufen, die bis mindestens 200 v.Chr. zurück datieren. Das ideale Geschenk für eine pädagogische oder kirchliche Institution – durch eine Einzelperson oder eine Gruppe. Chiffre F 206. The Wall Street Journal". Durch einen Mittelsmann arrangierte Yadin den Erwerb der von Mar Samuel angebotenen Rollen für 250000 US-$. Die vier Rollen wurden dann dem Staat Israel überreicht, wo sie mit den drei Rollen von Sukenik zusammengebracht wurden. Es wurde eigens ein „Schrein des Buches" genanntes Gebäude (in Form des Deckels eines Tonkrugs, in dem einige Rollen entdeckt worden waren) errichtet, um die Rollen beim Israel-Museum zu verwahren. Dort befinden sie sich noch heute.

2.1.2 Die Höhle selbst

Später durchgeführte Interviews zeigten, daß die Beduinen und andere, einschließlich der Syrer, die Höhle nach der Erstentdeckung mehrere Male aufsuchten, ehe die offiziell Zuständigen wußten, wo sie sich befand. Während dieser Besuche – zuletzt hielten sich George

Isaiah und Kandu im August und im November 1948 dort auf – wurde noch mehr schriftliches Material aus der Höhle entfernt. Die Wissenschaftler, die sich zuerst mit den Schriftrollen befaßten, waren verständlicherweise daran interessiert, die Höhle zu finden, und man erörtere diesbezügliche Pläne. Eine Intrige und die immer noch gefährlichen Reiseumstände im Jahre 1948 machten alle Hoffnungen zunichte, die Pläne zu realisieren. Mit der Gründung des Staates Israel im Mai 1948 endete das britische Mandat, und das Gebiet, in dem die Rollen gefunden worden waren, wurde Teil des jordanischen Königreiches.

Es dauerte bis Januar 1949, ehe jemand mit offiziellen Verbindungen die Höhle ausfindig machen konnte – etwa zwei Jahre nach den ersten Entdeckungen. Der belgische Soldat Capitaine Philippe Lippens, ein UNO-Beobachter in diesem Gebiet, wollte die Höhle ausfindig machen. Er sprach mit allen Leuten, die mit den Rollen irgendwie zu tun hatten. Seine Bemühungen wurden von militärischen und archäologischen Behörden unterstützt. Aufgrund der gesammelten Informationen und Pläne, die Lippens zusammenstellte, war die Suche von Captain Akkash el-Zebn am 28. Januar 1949 von Erfolg gekrönt. Man konnte die Höhle 12 bis 14 km südlich von Jericho in einem Felsabhang knapp 2,5 km von der Nordwest-Küste des Toten Meeres entfernt ausfindig machen. G. Lankester Harding, der Oberaufseher über die Altertümer in Jordanien, und Pater Roland de Vaux, Direktor der *École Biblique et Archéologique Française* in Jerusalem, kamen daraufhin vorort und begannen ihre Studien.

Die erste archäologische Ausgrabung der Höhle fand dann vom 15. Februar bis zum 5. März 1949 statt. Dabei wurden Krüge, Schüsseln, Stoffetzen und andere Gegenstände aus der Höhle geborgen. Wichtiger noch, es konnten Fragmente von wahrscheinlich 70 weiteren Manuskripten ans Tageslicht gefördert werden, von denen einige Teile Bruchstücke der Manuskripte waren, die die Beduinen in der Höhle gefunden hatten. Die Fragmente bestätigten die Vermutung, daß die Höhle in der Tat der ursprüngliche Fundort der Werke war. Die Archäologen, die in der Höhle arbeiteten, entdeckten etwa 800 m weiter südlich Gebäudereste. Sie nahmen diese kurz in Augenschein und öffneten auch einige Gräber nahe den Ruinen. Aus den begrenzten, ihnen zur Verfügung stehenden Hinweisen schlossen sie damals, daß die Siedlungsreste in keinem Zusammenhang mit den Schriftrollenhöhlen standen. Sie glaubten vielmehr, auf die Überreste eines römischen Forts aus dem 1. Jahrhundert n.Chr. gestoßen zu sein. In ihrer Schlußfolgerung stimmten sie mit den Aussagen eines anderen Besuchers des Ortes überein: Gustaf Dalmann, ein bedeutender deutscher Wissenschaftler, hatte 1914 angenommen, daß die Anlagen von einem römischen Fort stammten. Andere hatten andere Schlußfolgerungen gezogen: Félicien de Saulcy war 1861 davon überzeugt, er habe das Gomorra des biblischen Sodom und Gomorra gefunden; seine Annahme gründete auf der Aussprache des modernen Namens des Ortes Qumran, wie ihn die ansässigen Araber aussprachen, nämlich als *Gumran*. Der berühmte französische Archäologe C. Clermon-Ganneau hatte 1873 das Gebiet besucht, jedoch keine weitergehenden Schlußfolgerungen gezogen. Später nahm dann F. M. Abel an, daß die Gräber Teil eines Friedhofs einer frühen muslimischen Sekte seien. Und da keiner dieser Besucher, einschließlich der Archäologen, die Anfang 1949 gegraben hatten, viele auswertbare Daten hatten, maßen sie ihnen wenig Gewicht bei.

Als sich dann die wissenschaftliche Debatte um die Rollen und die Ruinen in den frühen 50er Jahren intensivierte, entschlossen sich die Archäologen, in Qumran eine groß angelegte Ausgrabung durchzuführen. Sie fand vom 24. November bis zum 12. Dezember 1951 statt. Die Ausgräber, Harding und de Vaux, fanden Hinweise, die sie ihre Meinung über die Beziehung zwischen der Höhle und den Gebäuden ändern ließen. Insbesondere fanden sie Keramik in den Gebäuden, die der aus der Höhle glichen, und einen Krug derselben Art wie die Krüge der Schriftrollen. So hatten die Wissenschaftler – obwohl bis dato nur eine Schriftrollenhöhle gefunden worden war – Grund zu der Annahme, daß auf eine bestimmte Weise ein Zusammenhang mit der Siedlung bestand, welche sich auf dem Plateau östlich der Felsabhänge erstreckt. Nachfolgende Ausgrabungen am Ort bestätigten ihre Schlußfolgerungen immer wieder.

2.2 Die anderen Höhlen

Erst 1952 entdeckte man dann eine Reihe weiterer Höhlen in der Nähe der Ausgrabung von Chirbet Qumran. Die Höhle, die man Höhle 2 nannte, wurde von den Beduinen gefunden. Diese wollten natürlich so viele Höhlen wie möglich erforschen – die Rollen konnten ja stolze Preise erzielen. Im Oktober 1951 fand man Manuskriptfragmente in entfernten Höhlen im Gebiet des Wadi Murabba'at, ein paar Kilometer von Qumran entfernt. Dort wurden unter anderen einige Dokumente aus dem zweiten jüdischen Aufstand gegen

Rom (132–135 n.Chr.) ausgegraben. Darunter befanden sich z.B. auch von dem jüdischen Anführer jenes schicksalhaften Kampfes, Simon bar Kochba, unterzeichnete Briefe. Während die Höhlen von Murabba'at im Januar und Februar 1952 ausgegraben wurden, setzten dieselben Beduinen vom Stamm der Ta'amireh ihre Erkundungen fort, und im Februar 1952, eineinhalb Monate nachdem die Archäologen abgereist waren, fanden sie unweit der ersten die zweite Qumranhöhle. Obwohl die dortigen Funde (Fragmente von 33 Manuskripten) nicht annähernd so aufregend waren wie der Inhalt der ersten Höhle, sahen sich die Archäologen durch die Existenz einer weiteren Höhle mit antikem Schriftmaterial in derselben Gegend zu einer systematischen Erfassung der gesamten Region veranlaßt. Zwischen dem 10. und dem 29. März erforschte eine Gruppe der *American School of Oriental Research* etwa 225 Höhlen und höhlenartige Räume (einschließlich der zweiten Höhle). Ihre Bemühungen führten am 14. März 1952 zur Entdeckung von Höhle 3 – der ersten von Qumranarchäologen gefundenen Höhle. Sie entnahmen ihr 14 Manuskripte und die rätselhafte Kupferrolle (die eine Reihe von Schatzfundorten auflistet).

Das waren jedoch noch nicht alle Entdeckungen dieses außergewöhnlichen Jahres. Wiederum gelang den Beduinen der Ta'amireh (die im Juli und August zufällig auf zwei weitere nahegelegene Stätten – Chirbet Mird und Nahal Hever – gestoßen waren, die schriftliches Material enthielten) ein unglaublicher Fund. Im August 1952 betraten sie die Höhle 4, die nur einige hundert Meter von Chirbet Qumran entfernt liegt. Heute mag sich ein Besucher der Gegend zu Recht fragen, warum es so lange dauerte, diese Höhle zu finden, wo man sie doch direkt von den rekonstruierten Gebäuden aus sehen kann. Die Archäologen aber waren anscheinend davon ausgegangen, daß sich die Höhlen nur in den Felsabhängen befanden und nicht in den Mergelterrassen nahe der Siedlung.

Die Beduinen der Ta'amireh berichteten folgendes über die Entdeckung der Höhle 4: Ein älteres Stammesmitglied erinnerte sich, daß er einmal in seiner Jugend in der Gegend von Qumran auf die Jagd gegangen war und ein Rebhuhn in eine Öffnung hinein verfolgte. Die Öffnung führte in eine Höhle hinunter, in der er verschiedene Gegenstände fand, einschließlich einer Lampe und Keramik. Jüngere Stammesmitglieder folgten den Anweisungen des älteren Mannes und machten sehr schnell die Höhle ausfindig. Dort gruben sie zahllose fragmentarische Manuskripte aus. Sie versuchten etwa 15000 von ihnen in Jerusalem zu verkaufen und gaben, um ihre neue Einkommensquelle zu vertuschen, falsche Informationen über den Ort der Höhle. Die Fakten wurden jedoch sehr bald bekannt und die Höhle wurde vom 22. bis zum 29. September 1952 von Harding und den Patres de Vaux und Józef T. Milik ausgegraben. Es stellte sich heraus, daß es sich um zwei Höhlen handelte, Höhlen 4a und 4b genannt. Die Beduinen hatten die Fragmente der beiden Höhlen jedoch vermischt, so daß man heute nicht mehr unterscheidet, aus welcher der beiden Kammern sie kommen, und stets von *der* Höhle 4 spricht. Die Archäologen konnten aus der Höhle, in der insgesamt zwischen fünf- und sechshundert Manuskripte eingelagert waren, Fragmente von etwa einhundert Manuskripten bergen. Die von den Beduinen in Besitz genommenen Stücke wurden schließlich von der jordanischen Regierung und verschiedenen ausländischen Institutionen erworben. Während die Archäologen in der Höhle 4 arbeiteten, fanden sie eine fünfte neben ihr. Es waren jedoch nur wenige schriftliche Überreste erhalten – Fragmente von vielleicht 25 Manuskripten. In unmittelbarer Nähe jedoch fanden die Beduinen dann eine sechste Höhle, die Fragmente von ungefähr 31 Dokumenten enthielt.

Durch diese Fülle an Entdeckungen verstand es sich von selbst, daß auch die Siedlung von Qumran einer fortgesetzten Untersuchung unterzogen würde. So fand vom 9. Februar bis zum 4. April 1953 eine zweite Grabungskampagne statt, also nachdem man die Höhlen 2–6 entdeckt hatte. Eine dritte Kampagne folgte vom 15. Februar bis zum 15. April 1954, und eine vierte vom 2. Februar bis zum 6. April 1955. Während dieser vier Ausgrabungskampagnen fanden die Archäologen die Höhlen 7–10, alle in der Mergelterrasse. Keine dieser teils zerfallenen Höhlen förderte viele schriftliche Zeugnisse zu Tage: die Höhle 7 etwa 19 sehr fragmentarische Manuskripte (alle in Griechisch), Höhle 8 fünf Textbruchstücke, Höhle 9 ein unidentifziertes Papyrusfragment und Höhle 10 ein Stück Ton mit einer Inschrift. Schließlich schlugen die Ta'amireh wieder im Januar 1956 zu, als sie eine 11. Höhle ausfindig machten. Sie warteten bis Februar, um die Nachricht über die neueste Höhle preiszugeben, die sich insofern als reicher Fund erwies, als nur 21 Texte aus ihr entfernt wurden, einige davon aber beinahe so vollständig erhalten wie die ursprünglichen sieben aus der ersten Höhle. Dieser Entdekkung folgte unmittelbar eine fünfte archäologische Expedition zu der Siedlung (18. Februar bis 28. März 1956). Sondierungen wurden auch bei En Feschcha vorgenommen, das südlich von Qumran liegt. Eine sechste und letzte Kampagne, die nur Ausgrabungen bei

En Feschcha betraf, wurde im Jahre 1958, vom 25. Januar bis zum 21. März, durchgeführt.

Von 1947 bis 1956 fand man also in einem relativ kleinen Gebiet in Nachbarschaft zu einer Gruppe von Gebäuderesten 11 Höhlen, in denen schriftliche Dokumente oder Überreste der einen oder anderen Art gefunden worden waren. Gleichartige Gegenstände zeigten eine Verbindung zwischen den Ruinen und den Höhlen. Die Beduinen erwiesen sich in dem Wettlauf der Suche nach Manuskripten als die Gewinner. Sie hatten mit der Lokalisierung der drei reichsten Höhlen (1, 4 und 11) und zweier anderer (2 und 6) Erfolg, während die professionellen Archäologen die Höhlen 3, 5 und 7–10 fanden, die keine eindrucksvollen Manuskriptüberreste enthielten.

Anstrengungen, weitere Höhlen zu finden in der Hoffnung, noch weitere schriftliche Deposita aufzudecken, schlugen fehl – sogar da, wo man sich fortgeschrittener Technologien (der Sonographie) bediente, um Löcher im Grund ausfindig zu machen, die heute verschlossen sind. Die Summe der entdeckten fragmentarischen Dokumente beläuft sich auf rund 800, ein unglaublicher Schatz aus einer Gegend, von der man gar nicht angenommen hatte, daß sie antike Texte bewahren könnte. Diese Manuskripte in einem langen und schwierigen Prozeß zu finden und zu erwerben war eines. Sie zu präparieren und zu interpretieren und die Siedlungszeugnisse zu verstehen erwies sich als viel komplizierter.

2.3 Die Ruinen von Qumran

Die Archäologen untersuchten während fünf Grabungen die Besiedlungsreste, die sich auf einem Plateau in Nachbarschaft der Höhlen erstrecken. Leiter dieser Grabungen war Pater Roland de Vaux von der *École Biblique*, einem französischen Institut des Dominikanerordens in Jerusalem. De Vaux hatte sich als Bibelwissenschaftler und Archäologe einen Namen gemacht und war 1949 zum Direktor der Schule ernannt worden. Die *École* war eine der Institutionen, mit denen Metropolit Samuel Kontakt aufgenommen hatte, als er versuchte, die von ihm erworbenen Rollen zu identifizieren. Tatsächlich dürfte J. van der Ploeg von der Universität Nijmegen in den Niederlanden, der ein Gastsemester an der *École Biblique* verbrachte, der erste Wissenschaftler gewesen sein, der erkannte, daß eine der Rollen das Jesajabuch enthielt.

2.3.1 Die Gebäude

Aufgrund des Materials, das während der Grabungskampagnen ausgegraben wurde[1], schrieb de Vaux eine Reihe von Artikeln in der Zeitschrift *Revue Biblique* und später ein Buch, in dem er eine These über den Ort formulierte, die bis heute noch viele Anhänger hat, obwohl sie von verschiedenen Seiten heftig kritisiert worden ist. De Vaux machte zwei grundsätzliche Nutzungsperioden aus. (1.) Im 8.–7. Jahrhundert v.Chr. befand sich eine Stadt an dem Ort. Es könnte sich um die Stadt handeln, die nach Jos 15,62 „Salzstadt" heißt, wo sie neben En Gedi genannt wird, das sich etwas südlich von Qumran befindet. Spuren eines rechteckigen Gebäudes führt man in diese Siedlungsperiode zurück. (2.) Nach einer Lücke von mehreren Jahrhunderten kann man Hinweise der Zeit der „Sekte" ausmachen, d.h. der Zeit, in der die Menschen, die man mit den Rollen in Verbindung bringt, das Gebiet bewohnten. De Vaux unterteilte die zwei Jahrhunderte dieses Zeitabschnitts in zwei Siedlungsperioden, von denen er die erste wiederum weiter unterteilte. Eine kurze dritte Periode scheint darauf gefolgt zu sein.

Siedlungsperiode Ia. Aus dieser frühen Wiederbesiedelung sind wenige Überreste erhalten, da spätere Baumaßnahmen und Zerstörungen das meiste davon beseitigte. Aufgrund von Münzfunden und anderer Gegenstände aus der nächsten Periode schloß de Vaux, daß Periode Ia nicht sehr weit vor 140 v.Chr. begonnen und nicht lange gedauert haben dürfte. Aber die Datierung von Periode Ia ist nur insofern relativ zur nächsten Periode möglich, als diese eine unmittelbare Siedlungsabfolge voraussetzt.

Siedlungsperiode Ib. De Vaux behauptete, daß Periode Ia wahrscheinlich während der Regierungszeit der Hasmonäerfürsten und des Hohenpriesters Johannes Hyrkan (134–104 v.Chr.) begann. Den älteren Bauten wurden obere Stockwerke hinzugefügt, und die Gebäude wurden nach Westen und Süden erweitert. Das berühmte Wasserleitungssystem wurde zu dieser Zeit ausgebaut und der Aquädukt errichtet, der das Wasser aus den Bergen zu dem Gebäudekomplex führte, und das gesamte System wurde dann verputzt. Die Überreste der Periode Ib zeigen an, daß die Bevölkerungszahl, die man mit diesem Komplex in Verbindung bringt, im Vergleich zu

[1] Siehe jetzt Roland de Vaux, Die Ausgrabungen von Qumran und En Feschcha Bd. IA Die Grabungstagebücher, deutsche Übers. und Informationsaufbereitung durch Ferdinand Rohrhirsch und Bettina Hofmeir, Fribourg/Göttingen 1996 (NTOA.SA 1A).

der sehr viel kleineren der Periode Ia drastisch zunahm. Es gibt Anzeichen dafür, daß ein Feuer und ein Erdbeben zum Ende dieser Periode beitrugen. Besonders im Norden und Nordwesten befindet sich eine Ascheschicht unterhalb des Befundes für die Periode II (siehe unten). Es ist nicht sicher, ob die zwei Katastrophen miteinander in Verbindung stehen, aber der jüdische Historiker Josephus (37–etwa 100 n.Chr.) berichtet, daß dieses Gebiet im Jahre 31 v.Chr. von einem Erdbeben heimgesucht wurde – der Zeitpunkt, auf den de Vaux das Ende der Periode Ib datierte.

Siedlungsperiode II. De Vaux glaubte, daß der Ort nach dem Erdbeben verlassen wurde und bis zum Tode von König Herodes 4 v.Chr. unbesiedelt blieb. Dazu konnte er auf spärliche Hinweise in den Schriften von Josephus verweisen, wonach Herodes mit zumindest einigen Essenern gute Beziehungen unterhielt. Etwa zur Zeit des Todes von Herodes wurde der Ort wieder aufgebaut. Die Periode II dauerte bis 68 n.Chr. als, wie de Vaux meinte, römische Truppen, die den jüdischen Aufstand in dieser Gegend unterdrückten (der Aufstand dauerte mindestens von 66 bis 70 n.Chr.), die Anlagen angriffen und zerstörten. Damit liegt ein weiterer Hinweis auf ein Feuer vor. Das Datum 68 n.Chr. paßt zu der Tatsache, daß 83 Bronzemünzen aus dem zweiten Jahr des Aufstandes in Qumran gefunden wurden, aber nur fünf aus dem dritten Jahr. Etwas Entscheidendes mußte geschehen sein, das diesen Unterschied erklären könnte. Einige römische Pfeilspitzen wurden ebenfalls gefunden.

Siedlungsperiode III. Römischen Soldaten, die nach dem Ende der zweiten Periode in Qumran stationiert wurden, errichteten offensichtlich einige Kasernen, hauptsächlich in der Südwestecke der Zentralgebäude. Die Münzen, die zu dieser Periode gehören, lassen sich bis etwa 90 n.Chr. datieren, obwohl die wenigen, die man in die Bar Kochba-Zeit datieren kann, die Vermutung nahelegen, daß die Rebellen dieses späteren Aufstandes Qumran ebenso benutzten.

De Vaux folgerte, daß die Anlagen nicht als Wohnanlagen gedacht waren. Vielmehr erweckten die Gebäude und Ruinen den Anschein eines Gemeinschaftszentrums mit einem Versammlungsraum von beträchtlicher Größe sowie einem Speisesaal. Die Menschen, die man mit dem Ort in Verbindung bringt, lebten wahrscheinlich in behelfsmäßigen Unterkünften oder sogar in den Höhlen. Sie versammelten sich in den Gebäuden nur zu Gemeinschaftszwecken. De Vaux identifizierte Trümmerreste eines zweistöckigen Raumes (in archäologischer Terminologie des *locus 30*), die von einem Skriptorium stammten, in dem man Schriftrollen abschrieb. Die Möbelstücke und die zwei Tintenfässer, die man in dem Raum fand, führten ihn zu der Schlußfolgerung, daß hier der Ort in der Siedlung war, wo die Dokumente aus den Höhlen geschrieben wurden.

In den Gebäuderuinen wurde kein Manuskript gefunden. Die Ausgrabungen brachten jedoch einige Krüge und beschriftete Ostraka zu Tage. Die vielen ausgegrabenen Münzen (über 700) trugen ebenfalls Inschriften.

2.3.2 Die Friedhöfe

Wie bei einem Ort, der mehr als zwei Jahrhunderte bewohnt wurde, anzunehmen ist, hatte Qumran mehrere Friedhöfe. Der große Friedhof liegt etwa 50 m östlich der Gebäude. Er enthält ungefähr 1100 Gräber, die in gleichmäßigen Reihen angelegt und durch Wege in drei Sektionen unterteilt waren. Alle Gräber sind mit den Köpfen der Skelette nach Süden an einer Nord-Süd-Achse ausgerichtet. De Vaux öffnete nur 26 dieser Gräber an unterschiedlichen Stellen des Hauptfriedhofs. Alle nach Geschlecht identifizierbaren und in den gleichmäßigen und regelmäßigen Teilen des Friedhofs gefundenen Skelette waren männlich. Ein außergewöhnliches, von den anderen abgesetztes Grab enthielt ein weibliches Skelett. In den Erweiterungsflächen des Friedhofs brachten die sechs untersuchten Gräber jedoch vier weibliche Skelette und das eines Kindes zu Tage. De Vaux untersuchte auch die von ihm so genannten Zweitbestattungsfriedhöfe, einen nördlich des Ortes und den anderen südlich des Wadi Qumran. In dem nördlichen wurden nur zwei Gräber geöffnet; sie waren von einem männlichen und einem weiblichen Skelett belegt. Im südlichen Friedhof stellten die vier Gräber, die untersucht wurden, die letzte Ruhestätte einer Frau und dreier Kinder dar. (In Kapitel 3 werde ich die Implikationen erörtern, die diese Funde in bezug auf das Problem des Zölibats in Qumran haben.)

Die Rekonstruktion von de Vaux ist allgemein akzeptiert worden, allerdings sind einige Details davon umstritten. Es ist nämlich stets unsicher geblieben, wann der Ort zum ersten Mal im 2. Jahrhundert v.Chr. wiederbesiedelt worden war. Diese Unsicherheit hängt mit der spärlichen Zahl der überkommenen Zeugnisse für die Periode Ia zusammen. Auch die vorgeschlagene Siedlungslücke zwischen 31 und 4 v.Chr. gibt Rätsel auf, eine Periode, die nahezu ausschließlich in die Regierungszeit von Herodes dem Großen (37–4 v.Chr.) fällt. Einige Forscher sind auch mit der Vorstellung nicht glücklich, daß noch kein vollständiger Grabungsbericht veröffentlicht worden ist. De Vaux schrieb eine Reihe von Fachartikeln, die die Wissenschaftler über die Funde auf dem Laufenden hielt, aber eine abschließende und umfassende Publikation der Grabungsergebnisse wurde niemals vorgelegt. Die umfassendste Erklärung der Zeugnisse und deren Interpretation durch de Vaux ist die gedruckte Fassung seiner *Schweich Lectures*, die er 1959 hielt[1]. Die überarbeitete englische Ausgabe wurde 1973, zwei Jahre nach De Vaux' Tod, unter dem Titel *Archaeology and the Dead Sea Scrolls* veröffentlicht.

2.4 Datierungsmethoden der Funde

Bevor ich mich neueren Zweifeln an de Vaux' Thesen hinsichtlich der Qumransiedlung zuwende, scheint es mir sinnvoll, kurz die Methoden zu skizzieren, die zur Datierung der Schriftrollen und des anderen archäologischen Materials von Qumran herangezogen wurden. Man unterscheidet dabei verschiedene Methoden für zwei Typen von Gegenständen.

2.4.1 Datierungsmethoden für Schriftrollen

Lange bevor die Ruinen von Qumran systematisch erforscht wurden, machten die Wissenschaftler Datierungsvorschläge für die Manuskripte aus der Höhle 1. Diese und spätere Vorschläge entsprangen verschiedenen Datierungstechniken zur Bestimmung der Abfassungszeit eines Dokuments.

2.4.1.1 Die Paläographie

Die Paläographie ist die Wissenschaft von alten Schriften oder davon, wie Schreiber die Buchstaben der Texte ausführten, die sie schrieben oder kopierten. Durch Vergleich der wechselnden Schriftstile können die Paläographen ungefähr bestimmen, wo ein bestimmtes Dokument auf einer Entwicklungslinie einzuordnen ist. Um den relativen Ort auf einer solchen Linie einem chronologischen Datum zuzuordnen, bedarf der Experte einiger Fixpunkte – insbesondere solche Texte mit eigener Datierung –, von denen aus auf die untersuchten Arbeiten geschlossen werden kann. Glücklicherweise

---

[1] Vgl. Fouilles de Khirbet Qumrân et de Aïn Feshkha. I Album de photographies, répertoire du fonds photographique, synthèse des notes de chantier du Père Roland de Vaux OP, présentés par J.-B. Humbert OP et A. Chambon au nom de l'École biblique et archéologique française de Jérusalem, Fribourg/Göttingen 1994 (NTOA.SA 1).

läßt sich eine zunehmende Anzahl von antiken hebräischen und aramäischen Texten (und noch mehr griechische) einem bestimmten Jahr zuordnen. Einige Elephantinedokumente beispielsweise enthalten Daten des Regierungsjahres von Darius II. aus Persien (423–404 v.Chr.). Andere aus dem Wadi ed-Daliyeh in Palästina fallen in die Regierungszeit von Artaxerxes III. (358–338). Wieder andere stammen aus späteren Zeiträumen. Gute Beispiele sind auch die Dokumente von Masada, die nicht später als 73 oder 74 n.Chr. (oder wann Masada von den Römern erobert wurde) zu datieren sind, und jene aus Murabba'at und Nahal Hever, die Angaben aus der Zeit während des zweiten jüdischen Aufstandes (132–135 n.Chr.) enthalten. Durch Untersuchung der Handschrift der datierten Texte und Beobachtung der Entwicklungen, die eine Schrift beeinflußt haben, kann der Paläograph einen undatierten Text in Relation zu demjenigen Text verorten, dessen Handschrift er im allgemeinen gleicht. Ein Vorteil ist dabei, mit antiken und nicht mit modernen Schriftproben zu arbeiten, denn die Schriften wurden meistens von einem Berufsschreiber geschrieben, der sich an bestimmte Schriftkonventionen zu halten hatte, die nur graduelle Modifikationen zuließen. Paläographisch ermittelte Daten werden um so präziser, je größer die Zahl der datierten Texte ist. Trotzdem sollte man sich darüber im klaren sein, daß die den Texten allein auf der Basis der Schrift zugeordneten Daten nur relativ und nicht exakt sind.

Frank Moore Cross von der Harvard-Universität veröffentlichte 1961 das Standardwerk für das Studium der Handschrift der Qumranschriften und verwandten Materials. Er unterschied drei paläographische Perioden in den Schriftrollen: die archaische (250–150 v.Chr.), die hasmonäische (150–130 v.Chr.) und die herodianische (30 v.Chr.–68/70 n.Chr.). Innerhalb dieser Grenzen nahm er weitere Untergruppierungen vor und unterschied auch zwischen verschiedenen Schriftstilen: der formalen Schrift, der semiformalen, der Kursive und der Halbkursive. Er fand heraus, daß einige wenige Manuskripte in die archaische Periode zu datieren sind (so 4QSamuel[b]); diese wurden wahrscheinlich nach Qumran mitgebracht, da sie älter als die Periode Ia von de Vaux sind. Viele weitere stammen aus der hasmonäischen Periode (die Gemeinderegel und die große Jesajarolle aus der Höhle 1 sind bekannte Beispiele dafür). Die meisten wurden jedoch in der herodianischen Periode abgeschrieben (so z.B. die Kommentare). Cross glaubt, daß die paläographische Analyse dieser Texte einen solchen Grad an Genauigkeit erreicht hat, daß ein geübter Paläograph ein Manuskript innerhalb einer Marge von 25 oder 50 Jahren seiner Entstehungszeit datieren kann.

2.4.1.2 Die Massenspektrographie

Es war lange Zeit umstritten, ob man einigermaßen präzise Daten allein auf der Basis des paläographischen Befunds angeben könne. Einige der Paläographie skeptisch gegenüberstehende Wissenschaftler glauben, daß größere Vorsicht angebracht ist. Ihrer Meinung nach müssen die Daten der Schriftenanalyse durch externe Kontrollmöglichkeiten ergänzt werden. Eine solche externe Kontrollmöglichkeit ist die jetzt zum ersten Mal verfügbare Massenspektrographie (*Accelerator Mass Spectrography* – daher die Abkürzung AMS), eine verfeinerte Form der Karbon-14-Methode. Die Kohlenstoff-14-Methode wurde 1947 erfunden, in dem Jahr, in dem die ersten Schriftrollen gefunden wurden. Keine der Schriftrollen wurde jedoch in jenen frühen Jahren der Karbon-14-Methode unterzogen, da der Materialumfang, der bei Anwendung dieser Methode hätte zerstört werden müssen, einen zu großen Verlust an Manuskripten erforderlich gemacht hätte, nämlich 1–3 Gramm – mehr als einige der Fragmente wogen. Eine geringe Menge Leinen, in das die Rollen gewickelt waren, wurde 1950/51 getestet (siehe unten). Ein Test durch die Massenspektrographie kann mit nur einem Bruchteil des organischen Materials durchgeführt werden, das für die ältere Karbon-14-Methode gebraucht wurde (0,5–1,0 mg). Amir Drori, Direktor der *Israel Antiquities Authority* und des *Scrolls Advisory Committee* sorgte 1990 dafür, daß acht der Qumranrollen und sechs aus den benachbarten Orten mit der AMS-Methode getestet wurden. Um im Verlauf des Tests einige Rücküberprüfungen zu ermöglichen, wurden vier datierte Dokumente (in der Tabelle mit * markiert) mit einbezogen. Außerdem wurden den Wissenschaftlern, die den Vorgang überwachten, bis nach Ende des Tests weder die Daten der vier Dokumente noch jener, die die Paläographen für die anderen bestimmt hatten, mitgeteilt. Die veröffentlichten Ergebnisse stehen in der folgenden Tabelle (in manchen Fällen wurden zwei Tests unter unterschiedlichen Bedingungen durchgeführt, dementsprechend sind zwei Daten angegeben).

	Text	*Interne Angaben*	*Paläographische Daten*	*AMS-Daten*
1.	Dalija-Urkunde*	352 oder 351		405–354 v.Chr. 306–238 v.Chr.
2.	4Q542 (Testament Qahat)		100–75 v.Chr.	388–353 v.Chr.
3.	4Q365 (Pentateuch-Paraphrase)		125–100 v.Chr.	339–324 v.Chr. 209–117 v.Chr.
4.	1QIsa[a] (Jesajarolle)		125–100 v.Chr.	335–327 v.Chr. 202–107 v.Chr.
5.	4Q213 (Testament Levi)		spätes 2./frühes 1. Jh. v.Chr.	191–155 v.Chr. 146–120 v.Chr.
6.	4QSam[c]		100–75 v.Chr.	192–63 v.Chr.
7.	Masada Josua		30–1 v.Chr.	169–93 v.Chr.
8.	Masada-Text		30–1 v.Chr.	33 v.Chr.–74 n.Chr.
9.	11QTempel (Tempelrolle)		spätes 1. Jh. v.Chr./frühes 1. Jh. n.Chr.	97 v.Chr.–1 n.Chr.
10.	1QapGen (Genesis-Apokryphon)		spätes 1. Jh. v.Chr./frühes 1. Jh. n.Chr.	73 v.Chr.–14 n.Chr.
11.	1QH (Hymnenrolle)		50 v.Chr.–70 n.Chr.	21 v.Chr.–61 n.Chr.
12.	Wadi Seiyal-Dokument*	130–131 n.Chr.		28–122 n.Chr.
13.	Murabba ʿat-Urkunde*	134 n.Chr.	134 n.Chr.	69–136 n.Chr.
14.	Chirbet Mird-Brief*	744 n.Chr.		675–765 n.Chr.

Von den vierzehn Dokumenten decken sich bei vier die AMS-Datierungen mit den Zeiträumen ihrer paläographisch ermittelten oder internen Daten: Nummer 1 (mit Abweichungen von zwei oder drei Jahren), 2 (mit Abweichung von 256 Jahren), 7 (mit Abweichung von 63 Jahren) und Nummer 12 (mit Abweichung von acht Jahren). Zwei dieser Abweichungen können vernachlässigt werden, weil sie von zu geringer Bedeutung sind (Nr. 1 und 12). Die anderen zwei sind sehr viel größer, besonders Nr. 2, bei dem es sich um ein Qumranmanuskript handelt. Was die Qumranmanuskripte angeht, so fallen sieben von acht der paläographisch datierten in den durch AMS festgestellten Zeitraum. Die anderen Manuskripte hingegen weisen durch AMS einen früheren Entstehungszeitraum auf als durch die paläographische Analyse. Eine Erklärung für die große Abweichung bezüglich 4Q542 ist noch nicht bekannt. Sie geht womöglich auf eine bis jetzt noch nicht entdeckte chemische Verunreinigung zurück.

Zwar können diese Ergebnisse die paläographischen Datierungen nicht exakt beweisen, sie zeigen aber – so gut das durch AMS möglich ist – deren Genauigkeit. Daher können wir sicher sein, daß die Paläographen sie in die richtigen Perioden verortet haben – obwohl wir das genaue Datum eines Manuskripts nicht kennen. So ist sicher, daß die Schriftrollen aus den letzten Jahrhunderten v.Chr. und dem ersten Jahrhundert n.Chr. stammen, und nicht beispielsweise aus dem Mittelalter, wie einige (so Solomon Zeitlin vom *Dropsie College*) in den späten Vierzigern und frühen Fünfzigern behaupteten.

2.4.1.3 Interne Hinweise

Eine dritte Methode, eine ungefähre Vorstellung davon zu bekommen, wann die Rollen geschrieben wurden, stellen die Verweise auf bekannte Personen (wie etwa Nabonid im Gebet des Nabonid) oder Völker dar. Wenn ein Text eine erkennbare Person namentlich nennt, kann er nicht geschrieben worden sein, bevor diese Person lebte. Diese Verweise, z.B. auf Münzen (siehe unten 2.4.2.3), legen den Zeitpunkt fest, nach dem ein Text entstanden ist, obwohl sie keine Auskunft darüber geben, wie lange danach der Entstehungszeitpunkt anzusetzen ist. Wenn jedoch die Qumranmanuskripte vor 68 n.Chr. geschrieben wurden, müßte eine Schriftrolle, die eine Person nennt, zwischen der Zeit dieser Person und dem Jahre 68 geschrieben worden sein.

Der Nahum-Kommentar nennt einige Personen beim Namen, mehrere andere ebenfalls. In seiner Interpretation von Nah 2,11b verweist der Kommentar auf „Deme]trius, König von Jawan, der bestrebt war, nach Jerusalem zu kommen auf Grund eines Beschlusses derer, die ‚glatte' Anweisungen geben. [.....................i]n die Hand/ durch die Könige von Jawan, von Antiochus bis zum Auftreten der Kittijim-Herrschenden. Aber dann wird niedertreten(/niedergetreten werden)" (4Q169 Frg. 4 + 3 I,2–3). Demetrius ist fast sicher Demetrius III. Eucerus. Ungefähr 88 v.Chr. baten ihn einige Pharisäer, sie in ihrem Widerstand gegen den jüdischen König Alexander Jannaeus (er herrschte 103–76 v.Chr.; siehe Josephus Ant. XIII,375–376; Bell. I,90–92) zu unterstützen. Antiochus dürfte Antiochus IV. gewesen sein, der 168 v.Chr. Jerusalem eroberte. Da einige seleukidische (griechische) Monarchen die Namen Demetrius und Antiochus annahmen, bleibt zwar bezüglich der Verweise eine gewisse

Unsicherheit, aber diese beiden kommen am wahrscheinlichsten in Frage. Auf jeden Fall können die zwei Könige nicht später als ca. 65–64 v.Chr. aufgetreten sein, als die seleukidische Monarchie zu Ende ging. Falls der Vorfall der ist, den der Kommentator beschreibt (der folgende Verweis auf die Kreuzigung in I,6–8 macht dies sehr wahrscheinlich) und in den Demetrius und die Pharisäer involviert waren, dann wäre der Abschnitt ein weiterer Nachweis dafür, daß die, „die ‚glatte' Anweisungen geben", Pharisäer sind, von denen Jannaeus 800 auf einmal aufhängen ließ. Weitgehende Übereinstimmung besteht auch darüber, daß die Kittim in diesem und vielen anderen Abschnitten die Römer sind, besonders Pompejus und seine Armee, die in der Tat 63 v.Chr. Jerusalem unter ihren Füßen zertraten.

Einige wenige andere Personen sind an anderen Stellen genannt. Eine davon ist Shlomzion (= Alexandra Salome), die 76–67 v.Chr. Königin von Judäa war (in 4Q322 Frg. 2,4 heißt es in einem brüchigen Zusammenhang: „kam (?) Shlomzion"), ein weiterer Hyrkan, entweder Johannes Hyrkan oder Hyrkan II. (er regierte mit seiner Mutter 76–67 und nahm 63–40 eine Art Kontrollposition ein [4Q322 Frg. 2,6: „Hyrkanos, König" – der Titel träfe nur auf Hyrkan II. zu]) und schließlich Emilius, der Marcus Aemilius Scaurus, der römische Prokurator in Syrien (65–62 v.Chr.) zu sein scheint (in beiden Stellen in 4Q324a Frg. 2 II,4.8 heißt es: „t]ötete 'MLJWS[1]"). Ein anderer, kürzlich vielbeachteter Text, 4Q448, nennt einen gewissen „Jonathan, der König". Sein Name erscheint einmal sicher und wahrscheinlich auch ein zweites Mal. Der einzige „König Jonathan" in der jüdischen Geschichte war Alexander Jannaeus, dessen hebräischer Name auf den Münzprägungen „Jonathan" lautet. In den Schriftrollen wird keine Person genannt, die im 1. Jahrhundert n.Chr. lebte.

2.4.2 Datierungsmethoden anderer archäologischer Zeugnisse

2.4.2.1 Die Radiokarbonmethode

Wie oben bereits erwähnt, wurde eine geringe Menge Leinen aus Höhle 1, das G. Lankester Harding, der Ausgräber der Höhle, zur Verfügung gestellt hatte, einem Radiokarbontest unterzogen. Am 14. November 1950 wurde das Material W. F. Libby übergeben, dem

[1] Die Umschrift des Namens meint wahrscheinlich den des Marcus Aemilius Scaurus.

Wissenschaftler an der Universität von Chicago, der diese Datierungsmethode erfunden hatte. Er berichtete am 9. Januar, daß das Leinen durch den Kohlenstoff-14-Test auf das Jahr 33 n.Chr., plus oder minus 100 Jahre, zu datieren sei. Obwohl das Ergebnis nicht sehr genau war, zeigt es, daß das Leinen alt war und von daher vermutlich auch die darin eingewickelte Rolle. Das mittlere Datum 33 n.Chr. liegt genau in dem durch andere Methoden errechneten Zeitraum. Man kann zwar den Zusammenhang zwischen dem Alter des Leinens und irgendeiner darin aufgehobenen Rolle in Frage stellen (wurde ein altes Stück Leinen gebraucht, um eine jüngere Schriftrolle darin zu wickeln oder umgekehrt?), aber die Karbon-14-Ergebnisse stellen eine willkommene Ergänzung zu einer zunehmenden Zahl von Hinweisen dar, daß die Rollen aus der Zeit um die Zeitenwende stammen.

2.4.2.2 Keramik

Die reichhaltige Keramik, die man in den Ruinen und in den Höhlen fand, gehört zum Typ der späthellenistisch-frührömischen Periode, d.h. in die letzten Jahrhunderte v.Chr. und die ersten Jahrhunderte n.Chr. De Vaux konnte keine Keramik zuverlässig der Periode Ia in Qumran zuordnen, aber es gibt zahlreiche Beispiele aus Periode Ib und aus der Zeit während der Existenz der Gemeinschaft. Und daß dieselbe Art von Krügen sowohl in den Höhlen als auch in den Gebäuden gefunden wurde, hatte schon ganz zu Anfang eine Verbindung zwischen den beiden nahegelegt.

2.4.2.3 Münzen

Hunderte von Münzen wurden in den Ruinen der Siedlung gefunden, aber offenbar keine davon in einer der Höhlen. Damals wie heute hatten Münzen regelmäßig aufgeprägte Daten, normalerweise das Regierungsjahr des Königs, der die Prägung veranlaßte. Manchmal trugen sie auch die Daten von bestimmten Zeitabschnitten. Durch ihre häufige Eigendatierung geben die an einem Ort gefundenen Münzen die ungefähre Zeit an, wann er besiedelt gewesen ist. Ihr Vorhandensein ermöglicht natürlich keine genaue Datierung, da die Daten auf den Münzen nur die Jahre anzeigen, während oder nach denen sie gebraucht wurden. Wenn König X eine Münze in seinem dritten Regierungsjahr prägte, kann die Münze nicht aus der Zeit davor stammen, sondern nur aus jenem Jahr oder der Zeit danach. Eine wichtige Einschränkung des Gebrauchs numismatischer Zeugnisse zur Datierung ist die Tatsache, daß wir nicht genau wissen, wie lange die Münzen in Umlauf blieben. Trotzdem ermöglichen sie eine ungefähre Vorstellung davon, wann ein Ort besiedelt war.

De Vaux berichtete, daß verschiedene Münzen, die mit bestimmten Herrschern oder Ereignissen in Verbindung gebracht werden konnten, folgendermaßen verteilt waren:

1. Seleukidische Münzen
   a) Silber: 3 datiert in die Regierungszeit von Antiochus VII. (138–129 v.Chr.) und 2 andere, nicht datierte, aber wahrscheinlich aus seiner Zeit stammend. 1 weitere könnte aus der Regierungszeit von Demetrius II. (145–139 v.Chr.) stammen.
   b) Bronze: 5 datiert von Antiochus III. (223–187 v.Chr.), IV. (175–164 v.Chr.) und VII. (139/138–129 v.Chr.) und 1 undatiert, wahrscheinlich von Antiochus IV.
2. Jüdische Münzen (seit der späteren Regierungszeit von Johannes Hyrkan [134–104 v.Chr.])
   a) 1 von Johannes Hyrkan
   b) 1 von Aristobul (104–103 v.Chr.)
   c) 143 von Alexander Jannaeus (103–76 v.Chr.)
   d) 1 aus der gemeinsamen Regierungszeit von Alexandra Salome und Hyrkan II. (76–67 v.Chr.)
   e) 5 von Hyrkan II. (63–40 v.Chr.)
   f) 4 von Antigonus Mattathias (40–37 v.Chr.)
3. Herodianische Münzen
   a) 10 von Herodes (37–4 v.Chr.)
   b) 16 von Herodes Archälaos (4 v.Chr.–6 n.Chr.)
4. Münzen aus der Prokuratszeit – 91 (33 davon aus der Regierungszeit Neros [54–68 n.Chr.])
5. Agrippa I. (41–44 n.Chr.) – 78
6. Erster jüdischer Aufstand (66–70 n.Chr.)
   a) 0 aus dem ersten Jahr
   b) 83 aus dem zweiten Jahr
   c) 5 aus dem dritten Jahr
   d) 0 aus dem vierten Jahr

Zahlreiche andere Münzen wurden gefunden, einschließlich eines Vorrats von 561 Münzen aus Tyrus, die in die Zeit zwischen 126 und 9/8 v.Chr. datiert werden können. Man fand auch einige Münzen aus der Schicht von Periode III (sie wurden dort nach dem Aufstand zurückgelassen, als eine römische Garnison in Qumran eingerichtet wurde): 13 Münzen, die in der Regierungszeit Neros geprägt wurden und noch in Gebrauch blieben, sowie eine, die aus dem Jahr 87 stammen könnte. Schließlich datieren einige wenige Münzen aus dem zweiten Jüdischen Krieg gegen Rom (132–135), als der Ort offensichtlich für eine kurze Zeit wieder in Gebrauch genommen wurde.

De Vaux zog die numismatischen Zeugnisse heran, um eine Reihe seiner Thesen zu stützen. Eine davon lautete, daß man den Ursprung der mit dem Gemeinschaftsleben in Verbindung gebrachten Gebäude nicht sehr weit vor der Regierungszeit des Johannes Hyrkan ansetzen kann und daß der Ort im Jahre 68 zerstört wurde, wie das die sehr unterschiedlichen Münzfunde vor und nach diesem Datum nahelegen. Ob man alle Schlußfolgerungen von de Vaux akzeptiert oder nicht – die Zahl der Münzen aus den verschiedenen Zeiträumen deutet wiederum auf die letzten zwei Jahrhunderte v.Chr. und das erste Jahrhundert n.Chr. als der Periode, in der Qumran besiedelt war.

2.5 Alternative Theorien

Während sich die Rekonstruktion von de Vaux im allgemeinen bis heute bewährt hat, haben andere Wissenschaftler andere Interpretationen vorgeschlagen. Bald nach der Entdeckung der ersten Höhle schlug Sukenik vor, daß sie eine Geniza war, ein Ort zur Aufbewahrung alter Manuskripte, die nicht länger in Gebrauch waren. Als die anderen zehn Höhlen gefunden wurden, erwies sich diese These als nicht mehr haltbar. Hier ist nicht der Ort, um die unterschiedlichen Thesen zu wiederholen, die im Verlauf der letzten 40 Jahre aufgestellt und wieder verworfen wurden. Es empfiehlt sich aber, das Kapitel mit einer kurzen Beschreibung zweier alternativer Deutungen der Ruinen von Qumran abzuschließen, die heute diskutiert werden.

2.5.1 Die Ruinen einer Festung

Ich habe schon erwähnt, daß einige Forscher die Ruinen von Qumran als die einer Festung deuten. Zu ihnen gehörte zunächst de Vaux selbst, obwohl er – nach den gründlicheren Grabungen – zu einer ganz anderen Schlußfolgerung kam. Die Festungsthese hatte über die Jahre hinweg ihre Verfechter. Erst kürzlich hat sie Norman Golb von der Universität Chicago wieder in einer Reihe von Veröffentlichungen vertreten. Seine Deutung des Ortes ist Teil einer umfassenderen Theorie, die ich in Kapitel 3 analysieren werde. Hier nur soviel: Nach Golb weisen die Schriftrollen in den Höhlen keinen inneren Zusammenhang mit den Gebäuden in Chirbet Qumran auf. Die Rollen seien von Menschen unterschiedlicher Überzeugung aus

Jerusalem gebracht und in den Höhlen zur Sicherstellung in der Zeit des jüdischen Aufstandes (66–70 n.Chr.) verborgen worden. Die Festung habe bereits kurze Zeit vor diesem Ereignis an diesem Ort gestanden. Golb weist unter anderem auf die starken Turmmauern hin und auf die Wahrscheinlichkeit, daß die Anlagen als Folge eines militärischen Angriffs zerstört wurden.

Golb hat nicht viele Anhänger gefunden. Allgemein läßt sich sagen: Wenn Chirbet Qumran eine Festung gewesen wäre, hätte diese eine außergewöhnliche Form gehabt. Der Grundriß des Ortes weist keine Parallelen zu anderen Festungen dieser Zeit auf. Die Stärke der äußeren Mauern, mit Ausnahme der des Turmes, reicht nicht für militärische Zwecke aus. Sicherlich hätten die vielen Zisternen über Monate für ausreichend Wasser gesorgt, aber die Wasserversorgung hätte leicht durch einen Feind abgeschnitten werden können, da der Aquädukt auf lange Strecken hin ungeschützt gelegen war. Hätte man eine Festung so nachlässig geplant? Die Gebäude dürften auch an einem militärisch ungünstigem Ort liegen. Wenn Qumran – wie de Vaux behauptete – durch römische Truppen zerstört wurde, folgt daraus nicht notwendig, daß Chirbet Qumran eine militärische Einrichtung war, es sei denn, man nimmt an, die Römer hätten nur militärische, nicht aber zivile Ziele angegriffen. Schließlich enthält die antike Literatur keinen Hinweis auf eine Festung im Gebiet von Qumran. Da die Siedlungsreste keine erkennbaren Anzeichen aufweisen, daß sie eine militärische Einrichtung gewesen sind, im Gegenteil einzelne Teile dafür sogar ungewöhnlich wären, wurde Golbs Theorie zurecht als nicht plausibel zurückgewiesen.

2.5.2 Eine Villa mit Speisesaal

Wie schon bemerkt, wurde nie ein vollständiger Ausgrabungsbericht über Qumran erstellt, obwohl de Vaux und andere ausführlich über die Überreste und ihre Interpretationen schrieben. Um diese Lücke zu füllen, wurde diese Aufgabe kürzlich einer Gruppe von Archäologen übertragen. Unter ihnen ist das Ehepaar-Team Pauline Donceel-Voûte und Robert Donceel. Diese sind offenbar der Meinung, die keramischen Zeugnisse und andere Sachverhalte legten die Vermutung nahe, daß Qumran die Villa eines begüterten Besitzers war. Mir ist bislang noch keine schriftliche Verteidigung dieser Idee untergekommen, aber P. Donceel-Voûte hat nun einen Aufsatz geschrieben, in dem sie gegen die Vorstellung de Vaux' argumentiert, daß *locus* 30 in den oberen Räumen ein Skriptorium enthalten habe.

Sie behauptet, daß die Daten eine Identifizierung des *locus* 30 als Speisesaal ermöglichen, in dem die Speisenden im Liegen aßen *(triclinium)* und von dem aus sie eine unbeeinträchtigte Sicht nach Süden und Südosten hatten; und diese Identifizierung entspräche der Villentheorie. Donceel-Voûte hat die Bruchstücke der Möbel, die auf dem Grund gefunden wurden, ihre Beziehung untereinander und zu Parallelen aus anderen Gegenden der hellenistischen und römischen Welt erneut detailliert untersucht.

Angesichts ihrer Argumente bekommen die Worte von de Vaux über diese Bruchstücke und was sie gewesen sein mögen, ein besonderes Interesse:

> „Auf diese Weise hat man es für möglich erachtet, einen Tisch aus ihnen zu rekonstruieren ... etwas mehr als 5 m lang, 40 cm breit und nur 50 cm hoch. Man fand auch Bruchstücke von zwei weiteren kleineren Tischen. Diese Tische sind sicherlich vom Obergeschoß heruntergefallen, wo der lange Tisch parallel zur Ostwand aufgestellt worden war; sie sind zusammen mit einer niedrigen an dieser Wand befestigten Bank benutzt worden. Dies könnte die Vermutung von Möbeln eines Speiseraums nahelegen, mit Ausnahme der Tatsache, daß wir diesen schon in einem anderen Teil des Gebäudes identifiziert hatten, welcher keinen Tisch enthielt." (Archaeology and the Dead Sea Scrolls, S. 29)

De Vaux erwähnt auch die zwei in diesem Gebiet gefundenen Tintenfässer. Die Möbelstücke wurden zusammengesetzt und im *Palestine Archaeological Museum* in Jerusalem (jetzt Rockefeller-Museum) in Form eines Tisches mit einer Bank ausgestellt. Die Theorie lautete, daß Schreiber auf der Bank saßen und die Schriftrollen auf dem Tisch kopierten. De Vaux war sich dessen bewußt, daß die Abbildungen von antiken Schreibern bei ihrer Arbeit sie gewöhnlich nicht in einer solchen Haltung zeigten, vielmehr am Boden oder auf einer Bank mit einem Tablett auf ihrem Schoß sitzend und auf diese Weise schreibend. De Vaux konnte jedoch eine Reihe von Fällen auflisten, in denen die Schreiber an Tischen oder Schreibtischen sitzend abgebildet sind.

Wir müssen das Urteil der professionellen Archäologen abwarten, um Donceel-Voûtes Interpretation des übriggebliebenen Materials (und ihrer Deutung der Ausgrabungsberichte und Grabungstagebücher von de Vaux' Grabungen) angemessen überprüfen zu können, aber ein paar allgemeine Bemerkungen dazu seien schon hier erlaubt. Zum einen scheint es unwahrscheinlich, daß eine wohlhabende Person an einem Ort wie Qumran eine Villa bauen sollte, wo doch eine Oase wie Jericho in unmittelbarer Nähe liegt. Donceel-

Voûte hat wahrscheinlich den Wert der Keramik in Qumran mißdeutet, weil sie irrtümlich von Wohlstand und Privatbesitz der Gemeinschaft von Qumran ausging (siehe dazu ausführlicher Kapitel 3). Zweitens gibt Donceel-Voûte bezüglich des Skriptoriums oder Speisesaals zu, daß die genaue Form dessen, was sie als Sofas in einem Speisesaal ansieht, anderswo nicht bezeugt ist. Sie sagt mit Recht, daß die Tintenfässer auch mit anderen Aufgaben als dem Abschreiben von Schriftrollen in Verbindung gebracht werden können. Aber es ist offensichtlich, daß sie besonders der Schreibfunktion entsprechen, die de Vaux dem *locus* 30 zuordnete.

Die Diskussion über diese Theorien unter den professionellen Archäologen ist noch nicht abgeschlossen, aber gegenwärtig scheint die Hypothese von de Vaux gegenüber den konkurrierenden den Vorzug zu haben.

Bibliographische Angaben

Die Übersetzung des Briefes von Timotheus an Sergius wird nach der *editio princeps* zitiert: Oskar Braun, Ein Brief des Katholikos Timotheos I über biblische Studien des 9 Jahrhunderts, Oriens Christianus 1 (1901), S. 299–313; hier S. 305 und 307.

Den Abschnitt über die Entdeckungen der ersten Höhle verdanke ich John C. Trever, Das Abenteuer von Qumran, Kassel 1967; das Buch bietet wesentlich mehr Details und dokumentarische Belege als hier angegeben werden können.

Die Informationen zu Eleazar Sukenik habe ich seinem postum veröffentlichten Buch entnommen: The Collection of the Hidden Scrolls Which Are in the Possession of the Hebrew University, ed. Nahman Avigad, Jerusalem 1954, S. 14 (seine Erklärung der Pressemitteilung) und S. 26 (sein Vorschlag, daß die Verfasser der Schriftrollen Essener waren). Seine Darstellung dessen, wie er von den Schriftrollen erfuhr und schließlich einige von ihnen erwarb, ist höchst interessant.

Die Datierung wichtiger Ereignisse in der Geschichte der Entdeckung der Schriftrollen und ihrer Erforschung stützt sich auf die Liste, die Stephen J. Pfann vorbereitet und in: The Dead Sea Scrolls on Microfiche: Companion Volume, ed. by Emanuel Tov, in Zusammenarbeit mit S. J. Pfann, Leiden/New York/Köln 1993, S. 97–108, veröffentlicht hat. Pfann hat im selben Band auch einen Abschnitt über „Sites in the Judaean Desert Where Texts Have Been Found“, S. 109–119, zusammengestellt. Auf den S. 17–72 befindet sich eine Liste aller Qumrandokumente (und solcher von anderen Fundstellen), ihrer Fotonummern und Angaben, wo sie – soweit geschehen – veröffentlicht worden sind.

Das Zitat von Millar Burrows ist seinem Buch The Dead Sea Scrolls, New York 1955, S. 17, entnommen.

Das bis heute gültige Standardwerk zur Archäologie Qumrans ist das in diesem Kapitel zitierte Buch von Roland de Vaux, Archaeology and the Dead Sea Scrolls, rev. ed., London 1973 (Schweich Lectures 1959). Hilfreich ist auch das Buch von Philip R. Davies, Qumran (Cities of the Biblical World), Grand Rapids 1983. Auf S. 30 erwähnt er die Besucher von Qumran von vor 1947. Siehe auch Pfann in: The Dead Sea Scrolls on Microfiche, S. 110.

Der Aufsatz von Frank Moore Cross über die Qumranhandschriften lautet: The Development of the Jewish Scripts, in: The Bible and the Ancient Near East: Essays in Honor of William Foxwell Albright, ed. by G. E. Wright, Garden City, N.Y. 1961, S. 133–202.

Die Informationen über AMS-Tests sind folgendem Beitrag entnommen: G. Bonani/S. Ivy/W. Wölfli/M. Broshi/I. Carmi/J. Strugnell, Radio Carbon Dating of Fourteen Dead Sea Scrolls, Radiocarbon 34 (1992), S. 843–849.

Zu den Thesen von Norman Golb siehe z.B. sein Buch Qumran. Wer schrieb die Schriftrollen vom Toten Meer?, aus dem Amerikanischen von O. Rinne u. J. Rehork, Hamburg 1994.

Der Artikel von Pauline Donceel-Voûte lautet: Coenaculum – La salle à l'étage du *locus* 30 à Khirbet Qumrân sur la mer morte, Banquets d'Orient, 1993 (Res Orientales 4), S. 61–84.

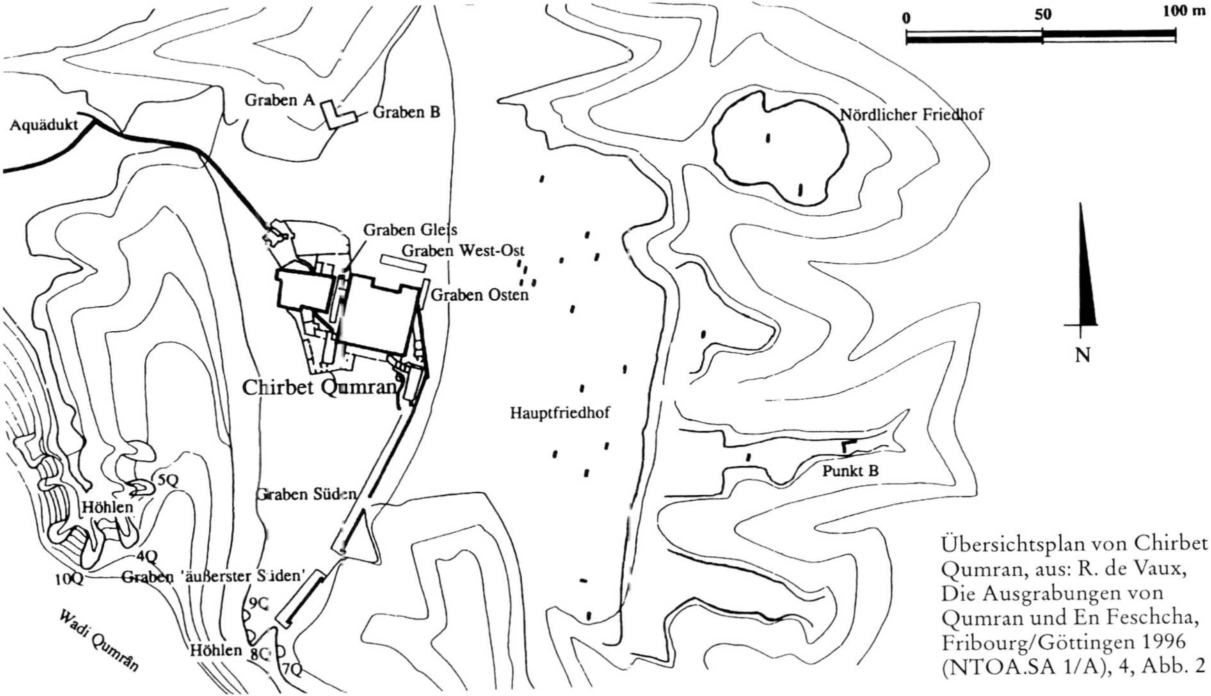

Übersichtsplan von Chirbet Qumran, aus: R. de Vaux, Die Ausgrabungen von Qumran und En Feschcha, Fribourg/Göttingen 1996 (NTOA.SA 1/A), 4, Abb. 2

Die erste Jesajarolle aus Höhle 1 (1QIs[a]). Text: Jes 38,8–40,28.
Photo: J. C. Trever

Blick nach Westen auf Höhle 4 in den Mergelterrassen (siehe S. 30f.). Photo: Markus Müller

Treppenstufen des südlichen Abschlußbeckens.
Deutlich zu sehen ist ein Riß, der wahrscheinlich von einem Erdbeben verursacht wurde (siehe S. 34).
Photo: Max Küchler

Kapitel 2

Überblick über die Manuskripte

Die elf Höhlen von Qumran förderten die Überreste von annähernd 800 Manuskripten zu Tage. Es hat den Anschein, als seien viele, aber sicherlich nicht alle von ihnen in Qumran abgeschrieben oder geschrieben worden. Einige von ihnen können aufgrund paläographischer Befunde in das 3. oder frühe 2. Jahrhundert v.Chr. datiert werden, und zwar weit in die Zeit vor der von de Vaux angenommenen Periode Ia; diese Handschriften müssen von anderswo her nach Qumran gebracht worden sein. Dasselbe trifft womöglich für viele weitere Schriftrollen zu; leider läßt sich jedoch nur schwer sagen, um welche es sich gehandelt haben kann.

Einige Schriftrollen habe ich schon in Kapitel 1 erwähnt. In dem hier folgenden Überblick soll über einige der gefundenen Werke, die von besonderem Interesse und besonderer Bedeutung sind, Auskunft gegeben werden. Der Überblick umfaßt zwar die meisten, aber keineswegs alle Texte aus Qumran.

1. Biblische Texte

Das Wort ‚biblisch' für den zu behandelnden Zeitrahmen zu gebrauchen scheint ein Anachronismus zu sein, da es in den letzten Jahrhunderten v.Chr. und im ersten Jahrhundert n.Chr. – soweit sich dies sagen läßt – kein abschließendes, festgelegtes und autoritatives Verständnis der Werke gab, die als biblisch bzw. nicht als biblisch angesehen wurden. Verschiedene jüdische Gruppierungen scheinen unterschiedlicher Meinung darüber gewesen zu sein, welche Bücher von Gott offenbart worden sind. Eine letztgültige Übereinstimmung über die Bücher, die zur hebräischen Bibel (die dem protestantischen Alten Testament entspricht) wurden, kam wahrscheinlich erst später zustande, obwohl wir nicht wissen, wann das geschehen ist. So kann angemessenerweise nur gesagt werden, daß viele jüdische Gruppierungen über den autoritativen Status einer beträchtlichen Zahl von Büchern übereinstimmten, die schließlich als Teil der Bibel angesehen wurden: die fünf Bücher, die das Gesetz des Mose darstellen (Genesis bis Deuteronomium = die Tora), die geschichtlichen und prophetischen Werke und die Psalmen. Fragen bleiben bezüglich einiger weniger anderer Bücher offen, besonders bezüglich des Buchs Ester, des Hohenliedes Salomos (auch „Lied der Lieder“ oder *Canticum* genannt) und des Buchs Sirach (auch Weisheit des Jesus ben Sira oder *Ecclesiasticus* genannt). Ich gebrauche das Wort ‚biblisch‘, um damit einfach und bequem auf die Bücher verweisen zu können, die später Teil der hebräischen Bibel geworden sind. Der Gebrauch des Ausdrucks ‚biblisch‘ bedeutet jedoch nicht, daß jeder in dem in Frage kommenden Zeitabschnitt von denselben autoritativen Büchern sprach. In Kapitel 5 werde ich in einem Abschnitt über die textkritische Bedeutung der biblischen Schriften von Qumran und anderer Texte der Frage nachgehen, welche Bücher als oberste Autorität von den Menschen angesehen wurden, die die Schriftrollen vom Toten Meer geschrieben und abgeschrieben haben.

1.1 Biblische Schriftrollen

Nach der zuletzt veröffentlichten Liste der Manuskripte sind die biblischen Bücher in folgender Kopienzahl vertreten (in der üblichen Reihenfolge der hebräischen Bibel):

Genesis	15	Jesaja	21	Klagelieder	4
Exodus	17	Jeremia	6	Kohelet	3
Levitikus	13	Ezechiel	6	Ester	0
Numeri	8	Zwölf Propheten	8	Daniel	8
Deuteronomium	29	Psalmen	3	Esra	1
Josua	2	Sprüche	2	Nehemia	0
Richter	3	Hiob	4	1–2 Chronik	1
1–2 Samuel	4	Hohelied	4		
1–2 Könige	3	Ruth	4		

Die biblischen Manuskripte waren folgendermaßen auf die Höhlen verteilt:

Höhle 1	17	Höhle 5	7	Höhle 9	0
Höhle 2	18	Höhle 6	7	Höhle 10	0
Höhle 3	3	Höhle 7	1	Höhle 11	10
Höhle 4	137	Höhle 8	2		

Diese Zahlen schließen einige Schriftrollen ein, die mehr als ein Buch umfassen (z.B. Exodus und Levitikus), und ebenso sieben gefundene Kopien griechischer biblischer Schriftrollen (von denen es möglicherweise noch mehr gibt, deren Identifikation jedoch unsicher ist). Die Identifizierung einiger dieser Fragmente ist umstritten, da sie so klein sind, daß sich unmöglich sagen läßt, ob sie etwa Abschriften eines Buches gewesen sind oder Fragment eines anderen Werkes, das an der erhalten gebliebenen Stelle gerade eine biblische Schrift zitiert.

Legt man die oben genannten Zahlen zugrunde, beträgt die Summe der biblischen Manuskripte 202 Kopien, also etwa ein Viertel von 800 in Qumran gefundenen Manuskripten (19 andere Kopien wurden an anderen Orten in der judäischen Wüste ausgegraben). Diese Summe dokumentiert die hohe Bedeutung der biblischen Schriften für die damals dort lebenden Menschen. Darüber hinaus wissen wir aus der Qumranliteratur, daß das Schriftstudium für die Mitglieder der Gruppe Teil des täglichen Lebens war. Die absoluten Zahlen zeigen auch, mit welcher Häufigkeit die Bücher gebraucht wurden. Der Psalter ist am häufigsten vertreten (36 Kopien), gefolgt von Deuteronomium (29) und Jesaja (21). Von den anderen erreichen nur Exodus (17), Genesis (15) und Levitikus (13) zweistellige Werte. Ein Estermanuskript wurde nicht gefunden, das gleiche gilt für das Buch Nehemia. Manche Wissenschaftler gehen zwar häufig davon aus, daß Esra und Nehemia bereits als *ein* Buch in Qumran betrachtet wurden, als das sie jetzt in der hebräischen Bibel stehen. Träfe diese Annahme zu, dann könnte die eine in Qumran vorhandene Esrakopie für beide Werke stehen. Ohne einen sicheren Beweis dafür, daß die beiden Werke als eines angesehen wurden, läßt sich jedoch nur sicher sagen, daß Nehemia und Ester die einzigen Bücher der später offiziellen hebräischen Bibel sind, die nicht in den Höhlen von Qumran bezeugt waren. (Wie sich unter 2.2.1–2.2.2 noch zeigen wird, sind in Qumran weit mehr Kopien einiger anderer Bücher vertreten, die keinen Eingang in den Kanon der hebräischen Bibel fanden, als alle Schriften der hebräischen Bibel zusammengenommen.)

Die Zahlen allein vermitteln einen relativ zuverlässigen Eindruck davon, worauf die Qumrangruppe ihr Schwergewicht legte. Die Psalmen konnten zu verschiedenen Zwecken gebraucht werden: für den Gottesdienst, zur Meditation und zum Schriftbeweis. Die Gesetzesbücher (Exodus, Levitikus, Numeri und Deuteronomium) dienten als autoritative Grundlage des von der Gruppe entwickelten Lebensstils. Sie gaben auch, zusammen mit dem Buch Genesis, die geschichtlichen Vorbilder aus biblischer Zeit wieder. Daß in manchen Handschriften die fünf Bücher Moses (und Hiob, der vielleicht mit Mose in Verbindung gebracht worden ist) in althebräischer Schrift (einer Schrift, die zur in Frage kommenden Zeit bereits alt war) geschrieben sind, war womöglich ein Ausdruck der Hochschätzung, in der sie gehalten wurden. Die prophetischen Worte des Jesaja erwiesen sich als reiche Quelle von Vorhersagen über die Gruppe und die messianischen Führer, die bald auftreten würden. Von daher ist es keineswegs erstaunlich, daß die drei Bücher, die sich in der größten Kopienanzahl in Qumran finden, auch die drei Bücher sind, die im Neuen Testament am häufigsten zitiert werden. Die relativ geringe Zahl von Abschriften der geschichtlichen Bücher (Josua, Richter, 1–2 Samuel, 1–2 Könige, Esra, Nehemia und 1–2 Chronik) läßt darauf schließen, daß diese in Qumran nur eine untergeordnete Rolle gespielt haben. Das Buch Ester, das die Grundlage für das Purimfest darstellt – ein Festtag, der in den Qumrantexten nicht einmal erwähnt wird, obwohl alle anderen biblischen Feste Erwähnung finden –, wurde offensichtlich nicht gebraucht, falls sein Fehlen nicht reiner Zufall ist.

1.2 Targume

Als in den letzten Jahrhunderten v.Chr. die meisten Juden nicht mehr Hebräisch sprachen, wurde das Verstehen der hebräischen Schriften bei der Verlesung im Gottesdienst zum Problem. Die moderne römisch-katholische Kirche gab schließlich das Lateinische in der Liturgie auf, weil es nur wenige Gemeindeglieder verstanden, und ersetzte es durch die jeweiligen Landessprachen. Im antiken Judentum wurde die Schwierigkeit für die Synagogengottesdienste etwas anders gelöst: Nach der Lesung der Schriftpassage auf Hebräisch wurde diese unmittelbar danach mündlich ins Aramäische übersetzt, in die Sprache also, die die meisten Juden in Palästina sprachen. Diese Übersetzungen ins Aramäische wurden schließlich niedergeschrieben, und einige sind überliefert. Sie stellen ein weiteres Zeugnis für den hebräischen Text der Bibel dar und auch dafür, wie er in den ersten Jahrhunderten n.Chr. verstanden wurde. Eine viel diskutierte Frage ist, wann diese Übersetzungen oder *Targume* (Targum ist das hebräische Wort für Übersetzung) in Gebrauch kamen. Einige Wissenschaftler behaupten, daß sie sehr alt seien, andere jedoch folgern aus den relativ späten Daten der erhalten gebliebenen Targummanuskripte, daß ein frühes Entstehungsdatum unsicher sei. Nun hat mit der Entdeckung von zwei Überresten von Targumen zweier biblischer Bücher – Levitikus und Hiob – die Diskussion eine neue Wendung genommen. Die Fragmente des Targums von Levitikus stammen aus der Höhle 4 und sind sehr klein: Sie übersetzen nur Lev 16,12–15 und 16,18–21 (4Q156). Die kleinen Stücke sind in das 2. Jahrhundert v.Chr. datiert worden. Auch zwei Hiobtargume wurden gefunden. Die im 1. Jahrhundert n.Chr. abgeschriebenen Fragmente aus Höhle 4 (4Q157) enthalten eine aramäische Wiedergabe von Hiob 3,5–9 und 4,16–5,4. Den bedeutendsten Targumfund enthielt jedoch Höhle 11. Das in ihr gefundene Hiobtargum ist eines der am besten erhaltenen Manuskripte aller Qumranhöhlen und datiert in die letzte Hälfte des 1. Jahrhunderts v.Chr. Es enthält eine aramäische Übersetzung der meisten Verse von Hiob 17,14–42,11, vollständig bzw. nur zum Teil erhalten. Die Anzahl der in Qumran entdeckten Targume ist nicht groß, sie beweist jedoch, daß Targume in vorchristlicher Zeit niedergeschrieben wurden.

1.3 Tefillin und Mesusot

Obwohl sie im eigentlichen Sinne keine Abschriften biblischer Bücher sind, enthalten die Tefillin (oder Phylakterien) und Mesusot kleine Pergamente mit Abschnitten aus den Büchern Exodus und Deuteronomium (einschließlich Ex 12,43–13,16; Dtn 5,1–6,9; 10,12–11,21; und manchmal auch Verse aus Dtn 32). Tefillin wurden und werden in kleine Kapseln gegeben, die man zum Gebet an den Kopf bzw. den linken Arm bindet, während Mesusot an den Türpfosten eines Hauses angebracht werden. Damit soll das biblische Gebot eingelöst werden, das Gott Israel gegeben hat: „Du sollst sie als Zeichen um das Handgelenk binden. Sie sollen zum Schmuck auf deiner Stirn werden. Du sollst sie auf die Türpfosten deines Hauses und in deine Stadttore schreiben" (Dtn 6,8–9). Eine große Anzahl solcher Tefillin wurde in Qumran und an anderen Orten in der judäischen Wüste gefunden. Aus Höhle 4 wurden insgesamt 21 Tefillin geborgen (4Q128–148), eine aus Höhle 1, drei aus Höhle 5 (auch wenn sie nicht geöffnet werden konnten) und eine Mesusa aus Höhle 8. Vier weitere kamen aus einer anderen Höhle, niemand weiß allerdings, aus welcher. Mesusot waren seltener: sieben aus Höhle 4 (4Q149–155) und eine aus Höhle 8. Die Schriftabschnitte in ihnen weichen vom Wortlaut des traditionellen (masoretischen) hebräischen Texts ab, manchmal stimmen diese Varianten mit den Lesarten in anderen alten Versionen der Bibel überein.

2. Apokryphen und Pseudepigraphen

Es ist schwer, einen passenden Begriff oder eine passende Umschreibung für die Bücher zu finden, die zu der in der Überschrift genannten Kategorie gehören. Diese Bücher sind weder biblisch (in dem Sinne, daß sie Teil der hebräischen Bibel wurden), noch sind sie besonders ‚sektiererisch' (d.h. Bücher, die für die Zwecke einer abgegrenzten Gruppe – wie die in Qumran – geschrieben wurden). Ich behandle in diesem Abschnitt zunächst Abschriften von Werken, die zu den traditionellen Kategorien der Apokryphen und Pseudepigraphen zu zählen sind, und zeige dann, wie die Textsammlung von Qumran die Zahl der Werke erhöht hat, die wir in diese Kategorie einordnen können.

2.1 Apokryphen

Das Wort ‚Apokryphen' ist ein weiterer anachronistischer, aber nützlicher Ausdruck. Seine Bedeutung hängt vom Wortgebrauch ab. Ich gebrauche ihn hier im protestantischen Sinne, um auf diejenigen Bücher zu verweisen, die im katholischen, nicht jedoch im protestantischen Alten Testament (= hebräische Bibel) stehen. Die Bücher, die sich in der katholischen Bibel zusätzlich finden, stammen letztlich aus der Septuaginta, der griechischen Übersetzung des Alten Testaments. Zur Zeit der Reformation war ihre Autorität von den Protestanten zurückgewiesen, von den Katholiken jedoch bekräftigt worden. Folgende biblische Bücher fallen heute nach katholischem Verständnis in diese Kategorie: Tobit, Judit, 1. und 2. Makkabäer, Weisheit (Salomo), Sirach (Weisheit Jesu ben Sira oder *Ecclesiasticus*), Baruch (von dem das 6. Kapitel der Brief an Jeremia heißt) und acht zusätzliche Abschnitte in Ester und drei im Buch Daniel (Susanna, das Gebet Asarjas und der Gesang der drei Männer im Feuerofen sowie Bel und der Drache). Gebraucht man das Wort ‚Apokryphen' in einem weiteren Sinne, um all jene Bücher zu bezeichnen, die in der griechischen Bibel (Septuaginta), nicht jedoch in der hebräischen Bibel stehen, könnte man auch noch Psalm 151 (und einige andere Schriften) hinzunehmen.

Von diesen apokryphen Werken wurden vier unter den Schriftrollen vom Toten Meer identifiziert.

2.1.1 Das Buch Tobit

Dieses Buch enthält eine spannende Geschichte über Tobit, einen jüdischen Exulanten aus dem Nordreich von Israel. Er stieg in der assyrischen Bürokratie zu einiger Bekanntheit auf, um dann seinen Posten zu verlieren. Unter eingeschränkten Verhältnissen hielt er an seinen Frömmigkeitsübungen fest, wurde aber schließlich arm und erblindete später. Er sandte seinen Sohn Tobias, um den Familienschatz zu holen, der bei einem Verwandten versteckt worden war. Obwohl Tobit und Tobias nichts davon wußten, war der Reisegefährte der Engel Raphael. Nach verschiedenen Ereignissen heiratete Tobias eine Verwandte namens Sara und fand ein bemerkenswertes Heilmittel für die Blindheit seines Vaters. Alles kommt zu einem guten Ende. Die unterhaltsame Geschichte ist vielleicht im 3. Jahrhundert v.Chr. geschrieben worden. Vor den Entdeckungen von Qumran existierte die früheste erhalten gebliebene Version des Buches Tobit auf Griechisch. Die Wissenschaft nahm jedoch an, daß das Buch aus einer semitischen Grundschrift übersetzt worden war. Unter den Qumranmanuskripten haben Experten vier Abschriften dieses Buches auf Aramäisch und eine auf Hebräisch identifiziert (4Q196–200). Treffen diese Identifizierungen zu, dann hätten wir einen frühen Beleg für ein übersetztes Buch bzw. sogar ein Beispiel für ein Werk, das in zwei Sprachen verbreitet war. Die aramäischsprachigen Abschriften sind für die Textkritik des Buches Tobit von Bedeutung: Alle stimmen mit dem längeren griechischen Text des Buches überein und machen damit wahrscheinlich, daß die längere die originale Form ist. Mit Ausnahme der Kapitel 9–11 sind Teile aller vierzehn Kapitel in den Abschriften des Buches Tobit in Qumran zu finden.

2.1.2 Sirach (*Ecclesiasticus* oder Weisheit des Jesus ben Sira)

Jesus ben Sira war ein jüdischer Lehrer, der 190–180 v.Chr. ein Buch über Weisheitssprüche und Lebensregeln schrieb. Das Werk wurde auf Hebräisch verfaßt und durch Jesus ben Siras Enkel später ins Griechische übersetzt, der zu seiner Ausgabe auch ein Vorwort hinzufügte. Der hebräische Text muß – weil ihn einige rabbinische Quellen diskutieren – einige Jahrhunderte lang existiert haben, später jedoch dann in den meisten jüdischen Gemeinden außer Gebrauch gekommen und nicht mehr abgeschrieben worden sein. In der Neuzeit brachten mehrere Entdeckungen Teile des verloren geglaubten hebräischen Originals zutage. Im frühen 20. Jahrhundert wurde eine große Menge des Textes in der Kairoer Geniza (ein

Aufbewahrungsraum in einer Synagoge für abgelegte Manuskripte) gefunden. In der berühmten Festung Masada, in der mehr als 900 jüdische Aufständische 73 oder 74 n.Chr. Selbstmord verübten, wurde die Kopie von mehreren Kapiteln dieses Buches auf Hebräisch gefunden. Qumran fügte diesen Entdeckungen einige kleinere Ergänzungen hinzu. Höhle 2 enthielt einige kleine Fragmente (2Q18), auf denen man Teile einiger Verse dieses Buches wiedererkennen kann. In Höhle 11 fand sich ein weiterer Abschnitt aus dem Buch, freilich an einem überraschenden Ort: Ein Manuskript des Psalters (11QPs[a]) enthält ein poetisches Stück, das jetzt in Sir 51 zu finden ist. Daß das poetische Stück in zwei literarischen Kompositionen bezeugt ist, zeigt, daß es ein frei schwebendes Stück war. Wozu es ursprünglich gehörte, ist eine offene Frage.

2.1.3 Der Brief des Jeremia (= Baruch 6)

Dieses Ein-Kapitel-Werk ist hauptsächlich ein Angriff auf den Götzenopferdienst. Von den ersten fünf Kapiteln des Buches Baruch ist in Qumran nichts gefunden worden, aber der Brief des Jeremia erscheint in einer Abschrift aus der Höhle 7 (7Q2). Der Text ist auf Griechisch geschrieben, das offensichtlich die Ursprache dieses Buches war. Höhle 7 ist übrigens eine der wenigen Stellen, wo man griechischsprachige Manuskripte fand. Alle lesbaren Fragmente von Höhle 7 sind griechische Texte.

2.1.4 Psalm 151

Dieser zusätzliche Psalm, der sich auch in der Septuaginta findet, ist ein stark davidisch geprägter Text und stellt einen passenden Abschluß für den Psalter dar, der mit diesem poetisch-musikalischen König eng verbunden ist. Der Psalm ist eine weitere der Kompositionen in der Psalmenrolle aus Höhle 11 (11QPs[a]), die nicht Bestandteil der Psalmensammlung der traditionellen hebräischen Bibel sind. Wie in der Septuaginta stellt der Psalm das poetische Abschlußstück in den Psalmenrollen aus Höhle 11 dar.

2.2 Pseudepigraphen

Das Wort ‚Pseudepigraphen' ist ein Sammelbegriff für jüdische religiöse in den letzten Jahrhunderten v.Chr. und in den ersten beiden Jahrhunderten n.Chr. geschriebene Schriften, die nicht Teil der hebräischen Bibel oder der Septuaginta wurden. Der Ausdruck selbst geht auf die in diesen Büchern geübte Praxis zurück, nach der der

Autor eines Buches seine Identität hinter dem Namen altehrwürdiger Gestalten biblischer Zeiten (z.B. Adam, Abraham, Moses oder Elija) verbirgt. Man könnte diesen Vorgang als umgekehrte Form des Plagiats charakterisieren: Der Verfasser veröffentlicht nicht das Werk eines anderen unter seinem Namen, sondern er veröffentlicht sein Werk unter dem Namen eines anderen. In der exegetischen Wissenschaft wird diskutiert, ob diese Übung im Alten und Neuen Testament praktiziert wurde. Daß die Pseudepigraphie in der Antike häufig angewandt wurde, ist unbestritten. Weil die Definition dieser Buchkategorie vage ist, besteht eine gewisse Uneinigkeit darüber, welche Bücher dazu zu zählen sind. *The Old Testament Pseudepigrapha*, die neueste englischsprachige Übersetzung dieser Texte (2 Bände, hg. von James H. Charlesworth), umfaßt mehr als 50 Texte, die die Bedingungen der Kategorie pseudepigraphischer Texte erfüllen.

Von den vorher bekannten Pseudepigraphen sind nur drei in Qumran aufgetaucht. Alle drei Exemplare geben uns Auskunft über den fraglichen Text, aber jedes einzelne tut dies auf unterschiedliche Weise.

2.2.1 Henoch oder das Erste Henochbuch

Der vor 1947 bekannte Text bestand aus fünf Einheiten bzw. kleineren Büchern, von denen jedes angeblich dem Henoch, dem siebenten der Menschheitsväter nach Adam (Gen 5,21–24), zugeschriebene Offenbarungen enthielt. Der vollständige Text der 108 Kapitel ist nur in einer äthiopischen Übersetzung der griechischen Fassung eines semitischen Originals (entweder hebräisch oder aramäisch) erhalten. Ein Hauptthema in jedem Buch ist die Geschichte der Engel, die vom Himmel herabkamen, menschliche Frauen heirateten und zu Vätern von Riesen wurden. Diese Riesen werden der Grund des großen Übels und der Gewalt, die die Sintflut als Gottes Strafe zur Folge hatten. Die Geschichte geht auf Gen 6,1–4 zurück – der Legende von den Gottessöhnen, die die Menschentöchter heirateten. Die Wendung „Gottessöhne" wurde als „Engel" interpretiert, einer Bedeutung, die auch sonst in der Bibel vorkommt (vgl. z.B. Hiob 38,7, wo derselbe hebräische Ausdruck gebraucht wird), wohingegen die „Menschentöchter" im buchstäblichen Sinne verstanden wurden. Diese Verse stehen in der Genesis kurz vor der Sintfluterzählung und so glaubte man, daß sie aufeinander bezogen seien. In der Henochliteratur diente die Engelgeschichte stärker noch als die Geschichte von Adam, Eva und der Schlange als fundamentales Ausdrucksmittel, um die explosionsartige Verbreitung der menschlichen Sünde zu erklären, die ein solches Ausmaß erreichte, daß Gott sich gezwungen sah, die vernichtende Sintflut zu schikken. In den Henochbüchern dient der Zusammenhang des großen Übels mit der göttlichen Antwort im Gericht auch als Warnung vor dem zukünftigen Gericht. Auf die Sintflut wird sogar als das erste Gericht verwiesen. Sie dient als Beispiel dafür, wie Gott dem wuchernden Übel begegnet. Henoch zitiert dieses Beispiel des öfteren in seinen Ermahnungen, wie auch einige Autoren des Neuen Testaments verfahren (so etwa die Verfasser von 2 Petr und Jud). Die Henochbücher haben wichtige weitere Eigenschaften: Einige bieten, so scheint es, die frühesten Belege jüdischer Apokalypsen, die die Menschheitsgeschichte von ihren Anfängen bis zu ihrem Ende nachzeichnen. Ein Henochbuch widmet sich astronomischen Fragen – es ist der früheste jüdische Text dieser Art (3. Jahrhundert v.Chr.).

Unter den vielen in Höhle 4 gefundenen Fragmenten kam eine relativ große Zahl von Henochmanuskripten zu Tage. Alle sind in aramäischer Sprache verfaßt. Sieben Manuskripte enthalten Teile der folgenden drei Bücher: das Buch der Wächter (Kap. 1–36), das Buch der Traumvisionen (89–90) und die Henoch-Epistel (91–107). Die anderen vier Manuskripte geben Teile eines weiteren Buches wieder – des Astronomischen Buchs (Kap. 72–82). Besonders faszinierend ist, daß keines der elf Manuskripte ein Wort aus den Bilderreden oder Parabeln des Henoch (Kap. 37–71) enthält. Diese Kapitel sind seit jeher für Neutestamentler von besonderem Interesse gewesen, da in ihnen eine „Menschensohn" genannte Figur eine zentrale Rolle spielt. Am Ende wird sie mit Henoch identifiziert. Die Exegeten haben lange darüber debattiert, ob dieses Konzept eines übermenschlichen Menschensohnes, der am letzten Gericht beteiligt sein wird, die Quelle gewesen sein könnte, aus der die Verfasser der neutestamentlichen Evangelien schöpften, um ihr Bild von Jesus als Menschensohn auszuarbeiten. Einige, darunter J. T. Milik, der die Henochfragmente herausgab, sind zu der Folgerung gelangt, daß die Bilderreden des Henoch eine spätere Komposition sein müssen, da sie weder in Qumran noch in allen anderen Teilen des Ersten Henochbuches vorkommen. Sollte dies zutreffen, wären sie wahrscheinlich nach den Evangelien geschrieben und könnten den Evangelien nicht als Quelle gedient haben. Andere sind der Meinung, daß die Bilderreden aus einem anderen Strang des Judentums stammen, nicht dem von Qumran, und daß der Text aus vorchristlicher Zeit stammt. Unabhängig davon, wie die Antwort auf diese historischen Fragen lautet, ist es sehr wahrscheinlich, daß die Bilderreden, anders als die anderen Teile des Ersten Henochbuches, nie Teil der Manuskriptsammlung von Qumran gewesen sind.

Einige der Henochmanuskripte sind wahrscheinlich auch aus einem weiteren Grund von Interesse: Statt der Bilderreden kennt die in Qumran bekannte Version des Ersten Henochbuches eine insgesamt ganz andere Komposition, nämlich das, was man das Gigantenbuch nennt. Es gibt davon vermutlich neun Qumranmanuskripte, und zwei der oben genannten Henochmanuskripte enthalten dieses wahrscheinlich ebenso. Das Gigantenbuch erzählt von den Riesen, die die Söhne der Engel waren. An und für sich ist diese Tatsache nicht besonders interessant, aber das Gigantenbuch soll eine bemerkenswerte Geschichte gehabt haben. Es wurde einige Jahrhunderte später von Mani neu geschrieben, einem religiösen Führer (aus Babylonien), der verschiedene Elemente des Zoroastrismus, des Judentums und des Christentums synkretistisch zusammenfügte. Sein überarbeitetes Buch wurde für Mani und seine Anhänger zum kanonischen bzw. biblischen Werk. Wenn das Gigantenbuch die dritte Komposition in der Qumranversion des Ersten Henochbuches war, dann wurde es später durch die völlig andersartigen Bilderreden des Henoch ersetzt.

Die vier Manuskripte des Astronomischen Buches sind von eigenem Interesse. Das erste ist kurz nach 200 v.Chr. zu datieren. Das Buch selbst wurde wahrscheinlich geschrieben, bevor diese Abschrift angefertigt wurde. Daher ist das Astronomische Henochbuch wahrscheinlich eines der seltenen überkommenen Stücke jüdischer Literatur aus dem 3. Jahrhundert v.Chr. Diese erste Kopie und die anderen drei weisen einen bedeutenden Textunterschied zwischen der aramäischen und der äthiopischen Version auf. Das Astronomische Buch ist voller langer Listen astronomischer Daten wie etwa der Position der Sonne und des Mondes an verschiedenen Tagen der Monate und Jahre und der Größe der Mondoberfläche, die von der Sonne während aller Nächte jeden Monats beleuchtet wird. Irgendwann wurde das einem Übersetzer oder Abschreiber offensichtlich zuviel, und er kürzte die Liste. Diese gekürzte Version steht nun in den äthiopischen Manuskripten, während die aramäischen Handschriften etwas von dem vollen, ermüdendem Ausmaß des Originals erkennen lassen. Dieses Buch beschreibt einen Sonnenkalender mit 364 Tagen und auch einen Mondkalender mit 354 Tagen.

2.2.2 Das Jubiläenbuch

Der Verfasser dieses Buches stellt sein Werk als Offenbarung Gottes durch einen Angesichtsengel dar (d.h. von einem, der in Gottes Gegenwart dient). Der Engel wiederum erzählt sie Mose, der sie niederschreibt. Das Buch ist größtenteils eine Nacherzählung der biblischen Geschichte von der Schöpfung (Gen 1) bis zu dem Punkt, an dem die Israeliten zum Berg Sinai gelangen und Mose den Berg erklimmt, um Gottes Wort zu empfangen (Ex 19 und 24). Es wurde um 160 v.Chr. geschrieben, vielleicht kurz bevor sich die Qumrangemeinschaft formiert hatte. Der Verfasser verwendet den biblischen Text als Mittel, durch das er seine eigenen Ansichten über theologische und gesetzliche Sachverhalte vermittelt. Das Jubiläenbuch hat seinen Namen von der Tatsache, daß es die von ihm abgedeckte Geschichte in 50 Einheiten zu je 49 Jahren unterteilt. Mit dem Wort ‚Jubiläum' meint der Autor also nicht das 50. Jahr (wie in Lev 25), sondern die Zeitspanne von 49 Jahren, die durch das 50. Jahr abgegrenzt wird. Einer der gesetzlichen Sachverhalte, auf dem der Verfasser des Jubiläenbuches besteht, ist, daß der wahre Jahreskalender dem Sonnenkalender von 364 Tagen entspricht; das ist dasselbe System wie es sich im Astronomischen Buch des Henoch findet – und auch, wie wir noch sehen werden, in den Schriften von Qumran. Vor den Entdeckungen der Schriftrollen war die Meinung verbreitet, daß das Buch auf Hebräisch verfaßt und später ins Griechische übersetzt wurde. Die hebräischen Versionen waren jedoch verschwunden, und nur die Übersetzungen aus dem Griechischen sind erhalten: eine vollständige äthiopische Übersetzung und etwa zwei Fünftel der lateinischen Übertragung.

Bald nachdem die Archäologen die Höhle 1 erforscht hatten, gaben sie bekannt, daß man in ihr zwei hebräische Fragmente des Jubiläenbuches gefunden habe. Dasselbe traf für die Höhle 2 zu, während Höhle 3 noch ein weiteres zu Tage förderte. Ein sechstes tauchte in Höhle 11 auf, aber wie üblich erwies sich Höhle 4 als das reichste Lager: Sie enthielt Fragmente von neun oder wahrscheinlicher zehn Manuskripten des Jubiläenbuches. Die Summe von 15 oder 16 Kopien dieses Buches ist beeindruckend. Wenn wir sie mit der Zahl der Abschriften der oben aufgelisteten biblischen Bücher vergleichen, dann waren nur der Psalter, das Deuteronomium, Jesaja und die Genesis in derselben Anzahl oder durch mehr Kopien als das Jubiläenbuch vertreten. Ich werde auf die Bedeutung dieser großen Zahl in dem Abschnitt über den Schriftenkanon in Qumran noch zu sprechen kommen (siehe Kap. 5).

In Gegensatz zu dem, was wir in Teilen des Ersten Henochbuches finden, offenbaren die Kopien des Jubiläenbuches in Qumran einen Text, der nahe an den Wortlaut der äthiopischen und der lateinischen Version reicht. In vielen Fällen stimmen ganze Abschnitte Wort für Wort überein, die Abweichungen scheinen gering zu sein. Kein einziges Stück legt nahe, daß den späteren Versionen ganze Abschnitte des Originals fehlen oder in einem nicht unerheblichen Grad vermehrt worden sind. Ganz gleich aus welchen Gründen – der Text des Buches wurde mit größter Sorgfalt wiedergegeben. Das Jubiläenbuch diente in Qumran als Autorität und wird als solches in einem der zentralen gesetzlichen Dokumente der Gemeinschaft, der Damaskusschrift, zitiert.

2.2.3 Die Testamente der zwölf Patriarchen

Die zwölf Patriarchen dieses so bezeichneten Dokuments sind die zwölf Söhne Jakobs. In dieser pseudepigraphischen Schrift versammelt jeder der Zwölf – wie schon ihr Vater in Gen 49 – seine Kinder an seinem Sterbebett und vermittelt ihnen den Nutzen der Weisheit, die er während seines Lebens gesammelt hat. Die Szene am Totenbett erweist sich als ein wirkungsvoller Rahmen ethischer Unterweisung. Unter den Wissenschaftlern wird seit langem diskutiert, ob die Testamente der zwölf Patriarchen ein jüdisches oder ein christliches Dokument sind. Die verschiedenen Testamente haben unverkennbar christlich geprägte Abschnitte. Sind dies Ergänzungen zu einer jüdischen Grundschrift, oder wurden die Testamente von einem Christen geschrieben, der jüdische Quellen verwendete? In jedem Fall überwiegt das jüdische Material, und die christlichen Zusätze sind von geringerer Bedeutung. Die Testamente werden meist in das späte 2. Jahrhundert v.Chr. datiert, falls es sich um eine jüdische Komposition handelt.

Die Qumranhöhlen haben zwar keine einzige Abschrift irgendeines der Testamente zutage gefördert. Das Werk wird hier jedoch in diesem Abschnitt besprochen, weil in Qumran für einige der einzelnen Testamente Quellen aufgetaucht sind. Ein sehr fragmentarischer Text ist als Testament Naphtali (4Q215) identifiziert worden; weitere zwei oder sogar drei, die nur in winzigen Stücken vorkommen, wurden als Testament Juda (3Q7; 4Q484, 538) bezeichnet; ein weiteres erhielt den Titel Testament Joseph (4Q539). Die interessanteste dieser Quellen wird oft noch Testament Levi genannt, die Bezeichnung aramäisches Levi-Dokument ist aber angebrachter. Dieses Werk liegt in zwei Abschriften aus Höhle 4 (4Q213–214) und wahrscheinlich noch auf einem oder zwei Fragmenten aus Höhle 1 (z.B. 1Q21) vor. Levi war der dritte Sohn Jakobs und Ahnvater des levitischen Stammes, der alle Priester stellte. Mit solchen positiven Referenzen versehen, wäre zu erwarten, daß er in der Bibel als hochgeschätzter Mann dargestellt würde, der heroische Taten vollbringt, aber das Gegenteil ist der Fall. In der einzigen Geschichte, in der er eine Rolle spielt, wird er kritisiert. Zusammen mit seinem Bruder Simeon rächt er sich für die Vergewaltigung ihrer Schwester Dina, indem beide die Männer von Sichem massakrieren, während diese sich von den Folgen der Beschneidung erholen. Als Folge stellt sie ihr Vater Jakob dafür bloß, daß sie ihn unter den Leuten der Region in Verruf gebracht hatten (Gen 34), und er zeigt erneut dieselbe Haltung, als er die beiden Brüder in seinen letzten Worten an sie verflucht (Gen 49,5–7). Ihr Ruf verbessert sich jedoch in den späteren Texten. Im Jubiläenbuch beispielsweise werden Levi und Simeon für ihre Tat in Sichem gepriesen. Im Jubiläenbuch sowie im Testament Levi wird der Sichem-Vorfall zu einem der Gründe, weshalb selbst Levi ein Priester wurde (vgl. Mal 2,4–7) und die Verheißung der ewigen Priesterschaft für seine Familie erhielt.

Diese Vorstellungen, die für die Qumrangruppe von Bedeutung waren, sind auch Teil des aramäischen Levi-Dokuments. Der Sichem-Vorfall bildet einen frühen Abschnitt im Text, der zur Ordination Levis als Priester führt. Ein sorgfältiger Vergleich des aramäischen Textes mit dem Testament Levi (dessen früheste Version auf Griechisch geschrieben ist) zeigt, daß – obwohl sie einander gleichen – auch beträchtliche Unterschiede bestehen. Da das aramäische Dokument bereits im 3. Jahrhundert v.Chr. geschrieben worden zu sein scheint, ist es fast sicher, daß es – direkt oder indirekt – als eine der Quellen für den Verfasser des Testaments Levi diente, das ein Teil der Testamente der zwölf Patriarchen ist.

Diese drei Texte – Erster Henoch, Jubiläen und die Testamente der zwölf Patriarchen – tauchten in der einen oder anderen Form in Qumran auf. Der hebräische Text des Jubiläenbuches und die späteren Übersetzungen des Buches sind einander sehr ähnlich; die aramäischen Originale des Ersten Henochbuches sind weniger nah an den späteren Übersetzungen und scheinen unterschiedlich komponiert worden zu sein (mit dem Gigantenbuch als drittem Teil des Textes); die Testamente der zwölf Patriarchen selbst tauchten nicht direkt auf, sondern nur Quellen, von denen ihre Verfasser offenbar Gebrauch gemacht haben.

2.2.4 Neue Pseudepigraphen

Unter dem Strich betrachtet war die Zahl der vor 1947 bekannten Pseudepigraphen – drei in etwa 40 Abschriften vertretene Texte aus einem Korpus von mehr als 50 Dokumenten – recht gering. Die Höhlen haben für die Erforscher antiker jüdischer Pseudepigraphen aber eine Vielzahl vorher unbekannter Texte ans Licht gebracht, die genau zu dieser Kategorie zählen. Viele davon sind nach wie vor unveröffentlicht, aber ein kurzer Überblick zeigt, wie viele Texte es davon gibt. Man sollte sich darüber im klaren sein, daß die richtige Identifizierung oft wegen des schlechten Zustands, in dem die meisten dieser Texte sich befinden, schwierig ist. Der folgende Ausschnitt soll die Verschiedenartigkeit und den Umfang der Kategorien illustrieren, er ist keine umfassende Darstellung.

1. Genesis-Apokryphon: Dieses aramäische Werk, eine der ersten sieben gefundenen Schriftrollen, erzählt die Geschichten der Genesis nach und formuliert sie um. Die noch vorhandenen Teile des Textes erzählen die Engelshochzeitsgeschichte, die mit der Geburt Noahs in Verbindung gebracht wird: Er ist ein so wundersames Kind, daß bei seinem Vater der Verdacht aufkommt, seine Mutter habe eine Beziehung mit einem der gefallenen Engel gehabt. Der Text fährt mit Noah und der Flut fort, der Verteilung der Erde unter die Nachkommen Noahs und den Abra(ha)mserzählungen und reicht bis zum Bund von Gen 15. Die Schriftrolle hat einmal viel mehr enthalten, aber sie ist von den sieben erhaltenen Rollen im schlechtesten Zustand. In den 90er Jahren sind einige weitere Buchstaben und Wörter durch fortgeschrittene Fototechniken entziffert worden. Es bleibt jedoch dabei, daß das meiste dieser Komposition nicht wieder herzustellen ist. Das, was überdauert hat, gleicht oft dem Jubiläenbuch.
2. Noah-Texte: 1Q19; 4Q246(?), 534
3. Jakob-Text: 4Q537
4. Joseph-Texte: 4Q371–373
5. Qahat-Text (Großvater des Mose, Ex 6,18): 4Q542
6. Amram-Texte (Vater des Mose, Ex 6,20): 4Q543–548
7. Mose-Texte: 1Q22, 29; 2Q21, 4Q374–375, 376(?), 377, 388a, 389, 390
8. Josua-Texte: 4Q378–379
9. Samuel-Texte: 4Q160; 6Q9
10. David-Text: 2Q22 (siehe auch die erste Psalmen-Rolle aus Höhle 11)
11. Jeremia-Texte: 4Q383–384(?) (siehe 385b, 387b)
12. Ezechiel-Texte: 4Q384(?)–390, 391
13. Daniel-Texte: 4Q242 (Gebet des Nabonidus), 243–245, 551(?)
14. Ester-Text: 4Q550(?)

Einige dieser Texte sind zwar möglicherweise falsch identifiziert worden, und in keinem Fall ist der Text auch nur annähernd vollständig erhalten. Aber die Fragmente und Teile, die in den Höhlen aufgetaucht sind, besonders in Höhle 4, beweisen, daß zumindest für die Qumrangruppe die Kategorie von Büchern, die der Hand der biblischen Helden zugeschrieben worden war, sehr weit gefaßt war – mit vielen vorher nicht bekannten zusätzlichen Eintragungen. In einem gewissen Sinne könnten sie alle als Beispiele biblischer Auslegung klassifiziert werden, weil sie den biblischen Text näher erläutern und weil sie ihn als Ausgangspunkt für Entwicklungen in unabhängige Richtungen nehmen.

3. Andere Texte

Unter dieser bewußt vagen Rubrik fasse ich diejenigen Texte zusammen, in denen die besonderen Ansichten der abgesonderten Gruppe, die Qumran bewohnte, ihren Ausdruck fanden. Es werden auch einige Werke behandelt, deren Verbindung mit der Qumrangruppe umstritten ist. Wiederum gilt, daß die genauen Grenzen dieser Literatur unsicher sind, da wir so wenig über die Qumrangruppe und die anderen wissen, die zur selben Zeit in Palästina lebten. Doch die meisten der Höhlen haben Dokumente ans Licht gebracht, die wahrscheinlich für die Zwecke der Gemeinschaft geschrieben worden sind, entweder für den Teil von ihr, der sich in der Ödnis von Qumran aufhielt, oder für die weitverzweigten Verbindungen der Essener, die über ganz Palästina verbreitet und in täglichem engen Kontakt mit anderen lebten. Die hier aufgeführte Liste ist nur ein Auszug aus den überkommenen Texten, von denen vor 1947 fast alle den Wissenschaftlern unbekannt waren.

3.1 Kommentare zu biblischen Schriften

Wir wissen, daß die Bewohner von Qumran einen Teil jeden Tages dem Schriftstudium widmeten und daß die alten Offenbarungen für das Leben und die Lehre der Gemeinschaft eine zentrale Rolle spielten. Die Gemeinderegel drückt dies folgendermaßen aus: „Und nicht weiche von einem Ort, wo sich die Zehn befinden, ein Mann, der in bezug auf Torah (Anweisungen) erteilt, tagsüber und nachts, ständig, bezüglich des guten (Verhaltens) eines jeden zu seinem Nächsten. Und die Vollmitglieder (*rbjm*) wachen in Gemeinschaft(/in der Einung) ein Drittel aller Nächte des Jahres, um im Buch zu lesen und Recht(sspruch) zu suchen/erteilen und um in Gemeinschaft(/

in der Einung) Benediktionen zu rezitieren. [(leer)]" (1QS VI,6–8) Die zentrale Rolle der Schrift kommt auf vielerlei Weise zum Tragen; für diese ihre Rolle spricht offensichtlich schon die Menge der in den elf Höhlen gefundenen biblischen Manuskripte. Auch in den dort gefundenen Kommentaren über die biblischen Schriften findet diese zentrale Bedeutung ihren Ausdruck. Ein Begriff, der in diesen Texten gebraucht wird, ist das hebräische Wort *pescher* (Plural *pescharim*), was soviel wie ‚Deutung' bedeutet. Es ist der Ausdruck, den die Wissenschaftler den Auslegungen zuordnen, die sich besonders in dem im folgenden behandelten Kommentartyp finden.

3.1.1 Fortlaufende Kommentare (Pescharim)

Die Qumranhöhlen haben einen Typus der Schriftauslegung enthüllt, der der früheste bekannte Vorläufer der modernen fortlaufenden Kommentare ist. Wie moderne Kommentare, beginnt der Ausleger in Qumran mit den ersten Worten eines biblischen Buches, zitiert dieselben und fügt ihnen sein Verständnis des Abschnittes an. Er wendet sich dann dem oder den nächsten Versen zu, zitiert diese(n) und bietet eine Erklärung. Er geht auf diese Weise die ganze Schrift durch, die er kommentiert – zumindest soweit es ihm sein Interesse abverlangt –, und unterscheidet seine Auslegung von dem Bibeltext durch ein Wort oder eine Wendung wie „seine Deutung geht auf ...". Und da der Ausleger aus den Bibeltexten zitiert, werden die Kommentare zu einer weiteren Informationsquelle über den Wortlaut des biblischen Textes.

Sehr früh schon wurde beim Studium der Schriftrollen deutlich, daß der Exegese in Qumran zwei fundamentale Voraussetzungen zugrunde liegen. Zunächst bezog der *biblische Verfasser* sich in seinen Prophezeiungen auf die Tage der Endzeit und nicht auf seine Tage; sodann nahm der *Ausleger* an, daß er in jenen letzten Tagen lebte und daß sich daher die alten Prophezeiungen an seine Zeit wandten. Seine Aufgabe war es somit, die Geheimnisse der rätselhaften Worte der Propheten zu entschlüsseln und so die göttliche Botschaft herauszufinden, die sich an seine Lebensumstände richtete. Da die Ausleger oft Menschen und Geschehnisse erwähnen, auf die sich ihrer Meinung nach die Prophezeiung bezog, sind die Kommentare einige der wenigen Textarten, die historische Hinweise auf die Gruppe und die Zeit geben, in der sie lebte (siehe Kap. 1 Abschn. 2.4.1.3).

Die Exegeten von Qumran fanden für ihre besondere Auslegungsweise durch eine zweite Annahme Unterstützung. Ihrer Sicht nach hatte Gott die Geheimnisse seiner Diener, der Propheten, dem Lehrer der Gerechtigkeit offenbart, der entweder der Gründer der Qumrangruppe war oder einer ihrer frühen Führer. Dieser Glaube findet seinen Ausdruck im Habakuk-Kommentar, insbesondere in der Auslegung von Hab 2,1–2:

„*Auf meine Warte will ich treten, auf meinen Turm mich stellen, will ausspähen, um zu sehen, was er mir sagen will, wa[s ich(/er?) erwidere au]f meine Zurechtweisung hin. Und es antwortete mir JHWH [und sprach: Schreibe (die) Vision nieder und [leg]e sie dar auf den Tafeln, damit ei[len kann], [der darauf liest.* (Hab 2,1–2) – –]" (1QpHab VI, 12–16)

„Und Gott sprach zu Habakuk, niederzuschreiben, was (da) kommt über {über} die letzte Generation, doch die Vollendung der Zeit hat Er ihm nicht kundgetan. [(leer)] Und wenn es heißt: *damit eilen kann, der darauf liest*, so geht seine Deutung auf den Anweiser [bzw. Lehrer][1] der Gerechtigkeit, dem Gott kundgetan hat die Gesamtheit der Mysterien der Worte Seiner Diener, der Propheten." (1QpHab VII,1–7)

Sowohl den inspirierten Text – die heiligen Schriften – als auch den inspirierten Ausleger – den Lehrer – sah die Qumrangruppe als sicheres Zeichen dafür an, daß sie sich gegenüber jedem anderen Leser der heiligen Prophezeiungen im Vorteil befand. Sie überzeugten sich selbst davon, daß sie allein die prophetischen Eingebungen durch die Inspiration ihres Anführers aufgeklärt hatten.

Einige der fortlaufenden Kommentare sind ziemlich gut erhalten, die meisten sind allerdings in einem fragmentarischen Zustand. 17 oder 18 Texte gehören in diese Kategorie. Ihre Verteilung ist für sich selbst genommen schon interessant: Sechs gehen über Jesaja, drei über verschiedene Psalmen, je zwei über Hosea, Micha und Zefanja und je einer über Nahum und Habakuk. Hier zählen – wie bei den biblischen Schriftrollen – die Bücher von Jesaja und der Psalmen zu den prominentesten. Es mag zwar überraschen, daß es einen fortlaufenden Kommentar über die Psalmen gibt, da alle anderen über prophetische Bücher gehen. Es ist jedoch sehr wahrscheinlich, daß die Qumrangruppe die Psalmen in einem bestimmten Sinne als prophetisch verstand. Man beachte, was die erste Psalmenrolle aus Höhle 11 über David sagt:

[1] Maier verwendet in seiner Übersetzung regelmäßig den Ausdruck „Anweiser der Gerechtigkeit". Da im übrigen Text vom „Lehrer der Gerechtigkeit" die Rede ist, wird zur Verdeutlichung an den betreffenden Stellen in den Übersetzungen Maiers in eckigen Klammern „Lehrer" dazugesetzt.

„Da gab ihm [(leer)] JHWH einen verständigen Geist und Erleuchtung, und er schrieb Psalmen: dreitausend und sechshundert; und Lied(er), um (sie) zu singen vor dem Altar zum Brandopfer des regelmäßigen Opfers für jeden einzelnen Tag, für alle Tage des Jahres: vierundsechzig und dreihundert; und zum Opfer der Sabbate zweiundfünfzig Lied(er); zum Opfer der Anfänge von Monaten und für alle Festtermine sowie für den Versöhnungstag: dreißig Lied(er).

So waren alle Lied(er), die er gesprochen hatte, vierhundertsechsundvierzig. Und Lied(er) zum Spielen zu den *pôgᵉʾîm:* vier. So betrug das Ganze viertausend und fünfzig. Und alle diese sprach er durch Prophetie, die ihm vor dem Höchsten gegeben worden war." (11QPs[a] XXVII,4–11)

Auch das Neue Testament spricht von David als einem Propheten und legt seine Psalmen so aus, als wiesen sie auf Begebenheiten im Leben Jesu und der frühen Kirche hin (Apg 2,29–31; siehe auch 1,15–26).

Das Verhältnis zwischen biblischem Text und Kommentar variiert von Abschnitt zu Abschnitt. Manchmal folgt der Kommentar dem biblischem Wortlaut sehr genau; manchmal konzentriert er sich auf ein oder zwei Wörter in der Schrift (indem sie vielleicht als Symbole ausgelegt werden), und manchmal wiederum ist der Schriftbezug weniger offensichtlich. Die am besten erhaltenen fortlaufenden Kommentare sind das Habakuk-*pescher* (eine der sieben ursprünglichen Schriftrollen), der Nahum-Kommentar und die Auslegung, die sich auf Psalm 37 konzentriert. Die Kommentare über Jesaja sind eine bedeutende Informationsquelle über die messianischen Ansichten in Qumran.

3.1.1.1 Der Habakuk-Kommentar (1QpHab)

Diese Rolle enthält den Text und den begleitenden Kommentar zu Hab 1–2. Das poetische Stück in Hab 3 wird nicht erklärt. Am Schluß des Manuskripts wäre Raum für weiteren Text (etwa zwei Drittel der letzten beschriebenen Kolumne ist leer, ebenso die letzte Kolumne), aber der *pescher* endet, ohne die Rolle zu füllen. Der unbeschriebene Raum legt nahe, daß der Ausleger nur so viel schrieb, wie er beabsichtigte; das poetische Stück in Kap. 3 war seinen Zwekken nicht dienlich. Habakuk selbst war in der Zeit von etwa 650–600 v.Chr. aufgetreten. Er prophezeite, daß der Herr die Chaldäer (Babylonier) aufwiegeln werde, um das abtrünnige Juda zu bestrafen. In der Beschreibung der Macht und Gewalt dieser Eindringlinge richtet er eine Klage an Gott, die dieser erwidert, indem er eine zukünftige Bestrafung der Chaldäer ankündigt. Der Ausleger von

Qumran deutet die Chaldäer als die *Kittim*, ein Name, der offenbar die Römer bezeichnete. Dem Propheten wurde befohlen, die Vision, die er sah, niederzuschreiben: „Denn erst zu der bestimmten Zeit triff ein, / was du siehst; / aber es drängt zum Ende und ist keine Täuschung; / wenn es sich verzögert, so warte darauf; / denn es kommt, es kommt und bleibt nicht aus." (Hab 2,3) So sagte der Herr selbst dem Habakuk, daß die Vision das Ende betraf, und der Ausleger wußte, daß die Geschichte in den Tagen Habakuks nicht zu ihrem Ende gekommen war. Hier hatte er einen Hinweis auf die Zeit, die der Prophet ansprach. Habakuk widmete auch einige Verse dem Gegensatz zwischen dem Gerechten und dem Gottlosen (Hab 2,13; 2,4). Auch diese waren für den Ausleger Chiffren.

Einige Passagen sollen hier zitiert werden, um zu illustrieren, wie der Kommentator arbeitete. Zunächst sei Hab 1,5 genannt, wo von dem Erstaunen der Völker über die Geschehnisse in Juda die Rede ist: „Denn ich vollbringe in euren Tagen eine Tat – / würde man euch davon erzählen, ihr glaubtet es nicht." Der Ausleger sieht in diesen Worten eine Vorhersage dessen, was in der Geschichte der Gruppe geschah:

> „[Seine Deutung bezieht sich auf die] Verräter mit dem Mann der Lüge, denn sie haben nic[ht gehört auf die Worte] des Anweisers [bzw. Lehrers] der Gerechtigkeit aus dem Mund Gottes. Und auf die Verrä[ter am Bund], dem neuen, den]n sie haben sich [nic]ht als gläubig bewährt im Bund Gottes [und entweihten] den Nam[en] Seiner Heiligkeit. Und wahrlich – [(leer)] die Deutung des Wortes bezieht sich [auf alle die Verr]äter am Ende {'} der Tage. Sie sind Gewalttät[er am Bun]de, die nicht glauben, wenn sie all das hören, was da ko[mmen wird über] die letzte Generation aus dem Mund des Priesters, dem Gott in [sein Herz Wisse]n gegeben hat, zu deuten all [d]ie Worte seiner Propheten, [durch d]ie Gott aufgezählt hat all das, was über Sein Volk kommt und [Sein Land." (1QpHab II, 1–10)

Der Mann der Lüge scheint ein Mitglied der Gemeinschaft gewesen zu sein, das sich weigerte, das zu akzeptieren, was der Lehrer der Gerechtigkeit behauptete. Derselbe Punkt kommt im Kommentar zu Hab 1,13b zur Sprache: „*Warum seht ihr Abtrünnige zu, und schweigst du, wenn der Frevler den verschlingt, der gerechter ist als er? (Hab 1,13)*: [(leer)] Seine Deutung geht auf das Haus Absalom und die Männer ihres Rates, welche geschwiegen haben bei der Zurechtweisung des Anweisers [bzw. Lehrers] der Gerechtigkeit und ihm gegen den Lügenmann nicht geholfen haben, der da verachtet hat die Torah inmitten all ihres An[hangs]." (1QpHab V,8–12) Andere erwiesen sich dem gegenüber, was die Gruppe des Lehrers als neuen Bund ansah, als untreu, und einige werden sich am Ende als untreu erweisen. Aber das, worum es eigentlich geht, sind die Autorität des Lehrers und seine Forderungen. Daß einige sie nicht akzeptieren würden, war in den prophetischen Schriften vorhergesagt. Hier begegnen wir einer Auslegung, die in erster Linie kaum an dem historischen Kontext der Prophezeiung interessiert ist; sie ist ganz klar von anderen Interessen geleitet.

Ein zweites Beispiel beleuchtet, wie der Kommentator – unter der Annahme, daß der biblische Text von dessen Zeit sprach – einige historisch brauchbare Informationen erkennen läßt. Der Ausleger verstand die Chaldäer aus Habakuk als die Kittim, ein Ausdruck, den man für Personen gebrauchte, die vom Meer westlich von Palästina kamen (siehe Gen 10,4). Aber an manchen Stellen entlockte der Ausleger dem Text von Habakuk spezifischere Details:

„*Dann wechselt er (die) Windrichtung und fährt (einher) und es macht dieser seine Macht zu seinem Gott (Hab 1,11).* [(leer)] [Seine] Deutung bezieht sich [au]f die Herrscher der Kitti'im, weil auf Beschluß eines Verschuldun[gs]hauses vorüberziehen, einer vor dem anderen, [ihre] Herrscher, einer nach dem andern kommen sie, um zu verheeren das La[nd." (1QpHab IV,9–13)

Die Kittim sind die Römer, deren Führer (die Konsuln) jährlich wechselten und der Kontrolle des Senats (= Verschuldungshaus) unterstanden. Später (Hab 1,16) sagt der Prophet, daß der Feind seinem Netz opfert: „Und wenn es heißt: *Darum opfert er seinem Fangnetz und verbrennt Räucherwerk seinem Netz* – [(leer)] ist seine Deutung, daß sie ihren Feldzeichen Opfer schlachten, und ihre Kriegsgeräte, die sind (Gegenstand) ihre(r) Ehrfurcht." (1QpHab VI,2–5) Den Feldzeichen Opfer schlachten ist ein klarer Hinweis auf die römischen Praktiken.

Ein anderer Abschnitt sei noch zitiert, weil er einer der bekanntesten der Qumranliteratur ist:

„*Wehe dem, der seinen Nächsten trinken läßt, indem er beimischt <seinen> Grimm, ja (sie) trunken macht, um hinzusehen auf ihre <Festtermine> (Hab 2,15).* [(leer)] Seine Deutung (geht) auf den Frevelpriester, der den Anweiser [bzw. Lehrer] der Gerechtigkeit verfolgt hat, um ihn zu verschlingen im Zorn seines Grimms, ihn gefangen wegführen wollend, und zur Zeit des Festtermins der Ruhe des Versöhnungstages erschien er ihnen, um sie zu verschlingen und um sie zu Fall zu bringen am Tag des Fastens ihrer Arbeitsruhe." (1QpHab XI,2–8)

Der gottlose Priester ist vielleicht ein Hoherpriester gewesen. In Kapitel 4 werde ich die Bedeutung dieses Abschnittes erörtern, in dem die beiden Erzfeinde – der Lehrer und der gottlose Priester – zusammen erscheinen.

3.1.1.2 Der Nahum-Kommentar (4Q169)

Die Prophezeiungen Nahums stammen ebenso aus dem späten 6. Jahrhundert v.Chr., aber aus einer Zeit, zu der Assyrien noch an der Herrschaft war (daher vor 612 oder 609). Der Prophet blickt auf einen kurz bevorstehenden Augenblick, an dem der Herr zum Gericht gegen Ninive, der Hauptstadt Assyriens, kommen wird. Er vergleicht die Stadt mit einer Löwenhöhle und sagt, daß seine jungen Löwen getötet werden, so daß sie keine Beute mehr reißen können. Er vergleicht Ninive auch mit einer Prostituierten, die vor allen um ihrer Ausschweifungen willen beschämt werden wird. Die Prophezeiung Nahums ist ein Gedicht auf das Gericht gegen Ninive, ein Lied, das dessen Zerstörung feiert: „Keine Linderung gibt es für deinen Zusammenbruch, / unheilbar ist deine Wunde. / Jeder, der hört, was man von dir erzählt, / klatscht über dich in die Hände. / Denn wen traf nicht / deine Schlechtigkeit zu jeder Zeit?“ (Nah 3,19)

Der Nahum-Kommentar ist weniger gut als der Habakuk-*pescher* erhalten, aber auch er bietet einige wichtige historische Hinweise über die Zeit, in der die Qumrangruppe existierte. Die überkommenen Teile decken Abschnitte der Kapitel 1–2 und Kapitel 3 bis Vers 12 oder vielleicht Vers 14 (dem letzten Kapitel dieses Buches) ab. Wie der Habakuk-Kommentar erwähnt er die Kittim. Anders als der Habakuk-Kommentar nennt die Darlegung Nahums die Personen bei ihren Namen.

> „*Wo gegangen ein Löwe, ein Leu dorthin, ein Jungleu, [und keiner schreckt (sie) ab. Seine Deutung (bezieht sich) auf Deme]*trius, König von Jawan, der bestrebt war, nach Jerusalem zu kommen auf Grund eines Beschlusses derer, die ‚glatte‘ Anweisungen geben. [......................i]n die Hand/ durch die Könige von Jawan, von Antiochus bis zum Auftreten der Kittijim-Herrschenden. Aber dann wird niedertreten ...“ (4Qp169 Frg. 4 + 3 I,1–3)

Der genannte Demetrius scheint Demetrius III. Eucerus (98–88 v.Chr.) gewesen zu sein, der Jerusalem angriff. Das Epitheton „derer, die ‚glatte‘ Anweisungen geben“ ist wahrscheinlich ein Wortspiel mit Bezug auf die Pharisäer (das Wort für „‚glatte‘ Anweisungen“ ist ein Wortspiel mit Bezug auf das pharisäische Wort für „Gesetze“); sie werden an verschiedenen anderen Stellen im Kommentar kritisiert. Der später erwähnte Antiochus ist wahrscheinlich Antiochus IV. Epiphanes (175–164 v.Chr.), der zeitweise die

Religionsausübung des Judentums in den 60er Jahren des 2. Jahrhunderts v.Chr. untersagte.

Der folgende Abschnitt vermittelt einen wertvollen historischen Hinweis:

„*[und?] würgt für seine Löwinnen {Beute} … … Und mit Raub anfüllt] seine Höhle (?) und seine Lagerstätte(n) mit gerissener Beute.* Seine Deutung bezieht sich auf den ‚Löwen des Zornes', [………………… Rache]akte(/Tod) an denen, die ‚glatte' Anweisungen geben, da er Menschen lebendig aufhängen läßt […………………]in Israel vordem. Denn über einen lebendig ans Holz Gehängten [hei]ßt es: *Siehe, ich will an dich*" (4Qp169 Frg. 4 + 3 I,4–8)

Der Hinweis bezieht sich auf eine Aktion des Alexander Jannaeus, eines Königs von Juda (103–76 v.Chr.), der 800 Pharisäer (sie sind die, die „‚glatte' Anweisungen geben") auf einmal hängen ließ. Der Kommentar erwähnt weder den Lehrer noch den gottlosen Priester und scheint eine Zeit zu behandeln, die nach deren Auftreten spielte.

3.1.1.3 Der Kommentar zu Psalm 37 (4Q171, 173)

Der Kommentar zu Psalm 37 behandelt zwar mehr biblische Abschnitte als diesen einen Psalm, aber die meisten erhaltenen Stücke haben verschiedene Teile von Psalm 37 zum Thema. In seiner Deutung des Psalms findet der Ausleger eine Reihe von Vorhersagen über gegenwärtige Ereignisse. Psalm 37 handelt von den Bedrängnissen, die die Gerechten durch die Hand der Gottlosen erleiden, und von der Rechtfertigung, derer sich die ersteren erfreuen werden, während sie geduldig auf den Herrn warten. Da für den Ausleger „gerecht" und „gottlos" Codewörter waren, fand er in ihnen Anspielungen auf den Lehrer und seine Gegner. Man beachte insbesondere folgenden Abschnitt:

„*{Denn} von JHW[H her werden Mannesschritte festges]etzt, …. (?) Wandel findet Er Gefallen.* (Ps 37,23). *Wenn er fä[llt, wird er] n[icht] hingestürzt, denn J[HWH stützt seine Hand]* (Ps 37,24). Seine Deutung (geht) auf den Priester, den Anweiser [Lehrer] der [Gerechtigkeit, daß] durch ihn Gott [gespr]ochen hat und um aufzutreten. […] Er ihn bestellt hat, für Ihn aufzubauen eine Gemeinde[von – –]" (4Q171 III,14–16 = Frg. 3 + 4)

„*Es späht ein Frevler aus nach dem Gerechten und trachtet [ihn zu töten* (Ps 73,32), *JH]WH [aber läßt ihn nicht in seiner Gewalt und läßt ihn nicht v]erurteilen, wenn man über ihn richtet* (Ps 37,33). Seine Deutung (geht) auf den [Priest]er des Frevels, der da sp[äh]t (nach) dem Gere[chten und (danach) trachtet,] ihn töten zu lassen. [….]. und die Torah, welche er ihm zugesandt hat. Aber Gott verl[äßt ihn] nicht und [läßt ihn] nicht [verurteilen, wenn] ihm der Prozeß gemacht wird, und [es wird] ih[m Gott] heimzahlen seinen [L]ohn, indem Er ihn preisgibt in die Hand von Gewalthabe[rn] von Völkern, um an ihm zu vollziehen [Gericht." (4Q171 IV,7–10)

Der Kommentar ergänzt das Bild der starken Opposition zwischen den beiden Führern und erwähnt auch das „Gesetz, das er [scil. der Lehrer] ihm [scil. dem gottlosen Priester] sandte." In diesem Dokument hat sich womöglich ihre Uneinigkeit niedergeschlagen, und wahrscheinlich fand sich dieser Text auch unter den Schriftrollen. Aber das soll weiter unten in Abschnitt 3.3 über die gesetzlichen Texte behandelt werden.

3.1.2 Thematische Kommentare

Zahlreiche andere in den Höhlen von Qumran gefundene Werke beziehen sich selbst auf die eine oder andere Weise auf die biblischen Schriften, wenn auch nicht in der Form des fortlaufenden oder kontinuierlichen Kommentars. Sie führen meist eine Anzahl biblischer Passagen an, die eines oder mehrere Themen betreffen. Die Abschnitte sind verschiedenen Büchern oder unterschiedlichen Teilen desselben biblischen Buchs entnommen. Hier einige Beispiele:

3.1.2.1 Das Florilegium (4Q174)

Diese Textsammlung dreht sich speziell um 2 Sam 7 (die Verheißung der ewigen Dynastie Davids) und um Psalm 1 und 2. Es werden aber auch noch andere Abschnitte zur Kommentierung und Erklärung herangezogen. 2 Sam 7,10 erwähnt, daß Gott einen Ort für sein Volk errichten werde, wo es sicher wohnen könne. Der Qumranausleger verstand jenen Ort als das Haus, das der Herr in den letzten Tagen für sein Volk errichten wird (Ex 15,17–18 wird zur Unterstützung zitiert). „(Er) wird ständig über ihm erscheinen. Und nicht werden wieder Fremde es zerstören, wie sie vordem zerstört haben das Heilig[tum I]sraels durch dessen Versündigung. Und Er sagte an, Ihm zu erbauen ein Menschen-Heiligtum, damit man in ihm Räucherwerk darbringt für Ihn vor Ihm als Dank-Erweise." (4Q174 III,5–7) Dieser Abschnitt spricht über ein Heiligtum in den letzten Tagen, das von Gott errichtet wird und nicht von Menschen. Es wird ein „Menschen-Heiligtum" sein, d.h. es wird kein Gebäude sein, und die darin dargebrachten Opfergaben werden weder Tier- noch Getreideopfer sein, sondern „Werke des Gesetzes". Mit anderen Worten: Das Heiligtum des Herrn wird wie die Qumrangemeinschaft oder ihr vielleicht gleich sein.

Das Florilegium ist für die Wissenschaftler nicht allein wegen seiner Vorstellung eines geistlichen Tempels von Interesse gewesen, sondern auch weil es wichtige Details über die von der Gruppe erwarteten eschatologischen Gestalten preisgibt.

„*Und es [verkünd]et dir JHWH, daß {Er} dir ein Haus {bauen} werde* (2 Sam 7,11b): { }*,Und ich werde deinen Samen aufrichten nach dir und fest hinstellen { } den Thron seines Königtums [für im]mer* (vgl. 2 Sam 7,12–13). *Ich [werde] für ihn Vater sein und er wird für mich ein Sohn sein* (2 Sam 7,14). Das ist der Sproß Davids, der mit dem Toraherteiler auftritt, welchen [Er auftreten lassen wird] in Zi[on am E]nde der Tage, wie es geschrieben steht (vgl. Am 9,11, vgl. Apg 15,16): *Und ich richte die umgefallene Schutzhütte Davids wieder auf.* Das ist die Schutzhütte Davids, die umgefall[en ist, d]ie Er aufstellen wird, um Israel zu retten. [(leer)]" (4Q174 III,10–13)

Weiter unten (Kap. 4 Abschn. 2.6) werde ich die Erwartung, die der Gesetzesausleger dem davidischen Messias beilegt, genauer untersuchen.

3.1.2.2 Das Testimonium (4Q175)

Dieser kurze Text ist in vier Abschnitte untergliedert, von denen sich jeder auf einen in ihm zitierten biblischen Text konzentriert: Der erste zitiert zwei Abschnitte aus Deuteronomium (5,28–29; 18,18–19); der zweite aus den Bileam-Kapiteln in Numeri (24,15–17); der dritte zieht Dtn 33,8–11 (Moses Segen für Levi) heran; und der vierte handelt von Jos 6,26 (der Fluch über jeden, der Jericho wieder aufbaut). Die ersten drei Absätze drehen sich um das Thema ‚zukünftige Führer': den Mose gleichen Propheten, ein Stern, der aus Israel aufgeht (offensichtlich der davidische Messias), und den oder die Priester (einer wie Levi, aber ebenso seine Nachkommen). Der vierte Absatz hat einen weniger deutlichen Zusammenhang, scheint jedoch die Befestigung Jerusalems durch Brüder (die Makkabäer?) zu meinen sowie den Fluch, der sie erwartet. Ungewöhnlich an dem Testimonien-Text ist die Tatsache, daß er fast ausschließlich aus Zitaten besteht; nur dem vierten Abschnitt ist eine Auslegung angefügt.

3.1.2.3 Der Melchisedek-Text (11QMelch)

Eine Rolle aus Höhle 11 stellt Melchisedek in den Mittelpunkt der Aufmerksamkeit. Melchisedek war der Priesterkönig von Salem, der auf Abram stieß, nachdem dieser die Könige besiegt und Lot gerettet hatte (Gen 14,17–20). Abram gab ihm den Zehnten seiner Beute und Melchisedek segnete ihn. Psalm 110,4 spricht von Melchisedeks ewiger Priesterschaft, ein Motiv, das im Hebräerbrief weiter ausgearbeitet ist, wo Christus als Priester für alle Zeiten nach der Ordnung Melchisedeks dargestellt wird. Melchisedek ist eine rätselhafte Figur, die auf einmal erscheint und dann genauso schnell wieder aus dem Alten Testament verschwindet.

Obwohl der Melchisedek-Text aus Qumran schlecht erhalten ist, lassen die erhaltenen Stücke hinreichend erkennen, daß Melchisedek für einen Teil dieser Gruppe Gegenstand der Spekulation war. Sie dachten ihn offenbar als ein Engelwesen, das am Endgericht beteiligt sein werde. Der ausführlichste Teil des Textes beginnt mit einem Zitat von Lev 25,13 und Dtn 15,2, Stellen, die vom Jubeljahr und dem Jahr des Loskaufs handeln; ihnen ist Jes 61,1 („den Gefangenen Freilassung auszurufen") hinzugefügt, das auf die letzten Tage bezogen wird:

„... Seine] Deu[tung] (geht) auf das Ende der Tage, auf die Gefangenen, da es [über sie heißt (Is 61,1): *Gefangenen Freilassung auszurufen.*] Und ihre Rebellen aus ... der Versammlung und aus dem Erbteil des Malkizedek, d[enn Er kennt (?)] ihre Geister und sie sind[das Erbteil des Malkiz]edek, welcher sie zu ihnen zurückbringen wird. Und er ruft für sie Freilassung aus, um ihnen nachzulassen [die Last aller ihrer Verschuldungen. Und er macht] diese Sache in der ersten Jahrwoche des Jubiläums nach neu[n Jubiläen, und der Tag der Versöhnungen, der ist das Ende des Ju]biläums, des zehnten, um an ihm zu entsühnen alle die Söhne[Gottes und die]Männ[er des] Loses des Mal[kizedek. ..... über sie .. ... gemäß] ihren [....], denn das ist die Zeit für das *Jahr des Wohlgefallens* (vgl. Is 61,2) für Malkizedek, [und um zu erhöhen im Gericht Gottes Heilige zu einer Herrschaft von Recht wi]e es geschrieben steht über ihn in den Liedern Davids, da er gesagt hat (Ps 82,1): *Gott [*steht in der *Gemeinde Gottes, inmitten Göttlicher richtet Er;* und über ihn heißt es (Ps 7,8–9): *Über sie zur Höhe kehre zurück!* Gott *richtet Völker.* Und wenn es he[ißt (Ps 82,2): *Bis wann wollt ihr Unrecht richten und das Angesicht von Frevlern erheben? Se]lah* – (so geht) seine Deutung auf Belial und die Geister seines Loses, di[e alle jene waren, die da rebellierten in ihrem Abweichen von den Vorschriften Gottes, um Frevel zu verursachen.] [Und Malkizedek vollzieht die Ra[che] der Gerichte Got[tes an diesem Tag und rettet sie aus der Hand Belial(s) und aus der Hand aller Geister seines Loses.] Und zu seiner Hilfe (sind bereit) alle Göttlichen[.... und das ist es, w[as ....a]lle Söhne Gottes und beorderte das Fundament,]" (11QMelch 4–14)

Der Verfasser bedient sich der Tatsache, daß das Wort für „Gott" *('elohim)* auch für Engel gebraucht werden kann. Wenn er daher das Wort an einer Stelle wie Ps 82,1 findet, kann er die Stelle so erklären, als bezöge sie sich nicht auf Gott, sondern auf den Engel

Melchisedek. Dessen richtendes Werk ist ausdrücklich auf das Ende der Zeiten datiert, weil es die Zerstörung Belials (d.h. Satans) zur Folge hat. Indem der Verfasser also verschiedene biblische Texte einflicht und sie nach seiner besonderen Weise interpretiert, gestaltet er ein eindrückliches Portrait Melchisedeks. Während es sich zwar nicht unmittelbar mit dem Melchisedekbild im Hebräerbrief verbinden läßt, zeigt es dennoch etwas von dem Status, dessen sich Melchisedek innerhalb eines jüdischen Kreises erfreute. Es sei noch hervorgehoben, daß die Schriftzitate, die nicht vom Ende der Zeiten sprechen, so erklärt werden, als ob sie in diesem Text sowie in anderen Kommentaren von Qumran von jenem Ende der Zeiten handelten.

3.1.2.4 Ein Genesis-Kommentar (4Q252)

Der vollständige Text dieses interessanten Werkes ist erst kürzlich zugänglich gemacht worden. Seine Fragmente zitieren und interpretieren mehrere Abschnitte aus dem Buch Genesis. Manchmal hält der Verfasser inne, um eine Stelle ausführlich wiederzugeben (die Sintflut), manchmal wiederum geht er rasch durch lange Abschnitte hindurch (die Abraham-, Isaak- und Jakobserzählungen) und kommt dann schließlich bei den Segnungen Jakobs für seine Söhne in Gen 49 an. Das Werk ist ungewöhnlich unter den Schriftrollen, es ist eng an den biblischen Text geknüpft. Es paßt nicht zu dem *pescher*-Muster, weil es nicht zusammenhängende Teile eines Textes wiedergibt und erklärt. Trotzdem wird es nicht in die Kategorie der thematischen Kommentare zu rechnen sein, da alle Abschnitte aus der Genesis stammen und in der Reihenfolge genannt werden, wie sie in der Schrift stehen. Falls es ein einheitliches Thema in all den ausgewählten Texten gibt, ist dies aus den Fragmenten jedoch nicht zu erkennen. Später werde ich den messianischen Abschnitt aus dem Schluß des Werkes wiedergeben; hier genügt zunächst eine Zusammenfassung dessen, was der Autor in seiner Behandlung der Sintfluterzählung am stärksten betont, nämlich die Chronologie.

1. Die 120 Jahre von Gen 6,3 sind die Zeit zwischen der in diesem Vers enthaltenen Warnung und dem Beginn der Sintflut. Dieser Zeitrahmen ist dadurch gegeben, daß die Warnung in Noahs 480. Lebensjahr gelegt ist.
2. Die Flut beginnt zum selben Zeitpunkt wie in Gen 7,11: dem zweiten Monat am 17. Tag. Die anderen Zahlen bedeuten dasselbe.
3. Die Flut endet im darauffolgenden Jahr im zweiten Monat, aber

im Gegensatz zu Gen 8,14, das den 27. Tag nennt, setzt der Text deren Ende auf den 17. Tag. So dauert die Sintflut genau ein Jahr.

4. Das Jahr wird als genau 364 Tage dauernd erklärt, was gemäß der Anschauung der Qumrangruppe einem ganzen Sonnenjahr entspricht. In dieser Hinsicht stimmt der Text mit dem Jubiläenbuch und dem Astronomischen Buch des 1. Henoch überein.

3.2 Paraphrasen

Nur wenige Manuskripte wurden als ‚Paraphrasen' der Bibel bezeichnet. Der Grund, sie von anderen verwandten Abhandlungen der biblischen Texte zu unterscheiden, liegt darin, daß sie zwar dem Wortlaut sehr nahekommen, ihn aber nicht genau wiedergeben; oder aber sie geben ihn wieder, fügen dann jedoch hier und da anderes Material dazwischen ein. Die so bestimmten Texte sind 4Q123 (über Josua), 4Q127 (über Exodus auf Griechisch), 4Q158 und 4Q364–367 (über den Pentateuch). Es ist nicht immer klar, warum die Wissenschaftler, die diese Dokumente identifizierten, sie Paraphrasen nennen und nicht direkt biblische Manuskripte. Aber wie auch immer wir sie bezeichnen, sie geben uns ein anschauliches Beispiel dafür, wie wichtig der biblische Text in Qumran war.

3.3 Gesetzliche Texte

Erst seit 1977 wurden der wahre Umfang und die Bedeutung der gesetzlichen Schriften von Qumran deutlich. Vom Beginn der Qumranforschung an hatten die Wissenschaftler gewußt, daß die Höhlen auch Texte enthielten, die zahlreiche aus den heiligen Schriften und der Bibelinterpretation abgeleitete Gesetze darstellen. Aber erst mehrere bedeutende Werke, die seit den späten 70er Jahren veröffentlicht bzw. zugänglich gemacht wurden, haben das Gesetz zu einem zentralen Gebiet der Qumranforschung gemacht. Auf diesem Feld waren jüdische Wissenschaftler wegweisend, sowohl in der Analyse der neuen Dokumente als auch im vergleichenden Studium dieser Dokumente mit den großen rabbinischen Gesetzessammlungen, die einige Jahrhunderte nach der Zerstörung Qumrans niedergeschrieben wurden. Vier der wichtigsten seien hier genannt.

3.3.1 Die Damaskusschrift

Diese Schrift ist unter mehreren Namen bekannt: „*Zadokite Fragments*“ (englisch) und, weil Damaskus in ihm mehrmals genannt wird, als „*Covenant of Damascus*“ (englisch) oder im Deutschen „Damaskusschrift“. Sie war schon vor 1947 bekannt. Der jüdische Gelehrte Solomon Schechter, der um die Wende zum 20. Jahrhundert wirkte, fand 1896 zwei Kopien des Werkes in der Geniza (einem Lagerraum, wo alte, nicht mehr gebrauchte Manuskripte aufbewahrt wurden) der Esra-Synagoge in Alt-Kairo (daher auch der engl. Name *Cairo Damascus* = CD). Er veröffentlichte diese 1910. Eine Kopie – A genannt – enthält 16 Spalten (Kolumnen); Text B hat zwei Kolumnen (sie wurden XIX–XX bezeichnet und überschneiden sich in beträchtlichen Teilen mit den Kolumnen VII–VIII in Manuskript A). Sie wurden im 10. bzw. 12. Jahrhundert n.Chr. abgeschrieben. Obwohl die Damaskusschrift für kurze Zeit zum Gegenstand intensiver Studien wurde, kam das Interesse an ihr erst wieder auf, als man fragmentarische Manuskripte von diesem Dokument in den Höhlen 4 (4Q266–273), 5 (5Q12) und 6 (6Q15) entdeckte. Ein Manuskript aus Höhle 4 datiert in die Zeit von 75–50 v.Chr. und beweist somit, daß das Werk, das vorher nur in mittelalterlichen Abschriften bekannt war, in der Tat antik ist.

Die Damaskusschrift hat zwei Hauptteile: eine Ermahnung, die das meiste der Spalten I–VIII und XIX–XX umfaßt, und einen gesetzlichen Abschnitt, der die Kolumnen XV–XVI und IX–XIV (die Zahlen entsprechen den mittelalterlichen Kopien) enthält. Die fünfte Kopie von Höhle 4 zeigt, daß die Kolumnen XV–XVI zwischen die Kolumnen VIII–IX von Text A gehören. Das Material aus Qumran zeigt auch, daß die dort gebrauchte Version die Texte nicht nur in einer etwas anderen Reihenfolge anordnete, sondern auch einen längeren Text hatte als die Kopien aus der Geniza. Die Gesetze in der Damaskusschrift behandeln – neben anderen Themen – Reinheitsvorschriften für Priester, Opfergaben, Krankheiten, Heiraten, Landwirtschaft, Zehntabgaben, das Verhältnis zu Nichtjuden, den Eintritt in die Bundesgemeinschaft und die damit verbundenen Eide, das Leben innerhalb der Gemeinschaft, den Sabbat und die Organisation der Gemeinschaft.

In seiner Ermahnung beruft sich der Verfasser auf „alle Kenner von Recht“ (I,1), auf „all ihr Bundesmitglieder“ (II,2), auf „Söhne“ (II,14) und ermutigt sie, den Wegen Gottes zu folgen als Mitglieder des neuen Bundes „im Lande Damaskus“ (VI,19). Unter den Wissenschaftlern ist die Bedeutung von „Damaskus“ umstritten: Ist damit die syrische Stadt gemeint, oder symbolisiert der Name einen Exilsort, wie das manche im Blick auf Am 5,27 annehmen? Niemand kennt die Antwort, aber das Auftreten dieses Namens (sieben Mal) hat der Schrift den Namen „Damaskusschrift“ (englisch: *Covenant of Damascus*) eingetragen. Die Adressaten werden nicht nur dazu ermutigt, gemäß den Satzungen des neuen Bundes zu leben, sondern das Böse wie die drei Spinnennetze des Belial zu meiden: Unzucht, Reichtum und Profanierung des Tempels (IV,14–18). Es besteht daher die Möglichkeit, daß die Bundesmitglieder von ihrem früheren Entschluß abfallen. Mehr noch, „alle, die in den Bund gebracht worden sind, sollen nicht in das Heiligtum eintreten, auf seinem Altar vergeblich Feuer entzünden“ (CD VI,12). Diese Satzung bedeutet vielleicht, daß die Gruppe nicht am Tempelkult in Jerusalem teilnahm. Sie betrachtete sich als Rest, und um ihretwillen hatte Gott den Lehrer der Gerechtigkeit aufstehen lassen, um sie auf den rechten Weg zu führen (I,10–11). Durch seine ganze Ermahnung hindurch zitiert der Verfasser Schriftabschnitte und interpretiert sie für die Leser.

Der Autor erwähnt auch „Lager“ (VII,6): „Lager“ (X,23), „das Wohnen der Städte Israels“ (XII,19) und „das Wohnen der Lager“ (XII,23). Solche Hinweise und die Vermutung im Text, daß die angeschriebene Gruppe unter anderen Völkern lebt, haben viele Wissenschaftler zu dem Schluß geführt, daß die Damaskusschrift nicht für die Gruppe bestimmt war, die in Qumran lebte, sondern für andere, die ähnliche Vorstellungen und Glaubenspraktiken teilten und sich noch nicht selbst nach Qumran ins Exil begeben hatten. Vielmehr lebten sie miteinander in den Städten und Dörfern, wo sie mit anderen Juden und Nichtjuden in Kontakt kamen. Ein prominenter Führer, der öfter erwähnt wird, ist der „Aufseher“, der unter anderen die Aufgabe hatte, die Qualifizierungen der Beitrittswilligen vorzunehmen, sowie die Mitglieder die Werke Gottes zu lehren.

Die gesetzlichen Abschnitte handeln, wie oben gezeigt, von verschiedenen Themen. In vielen Einzelheiten stimmen sie mit den gesetzlichen Aussagen in anderen Qumrandokumenten überein; manchmal unterscheiden sie sich von ihnen. Einer der größten Abschnitte widmet sich den Sabbatbestimmungen.

3.3.2 Die Gemeinderegel

Die Gemeinderegel (1QS; auch als ‚Sektenregel‘ bezeichnet und nicht mit der ‚Gemeinschaftsregel‘ 1QSa zu verwechseln) war eine der sieben ursprünglich gefundenen Schriftrollen und diente als Kerndokument dem wissenschaftlichen Verständnis der Qumrangruppe. Neben der fast vollständig erhaltenen Abschrift aus Höhle 1 gibt es zehn bedeutende fragmentarische Manuskripte aus Höhle 4 (4Q255–

264), eine oder möglicherweise zwei aus Höhle 5 (5Q11, und vielleicht 5Q13, wenn es nicht nur aus 1QS III,4–5 zitiert) und einen zusätzlichen Text, der Aspekte aus der Gemeinderegel und der Damaskusschrift (4Q265) verbindet.

Man kann diese Regel mit gutem Recht als eine Verfassung für die Qumrangemeinschaft bezeichnen. Sie beginnt mit einer Aussage dessen, was denen zu lehren ist, die der Gemeinschaft beitreten wollen:

> „alle die Willigen, / auszuführen die Vorschriften Gottes im Gnadenbund, / um sich zu einen in Gottes Rat / und vor Ihm vollkommen zu wandeln / (nach) allem Offenbaren / gemäß den Zeiten ihrer Bezeugungen. / Zu lieben alle Licht-Söhne, / jeden nach seinem Los in Gottes Rat, / und zu hassen alle Finsternis-Söhne, jeden nach seiner Schuld in Gottes Rache.“ (1QS I,7–11)

Diese Eingangsworte gehen einer Beschreibung der Eintrittszeremonien in die Gemeinschaft und der Zeremonien des jährlichen Bundeserneuerungsfestes voraus. Die scharfe Trennung der Menschheit in zwei Lager – in eines des Lichts und eines der Finsternis – ist schließlich in einem oft zitierten Abschnitt der Rolle ausgearbeitet (III,13–IV,26). „Vom Gott der Erkenntnisse (stammt) alles Seiende und Gewordene, und bevor sie ins Dasein getreten, setzte Er ihren ganzen Plan fest. Und wenn sie entsprechend dem Gedanken Seiner Herrlichkeit zu ihren (eigenen) Zeugnissen geworden, erfüllen sie ihre Werke und nichts (gibt es) zu ändern: in Seiner Hand sind die Gesetze von allen und Er versorgt sie in allen ihren Belangen“ (III,15–17). Die fünfte, sechste und siebente Kolumne handeln zum großen Teil vom Gemeinschaftsleben. Sie schließen Regeln für den Eintritt in die Gemeinschaft ein sowie für die Versammlungen der Gruppe, ebenso eine Strafliste fur Übertretungen. Die Regel spricht weiter von den ursprünglichen Mitgliedern und behandelt die angebrachte Lebensweise im gegenwärtigen Zeitalter. Sie schließt mit einem langen Lobpreis Gottes ab. Wie die Damaskusschrift bringt die Gemeinderegel ihr Gesetzesmaterial innerhalb oder in unmittelbarer Nähe von Abschnitten anderer literarischer Prägung.

Das vollständige Manuskript aus Höhle 1 enthält zwei zusätzliche Kompositionen. Die Gemeinschaftsregel (1QSa) ist ein zweispaltiger Text, der Regeln für das Ende der Tage sowie für die Versammlung und die dann abzuhaltenden messianischen Mähler aufzählt. Die Segenssprüche (1QSb) enthalten Benediktionen für verschiedene Führer der Gemeinschaft. Keine der anderen Abschriften der Gemeinderegel enthält eines dieser Werke.

3.3.3 Die Tempelrolle (11QTempelrolle)

In gewisser Hinsicht trat die Qumranforschung durch die Veröffentlichung der Tempelrolle durch den israelischen Wissenschaftler, Soldaten und Staatsmann Yigael Yadin im Jahre 1977 in eine neue Phase, in der zum ersten Mal die zentrale Rolle des Gesetzes im Leben und Denken der Gemeinschaft erkannt wurde. Die erste der beiden Kopien – 11QT[a] – scheint mindestens 65 Kolumnen gehabt zu haben und ist daher die längste der Schriftrollen vom Toten Meer. Einige Wissenschaftler glauben, daß die Unterschiede zwischen der Tempelrolle und den Lehren der Qumrangruppe an bestimmten Punkten darauf zurückzuführen ist, daß sie vor der Formierung der Gemeinschaft geschrieben wurde, während andere sie als integralen Bestandteil der besonderen Qumranbibliothek ansehen. Yadin hatte von der Existenz der Schriftrollen durch den Schriftverkehr mit einem Geistlichen aus Virginia erfahren. Nach dem Sechs-Tage-Krieg 1967 erwarb Yadin die Rolle von dem Antiquitätenhändler Kandu (den ich bereits in Kap. 1 erwähnte). Kandu wurde zwar dafür entlohnt, man ließ ihm aber überhaupt keine andere Wahl, als sie Yadin auszuhändigen. Ob diese zwangsweise Übergabe des Manuskripts klug war, ist noch heute umstritten. Seitdem sind keine neuen Dokumente über den Antiquitätenmarkt ans Tageslicht gekommen.

Der fragmentarische Anfang der Tempelrolle enthält einige Wörter, die an den zweiten Sinai-Bund (Ex 34) erinnern. Sie fährt dann in einem langen Abschnitt mit der Betrachtung des Tempels (Kol. III–XIII) und der dort eingehaltenen Feste und Opfer (XIII–XXIX) fort. Der darin beschriebene Tempel gleicht keinem Heiligtum aus der Geschichte Israels. Er war als idealer Entwurf für einen neuen Tempel gedacht, der in der Zukunft gebaut werden sollte, wenn die richtigen Leute an der Herrschaft sein würden. Der den datierten Festtagen zugrunde gelegte Kalender ist wahrscheinlich der 364-Tage-Sonnenkalender, der aus dem Jubiläenbuch, dem Ersten Henochbuch und anderen Qumrantexten bekannt ist. Der nächste, umfassendere Abschnitt (Kol. XXX–XLV) beschreibt die größeren Höfe des Tempelareals, und ein kürzerer (Kol. XLV–XLVII) behandelt Menschen und Gegenstände, die von dem reinen Tempel ausgeschlossen sind. Die letzten Kolumnen bieten eine Reihe von Gesetzen zu verschiedenen Themen; sie sind im allgemeinen dem Deuteronomium entnommen. Die Abschnitte über die Feste und

Gesetzesgruppen sind untersucht und mit anderen Sammlungen der jüdischen Gesetzesüberlieferung verglichen worden, um den Text innerhalb der Geschichte der jüdischen Gesetzesüberlieferung zu verorten. Die Schriftrolle weicht eindeutig von dem ab, was später zum rabbinischen System wurde, und weist interessante Übereinstimmungen mit den Satzungen anderer antiker jüdischer Gruppen wie der Essener auf. Eines der hervorstechendsten Merkmale dieses Korpus ist, daß beim Zitieren eines Bibelabschnitts, in dem die Worte Gottes in der dritten Person („und Gott sprach") vorkommen, diese in die erste Person verändert werden („und ich sprach"). Freimütiger hätte der Verfasser den Anspruch auf Inspiration seines Werkes kaum zum Ausdruck bringen können.

3.3.4 Einige Werke der Tora (4QMMT)

Das „Einige Werke der Tora" (auf Hebräisch *Miqsat Ma'aseh ha-Tora*, daher die Abkürzung MMT) oder „Halachischer Brief" genannte, in sechs Kopien (4Q394–399) verfügbare Dokument hat die gesetzlichen Belange in das Zentrum der Untersuchungen von Wesen und Geschichte der Qumrangemeinschaft gerückt. Mehr als jeder andere stand dieser Text aufgrund scharfer Kontroversen über den Zugang im Zentrum der gegenwärtigen Auseinandersetzung. Die Herausgeber haben vorgeschlagen, daß es sich bei dem Text um einen Brief der Qumrangruppe an die Gegner in Jerusalem (einschließlich des gottlosen Priesters) handelt, der wahrscheinlich vom Lehrer der Gerechtigkeit und seinen Kollegen geschrieben wurde. Der Zweck des Schreibens war es, die Unterschiede zwischen den zwei Parteien zur Sprache zu bringen und die Gegner zur Anpassung ihrer Lebensweise aufzurufen. All dies vollzieht sich auf überraschend freundliche Weise. Sollte sich das vorgeschlagene Szenario als richtig erweisen, könnte sich daraus eine wichtige Folgerung ergeben: Die Unterschiede zwischen den Parteien waren streng gesetzlicher Natur, manchmal bei Angelegenheiten, die heute als ausgesprochen vernachlässigenswert erachtet würden. 4QMMT beginnt mit einem detaillierten Jahreskalender; wieder ist es ein 364 Tage umfassender Sonnenkalender. In der Folge präsentiert der Verfasser 22 gesetzliche Punkte, über die zwischen den Korrespondierenden Uneinigkeit besteht. Diese Gesetzesaussagen sind mit anderen Gesetzestexten verglichen worden. Auch hier stehen sie im Widerspruch zu rabbinischen oder pharisäischen Ansichten und stimmen mit essenischen und – in manchen Fällen – sadduzäischen Haltungen überein.

3.4 Schriften für den Gottesdienst

Verschiedene Textsorten aus den Höhlen scheinen der Gemeinschaft und einzelnen ihrer Mitglieder für ihren Gottesdienst gedient zu haben. Selbstverständlich hatten die biblischen Bücher eine solche Funktion und im besonderen vermutlich der Psalter. Abgesehen von den biblischen Büchern können zahlreiche neue Werke in verschiedene Kategorien für den weiteren gottesdienstlichen oder liturgischen Gebrauch eingeordnet werden.

3.4.1 Der liturgische Zyklus

Die Bibel schreibt vor, daß Israel den wöchentlichen Sabbat als einen Ruhetag einhält. Er wurde im Tempel durch ein besonderes Opfer gekennzeichnet. Die Bibel schreibt jedoch nicht vor, daß die Israeliten an diesem Tag im Tempel präsent sein sollen. Die biblischen Kalender (wie in Lev 23) erwähnen auch das Pessachfest (es fällt auf den 14. Tag des ersten Monats) und die drei Pilgerfeste: das Fest der ungesäuerten Brote (erster Monat/15.–21. Tag), das Wochenfest (im dritten Monat) und das Laubhüttenfest (siebter Monat/15.–21. Tag). Während der Pilgerfesttage sollen die Männer Israels zum Heiligtum pilgern und dort die Erstlingsfrüchte der Ernte der entsprechenden Jahreszeit opfern. Die Bibel beschreibt auch den Versöhnungstag (siebter Monat/10. Tag) und seine Rituale wie auch das Purimfest (oder „Losfest"; zwölfter Monat/14. oder 15. Tag). Die Qumranleute hielten alle diese Feiertage mit Ausnahme von Purim ein, das sich auf das Buch Ester gründet – eines der beiden biblischen Bücher, von denen in den Höhlen keine Kopie gefunden wurde. Sie fügten mehrere andere Festtage hinzu, die wahrscheinlich aus biblischen Zusammenhängen abgeleitet sind: die Festtage der Erstlingsfrüchte des Weins und Öls und ein Holz-Fest.

3.4.1.1 Liturgische Bezugnahmen

Die erste Psalmenrolle aus Höhle 11 besagt, daß König David 52 Lieder zum Sabbatopfer (11Q5 XXVII,7) dichtete. Er schrieb also für jeden Sabbat des Jahres im Sonnenjahr einen Psalm. Ein anderes Dokument, das man „Engelsliturgie" oder „Sabbatopferlieder" nannte (4QShirShabb), gibt 13 solcher Dichtungen wieder – genug, um ein Viertel eines Jahres abzudecken. Dieser Text liegt in acht Abschriften aus Höhle 4, in einer aus Höhle 11 und einer aus Masada vor. Die Sabbate sind in jedem einzelnen Fall nach dem 364-Tage-Kalender datiert, der schon des öfteren erwähnt wurde. So findet der erste Sabbat am vierten Tag des ersten Monats statt. Dieses Datum wurde ausgewählt, weil nach Gen 1 die Zeit vom vierten Schöpfungstag an gemessen wurde, an dem die Sonne geschaffen wurde; demnach würde der erste Sabbat am vierten Tag des ersten Monats stattfinden. Die Lieder der Sabbatopfer variieren zwischen Worten der Anbetung Gottes, Aufforderungen zu seinem Lob und Beschreibungen, wie das Lob durchgeführt wird. Eines ihrer hervorragendsten Merkmale ist die Entsprechung, die zwischen der von den Engeln im himmlischen Heiligtum gefeierten Liturgie und der von Menschen auf der Erde hergestellt wird. Die Beschreibung des im Dokument wiedergegebenen himmlischen Tempels bedient sich der Sprache von Ez 1 und dessen Vorstellung von Gott auf einem Thronwagen.

3.4.1.2 Kalendertexte

Eine Anzahl von Texten gibt einen 364-Tage-Kalender wieder oder setzt ihn voraus und reiht die biblischen und außerbiblischen Feste in ihn ein. Daß es den Kalender gab, ehe die Qumrangemeinschaft gegründet wurde, läßt sich aus seinem Vorkommen in früheren Werken wie dem Astronomischen Buch des Ersten Henochbuches und dem Jubiläenbuch folgern. Henoch stellt keine Verbindung des Sonnenkalenders zu den religiösen Festen her, anders dagegen das Jubiläenbuch. Diese Tendenz findet ihren Abschluß in einer Reihe von Qumrantexten (4Q317–330), die die Feste nicht nur entsprechend dem 364 Tage umfassenden Sonnenkalender datieren, sondern den Kalender mit dem wöchentlichen Rotationsprinzip kombiniert, das den Tempeldienst der Priester anordnet. 1 Chr 24,7–19 listet 24 Priestergruppen oder Wachen auf, die sich im Heiligtumsdienst abwechseln, so daß alle Priester ihre priesterlichen Dienstpflichten ausuben konnten, ohne zuviel Zeit im Jahr von ihren täglichen Pflichten in Anspruch zu nehmen. In einem normalen Jahr müßte jede Priestergruppe nur zweimal, höchstens dreimal Dienst tun. Die Qumrantexte, die *Mischmarot* (= Wachen) heißen, gebrauchen die Liste aus dem Ersten Chronikbuch und verknüpfen sie mit den Tagen in den Wochen bzw. Terminen des Jahres. Manchmal kommt es zu dreierlei Deckungen: dem Tag in einer priesterlichen Sieben-Tages-Wache, dem Datum in einem Sonnenmonat und dem Datum in dem entsprechenden Mondmonat. Einige der Texte lassen erkennen, daß Tabellen so ausgearbeitet wurden, daß man überprüfen konnte, welche priesterliche Wache zu einem beliebigen Datum in einem beliebigen Jahr innerhalb eines 49-Jahres-Zyklus (einem Jubiläum) oder sogar innerhalb sieben solcher Zyklen (343 Jahre) Dienst hätte. Aus den Tabellen erfährt man auch, welche priesterliche Wache während eines jeden Festes den Dienst versehen würde. Die Tempelrolle (siehe oben unter 3.3.3) gibt eine detaillierte Beschreibung der im Heiligtum an jedem Fest darzubringenden Opfer. Auch sie datiert diese Festtage nach dem 364 Tage umfassenden Sonnenkalender.

3.4.2 Poetische Texte

Mehrere Rollen enthalten Dichtungen, die zu einem gewissen Grade den Kompositionen gleichen, die wir im Psalter finden.

3.4.2.1 Die Loblieder

Einer der sieben ursprünglichen Schriftrollen wurde der Name *Hodayot* (Lob- und Danklieder) gegeben, ein Nomen, das mit dem Verb verwandt ist, welches üblicherweise die Psalmen einleitet: *'odekah*, „Ich danke dir [Herr]". Die Kopie aus Höhle 1 ist jetzt mit sieben weiteren aus Höhle 4 verbunden worden (4Q427–433; das letzte ist womöglich nur ein ähnliches Werk). Das läßt den Schluß zu, daß die Loblieder ein wichtiges Werk in der Qumransammlung waren. Die ungefähr 25 in dem Text enthaltenen Psalmen sind individuellen, nicht gemeinschaftlichen Charakters. Sie bringen also die Empfindungen einer Person und nicht einer Gruppe zum Ausdruck.

Die Psalmen im Text lassen sich in zumindest zwei Kategorien aufteilen. In der einen Gruppe kommt das Ich mit seinen Gefühlen und Glaubensüberzeugungen mit kraftvollen Behauptungen bezüglich seiner Person und göttlichen Sendung zur Sprache. Es spricht auch emphatisch von dem heftigen Widerstand gegen es selbst und seine Ansprüche. Das Ich beklagt sich beispielsweise:

> „Und sie, Deuter von Lüge und Seher von Trug, / sannen gegen mich Ränke Belials aus / zu vertauschen Deine Torah, / die Du mir ins Herz eingeschärft, / gegen ‚Glattheiten' für Dein Volk. / Sie verschließen Erkenntnistrank Durstenden / und tränken sie mit Essig gegen ihren Durst, / da<ß> man hinblicke auf ihren Irrtum, / sich töricht aufzuführen an ihren Festen, / sich fangen zu lassen in ihren Netzen." (1QH XII,9–12)

Der Hinweis auf das in das Herz des Psalmendichters gegrabene Gesetz Gottes, die Tatsache, daß seine Gegner ‚Glattheiten' austauschen, und die Assoziierung ihrer Feste mit den Festen von Rasenden sind interessante Stellen für das Verständnis des Wesens des Sprechers, seiner Gruppe und ihrer Gegner. Später singt der Psalmist davon, wie Gott sein Gesetz in ihm verborgen hat (XIII,11) und wie ihn die Männer des Bundes, jene, die auf den Wegen Gottes wandeln, befragen und ihm zuhören (XII,23–24; siehe die väterlichen Metaphern in XV,20–22). Nichtsdestoweniger führte das in ihm verborgene Geheimnis zu Problemen auch mit seinen Freunden (XIII,22–25). Aus solchen Hinweisen haben einige Wissenschaftler den – durchaus verständlichen – Schluß gezogen, daß der Sprecher selbst der Lehrer der Gerechtigkeit ist, der in einem autobiographischen Psalm die Tiefen seiner Überzeugungen und die Last seiner von ihm aufgrund seiner Berufung erduldeten Kämpfe beschreibt.

In einer anderen Gruppe von Psalmen in den Lobliedern drückt der Sprecher Erfahrungen aus, die wahrscheinlich für die gewöhnlichen Mitglieder der Gemeinschaft charakteristisch gewesen sind. Wir lesen in ihnen keine außergewöhnlichen Ansprüche im Blick auf den Psalmdichter. Und dennoch begegnet wie in der ersten Gruppe eine Reihe von Grundmotiven: (1.) Gott ist der Schöpfer, vor dem die Menschen, bloße Geschöpfe aus Lehm, schmerzlich niedrig und unzulänglich sind. (2.) Die Gottlosen greifen die Gerechten an, die sehr darunter leiden, aber Gott errettet sie aus ihren Nöten und richtet das Böse. (3.) Er gibt den Gerechten Weisheit, d.h. Erkenntnis seiner selbst und seines Willens, und geht mit ihnen einen Bund ein. (4.) Die Gerechten singen dafür sein Lob. Schriftzitate und Anspielungen sind über die Sammlung verstreut. Mehr noch, die Loblieder verleihen der Vorstellung Ausdruck, daß der Psalmist auf ewig erhöht wird und sich dann der Gemeinschaft mit den Engeln erfreut (siehe z.B. XI,19–29; XIV,13).

3.4.2.2 Andere poetische Werke

Neben den Abschriften der Loblieder enthielten die Höhlen zahlreiche andere poetische Werke, die Gott loben und ihm danken, sowie einige Beschreibungen und Zitate von täglich oder zu besonderen Gelegenheiten dargebrachten Gebeten und Segenssprüchen (wie die Sabbatopferlieder). Es gibt zwei Kopien eines Werkes, das „Psalmen Josuas" (4Q378–379) genannt wird, zwei Manuskripte enthalten „apokryphe Psalmen" (4Q380–381), zwei werden „liturgische" Werke genannt (4Q392–393). Fünf Manuskripte enthalten die Wendung „Meine Seele, preise ..." (4Q434–438). Außerdem findet sich eine Anzahl anderer Gebete und poetischer Texte (4Q286–293, 439–456). Mehrere vergleichbare Schriften wurden in Höhle 11 (11Q11,14–16) gefunden. Zumindest in einigen von ihnen finden wir im Vergleich mit biblischen Psalmen ein größeres Gewicht auf die Schöpfung als Grund des Lobpreises Gottes gelegt sowie eine stärkere Tendenz, von Erkenntnis, Weisheit und Lehre zu sprechen. Oft fehlt diesen Psalmen jeglicher Hinweis darauf, daß sie in kultischen Zusammenhängen gebraucht worden sein könnten.

3.5 Eschatologische Werke

Qumrantexte, die die letzten Tage erwähnen oder über sie einige Abschnitte enthalten, sind sehr zahlreich vertreten. Eine Anzahl von Werken, die vor der Besiedelung des Gebietes nahe am Toten Meer geschrieben wurden, aber Teil der Qumranbibliothek wurden, enthält eschatologische Passagen. Das trifft für Teile des Ersten Henochbuches zu, z.B. für die Wochen-Apokalypsen (in Kap. 93 und 91) oder die Tier-Apokalypsen (Kap. 83–90), die beide in der Vorhersage des jüngsten Gerichts und des Lebens nach dem Tode kulminieren. Das Jubiläenbuch enthält ebenfalls einige Abschnitte über die Zukunft (siehe Kap. 23), im Danielbuch findet sich eine Fülle. Man könnte hier auch die Kommentare anführen, die sich regelmäßig auf Schriftpassagen über die letzten Tage beziehen, und auch die Gemeinderegel (Kol. III–IV), die vom endgültigen Sieg Gottes über das Böse spricht. Die Gemeinschaftsregel (1QSa), die zuweilen als Anhang der Gemeinderegel gilt, sagt, daß sie die „Ordnung [ist] für die ganze Gemeinde Israels am Ende der Tage“ (I,1). Sie schließt mit einer Darstellung eines Mahles ab, bei dem ein Messias und sein priesterlicher Kollege anwesend sein werden. Zu diesen Werken könnte man noch eine Reihe von Texten stellen, die einen Messias oder zwei Messiasse nennen (ich werde diese Texte in Kap. 4 behandeln). Auch ein so durch und durch gesetzliches Werk wie die Tempelrolle spricht einmal vom endzeitlichen Tempel Gottes, den Gott selbst in der neuen Schöpfung erschaffen wird (IXXX,8–10). Das sind nur einige Beispiele. Vieles von dem, was die Bewohner von Qumran schrieben und lasen, beschäftigt sich mit den Tagen der Endzeit (in denen zu leben sie glaubten). Manche Dokumente konzentrieren sich aber einseitiger auf die Endzeit als andere.

3.5.1 Die Kriegsregel

Die bekannteste der eschatologischen Schriften ist wahrscheinlich die Kriegsregel aus Höhle 1 (hebräisch: *milchamah*, daher die Abkürzung 1QM) – eine weitere der sieben zuerst 1947 aus der Höhle entnommenen Rollen. Sie ist stärker beschädigt als andere, aber es sind Teile von 19 Kolumnen erhalten geblieben. Höhle 4 brachte Fragmente von sechs weiteren Abschriften zu Tage (4Q491–496); einige dieser Handschriften lassen erkennen, daß der Text während des Abschreibens redaktionell überarbeitet worden ist. Der erste Teil der Kriegsregel faßt den Verlauf eines vierzigjährigen Krieges zusammen, der zwischen denen ausgefochten werden wird, die „Söhne des Lichts" und „Söhne der Finsternis" genannt werden. Die erste Kolumne macht hinreichend klar, daß der Krieg kein gewöhnlicher sein wird; vielmehr wird es um den Endkampf gehen:

> „Da]s ist eine Rettungszeit für Gottes Volk / und eine Herrschaftsperiode / für alle Männer seines Loses, / aber ewige Vernichtung für das ganze Los Belials, / und es entsteht Schrecken, ein g[roßer,] / unter Japhets [S]öhnen. / Assur fällt und kein Helfer ist für ihn da / und es weicht die Herrschaft der Kittijim, / um Frevel niederzuzwin[gen] ohne Rest, / daß nichts Entronnenes bleibt / [für {alle}] Finsternis[söhn]e. [(leer)]" (1QM I,5–9)

Andere Abschnitte bezeichnen den Krieg als „Tag der Rache" (VII,5; vgl. XV,3) und „Krieg Gottes" (IX,5). In mehreren Zeilen ist auch die Rede davon, daß die Söhne des Lichtes – weit davon entfernt, einen einsamen Kampf zu führen – an der Seite ihrer Alliierten, der Engel, kämpfen. Unglücklicherweise haben die Söhne der Finsternis ebenso ihre Mitstreiter, so daß sich der Konflikt bis zur letzten Schlacht hinzieht (siehe Kol. XII und XVII). Die erste Kolumne spricht von drei „Losen", während der die Söhne des Lichtes über die Söhne der Finsternis obsiegen, und von dreien, während der die Söhne der Finsternis die Oberhand gewinnen. Das Material deutet offenbar daraufhin, daß sich jede Seite in drei Gefechten als siegreich erweisen wird. Und nachdem sie bei einem 3:3-Stand angekommen sind: „im siebten Los unterwirft die große Hand Gottes [Belial und all]e Engel seiner Herrschaft" (1QM I,14–15). Daher wird der eschatologische Krieg den andauernden Konflikt zwischen Gut und Böse, Licht und Finsternis der Menschheitsgeschichte widerspiegeln. Nur Gott ist in der Lage, der Waagschale zu Gunsten der Gerechtigkeit den Ausschlag zu geben (vgl. 1QS III–IV).

Nicht alle diese Hinweise über die chronologische Abfolge und Unterteilungen des Kampfes sind eindeutig, aber die 40 Jahre scheinen sich wie folgt zu erstrecken: (1.) Die 40 Jahre schließen fünf Sabbatjahre ein, in denen keine Kriegshandlung erlaubt ist. (2.) Die übrigen 35 Jahre sind in zwei Perioden unterteilt: (a) sechs Jahre, während der die gesamte Armee gegen die traditionellen Feinde Israels kämpft; (b) 29 Jahre, während der sich nur Teile der Armee gegen andere Feinde wenden. All dies konnte vorhergesagt werden, weil Gott vor langer Zeit die Zeit bestimmt hatte, zu der das Böse vernichtet werden sollte.

Der Verfasser räumt der Beschreibung der in der Schlacht gebrauchten Trompeten, Banner, Formierungen und Waffen einen beträchtlichen Raum ein. Über lange Abschnitte hinweg behandelt er auch die physischen und altersmäßigen Voraussetzungen der Krieger und der von den führenden Priestern (und Leviten) in den Riten des Krieges ausgeübten Rolle. Ein weiterer wesentlicher Abschnitt des Textes wird von poetischen Stücken und Lobpreisungen Gottes eingenommen, der Israel in seinen historischen Schlachten geholfen hatte. Sie preisen ihn als die alleinige Quelle des Sieges, berufen sich auf ihn, daß er sich jetzt genauso wie in der Vergangenheit erweisen möge, und glorifizieren ihn dafür, daß er den großen Sieg bewirkt (Kol. X–XIV).

3.5.2 Texte über das Neue Jerusalem

Die Höhlen 1, 2, 4, 5 und 11 haben sieben Abschriften einer Schrift zu Tage gefördert, die das zukünftige Neue Jerusalem beschreibt. Die fragmentarischen Reste lassen viele Fragen der Interpretation offen, aber wo man dem Text folgen kann, breitet er einen Stadtplan aus, der einige Parallelen zu Städten außerhalb Israels sowie zu den Skizzen von Ez 40–48 und Offb 21 aufweist. Wir können daraus schließen, daß die in Frage kommende Stadt Jerusalem ist, jedoch nur weil darin der Tempel erwähnt wird (seine nach den zwölf Stämmen benannten Tore). Der Text hat die Form einer Rede eines Fremdenführers, der die visionären Häuser, Straßen, Türen, Türme, Eingänge und Treppenaufgänge in der Stadt zeigt. Für jeden Gegenstand, den der Führer zeigt, gibt es genaue Maße.

3.6 Weisheitstexte

Es ist immer noch zu früh, umfassend über die fragmentarischen Dokumente Auskunft zu geben, die in die Kategorie der Weisheitsschriften fallen, d.h. in die Kategorie von Büchern, die den Sprüchen, dem Buch Hiob, dem Prediger, dem Buch Sirach und der Weisheit Salomos ähneln. Die meisten dieser Texte sind noch nicht veröffentlicht, aber ihre Zahl scheint beträchtlich zu sein. Man sollte sich in Erinnerung rufen, daß das meiste des poetischen oder hymnischen Materials von Qumran von weisheitlicher Sprache geprägt ist (siehe oben 3.4.2.2). Ich erwähne hier nur einige wenige der zur Verfügung stehenden Texte.

3.6.1 4Q184

Der Text konzentriert sich auf eine Frau, die die Gerechten von dem zu befolgenden Pfad abzubringen droht. Sie wird in einer Begrifflichkeit dargestellt, die an die fremde Frau oder Ehebrecherin im Buch der Sprüche erinnert (siehe Spr 7), die den einfachen Mann mit der List einer Prostituierten anlockt.

3.6.2 4Q185

Der Verfasser ermuntert die Leser, weise zu werden und sich der Wunder zu erinnern, die den Exodus aus Ägypten begleiteten. Wie die antiken Weisheitslehrer spricht er sie als seine Söhne an. Ihnen wird gesagt, sie sollten Gottes Weisheit suchen, von der vielerlei Segen ausgeht:

> „und Er hat getötet die Hasser[Seiner Weis]h[eit (?) .....] .. [...] wird/soll sagen der .... [...] .. und sie fand und fe[stigte] in ihr Erbe und stärkte Wohlstand und Herzensfreude. [..] und Seine Gnadenerweise ..... [.....] .. Glücklich ein Mensch, der sie tut" (4Q185 II,11–13)

3.6.3 Andere Texte

Man gewinnt einen Eindruck vom Umfang dieser Kategorie, wenn man sich vor Augen hält, daß 4Q408, 410–413, 415–422, 423–426, 472–476, 525 und 560 (?) alle – in unterschiedlich sicherem Maße – als Weisheitstexte identifiziert worden sind.

3.7 Die Kupferrolle (3Q15)

In Höhle 3 wurden zwei Abschnitte eines Textes gefunden, der in Kupfer geprägt war (3Q15). Es ist das einzige Werk in Qumran, das nicht auf Leder oder Papyrus geschrieben wurde. Als man die Rolle fand, war das Kupfer durch und durch oxydiert, so daß sie nicht aufgerollt werden konnte. Einige Jahre nachdem man sie aus der Höhle geborgen hatte, trennte ein Experte am *Manchester College* in England – Professor H. Wright Baker – die Rolle in Streifen vertikalen Zuschnitts. 1962 veröffentlichte J. T. Milik die zwölf Kolumnen des Textes im dritten Band (*Les ‚petites grottes' des Qumrân*) der offiziellen Reihe *Discoveries in the Judaean Desert*. John Allegro hatte allerdings schon 1960 den Text in seinem Buch *Treasure of the Copper Scroll* herausgegeben und übersetzt.

Diese Rolle hat sich als Rätsel in der Qumranforschung erwiesen, da wirklich niemand weiß, was sie ist bzw. welche Bedeutung ihr der Verfasser beimaß. Einige sehen sie als für das Verständnis des Wesens der in Qumran gefundenen Manuskriptsammlung äußerst wichtig an, während andere dazu neigen, sie als abstruses Produkt einer überhitzten nach Schätzen lechzenden Phantasie abzutun. Milik datierte sie um 100 n.Chr., weit nach der Zerstörung der Qumransiedlung. Falls er recht hat, hätte sie nichts mit jener Gemeinschaft zu tun; sie wäre von einem anderen in der Höhle deponiert worden.

Ihr Inhalt ist langweilig und nüchtern. Die Rolle nennt 64 Orte in Palästina, an denen Schätze versteckt sein sollen. Die Schätze bestehen aus Metall (Gold und Silber) und anderen Wertsachen, einschließlich einiger Schriften, von denen es heißt, daß sie in der Nähe der anderen Sachen versteckt seien. Obwohl es schwer ist, den Wert des Schatzes zu bemessen, häufen sich die Werte auf Tonnen von Wertmetallen. Nach einer These der Anhänger eines wörtlichen Verständnisses zählt die Kupferrolle die Versteckplätze auf, wo die Tempelschätze verstaut wurden, um sie vor den Römern zur Zeit des ersten Jüdischen Krieges zu verwahren, oder wo Bar Kochba und seine Anhänger ihren Reichtum während des zweiten Aufstandes verwahrten. Miliks Datierung würde die letztere Möglichkeit ausschließen. Es ist wahrscheinlich, daß ein Verfasser, der die Mühe auf sich nahm, seine vielen Worte in Kupfer zu prägen, beabsichtigte, sie dauerhaft aufzuzeichnen.

Natürlich wurden Versuche gemacht, einige der in der Rolle genannten Wertsachen zu finden. So leitete z.B. John Allegro 1962 eine Expedition, die einige der in der Rolle erwähnten Orte ausgraben sollte. Leider wurden die Schatzgräber enttäuscht. Falls solche Verstecke je existierten, wurden sie schon in der Vergangenheit geplündert. Die Erforschung der Kupferrolle ist von Unsicherheiten beherrscht. Sie wird jetzt in Amman in Jordanien aufbewahrt.

3.8 Urkundliche Texte

Die in Qumran gefundenen fragmentarischen Werke umfassen auch eine Anzahl von Schriftstücken urkundlicher Natur. In Höhle 4 wurden Briefe gefunden (4Q342–343), ein Schuldanerkenntnis (4Q344), Dokumente den Landverkauf betreffend (4Q345–346), geschäftliche „Vereinbarungen" (347–348), ein Dokument, das den Verkauf von Eigentum betrifft (349), sowie mehrere Getreideabrechnungen (350–354) und Geldabrechnungen (355–358). Vielleicht gibt es noch weitere solcher Texte unter den noch unidentifizierten Stücken. Wie ich unten (Kap. 3 Abschn. 3.2) noch ausführen werde, hat diese Art von Dokumenten – obwohl sie keine interessante Lektüre sind – ihre eigene Bedeutung für die Bestimmung des Typus der Gruppe, die wahrscheinlich mit den Schriftrollen in Verbindung zu bringen ist. Es sollte auch angemerkt werden, daß diese Texte erst kürzlich öffentliches Interesse gefunden haben.

Die Qumranhöhlen haben noch weitere fragmentarische Werke ans Tageslicht gebracht. Die hier vorgestellten dürften aber reichen, um einen guten Eindruck von den Funden zu vermitteln. Die in den drei großen Kategorien besprochenen Texte belaufen sich auf ungefähr 530 von insgesamt 800 Qumranmanuskripten. Viele der übrigen sind einfach zu klein oder zu beschädigt, um sie identifizieren zu können, oder fügen den hier gegebenen Informationen nicht viel hinzu. Kapitel 3 behandelt die Frage, wer diese Rollen geschrieben hat.

Bibliographische Angaben

1992 wurden erstmals Listen der noch unveröffentlichten Qumranmanuskripte (aus den Höhlen 4 und 11) veröffentlicht. Siehe: Emanuel Tov, The Unpublished Qumran Texts from Caves 4 and 11, Journal of Jewish Studies 43 (1992), S. 101–136 (auch abgedruckt in der Zeitschrift Biblical Archaeologist 55 [1992], S. 94–104).

Eine umfassende Liste aller Qumranmanuskripte und -fotografien wurde von S. A. Reed in 14 Teilbänden zusammengestellt: The Dead Sea Scrolls Inventory Project: Lists of Documents, Photographs and Museum Plates, Claremont 1992. Die neueste Liste befindet sich nun in: The Dead Sea Scrolls on Microfiche: Companion Volume, ed. Emanuel Tov, Leiden/New York/Köln 1993, S. 17–72.

Von den Pseudepigraphen des Alten Testaments gibt es noch keine neuere deutsche Gesamtausgabe. Einige der Texte sind jedoch in der Reihe „Jüdische Schriften aus hellenistisch-römischer Zeit" (Gütersloh 1974ff) zu finden.

Die Nachweise über die Position von J. T. Milik zum Henochbuch finden sich in seinem Buch Books of Enoch: Aramaic Fragments of Qumrân Cave 4, Oxford 1976.

Die Auslegung der Jahreszahlen in der Kriegsregel stammt von Yigael Yadin, The Scroll of the War of the Sons of Light Against the Sons of Darkness, Oxford 1962.

Kapitel 3

Wer war die Qumrangruppe?

Wer schrieb die Rollen, die in den elf Höhlen in Qumran gefunden wurden? Diese Frage wird seit den frühesten Tagen der Qumranforschung ausführlich erörtert und ist kürzlich wieder zum Kontroverspunkt geworden.

1. Die Essener-Hypothese

Eleazar Sukenik, der im November und Dezember 1947 drei Rollen von einem Antiquitätenhändler in Betlehem erwarb, vertrat als erster Wissenschaftler die These, daß die Rollen in Verbindung mit den Essenern zu bringen seien (siehe Kap. 1). Die Essener waren eine der drei jüdischen Gruppen bzw. „Philosophien" der Antike, die der Historiker Josephus nennt und beschreibt; die anderen beiden (oder drei, wenn wir die Zeloten dazurechnen) waren die bekannteren Pharisäer und die Sadduzäer, die wir auch aus den Evangelien und der Apostelgeschichte des Neuen Testaments kennen. Josephus berichtet, daß sie von der Mitte des 2. Jahrhunderts v.Chr. an bis zur Zerstörung Jerusalems im Jahre 70 n.Chr. aktiv gewesen sind.

1.1 Der Beleg bei Plinius dem Älteren

Als Sukenik die Gemeinderegel las, die die Lebensweise einer Sekte in der Wüste bestimmt, nahm er eine Verbindung zwischen Qumran und den Essenern an. Schon 1948 schrieb er, er denke an die Essener, weil er wußte, daß antike Quellen eine Gruppe von Essenern an die Westseite des Toten Meeres nahe En Gedi verorteten. Obwohl Sukenik die Quelle nicht eigens nannte, bezog er sich zweifellos auf eine bestimmte Passage in der „Naturkunde" *(Naturalis Historia)* des römischen Historikers Plinius d.Ä. (23–79 n.Chr.), die dieser etwa im Jahre 77 n.Chr. herausgegeben hat. In diesem Buch stellt Plinius eine detaillierte Darstellung von Orten und Sehenswürdigkeiten des ganzen römischen Reiches und darüber hinaus (von Spanien bis Indien) zusammen. An der Stelle, wo er das syrisch-palästinische Gebiet beschreibt, kommt er selbstverständlich auch auf das Tote Meer, den tiefsten Punkt der Erde, zu sprechen. Im Verlauf seiner Darstellung schreibt er:

> „Im Westen weichen die Essener von den Küsten zurück, soweit diese ungesund sind, ein einsamer und auf dem ganzen Erdkreis vor allen anderen merkwürdiger Stamm, ohne jede Frau, jeder Wollust abhold, ohne Geld und nur in Gesellschaft von Palmen. Er erneuert sich gleichmäßig Tag für Tag durch die Menge der Neuankömmlinge, da viele dorthin wandern, die das Schicksal durch seine Stürme als Lebensmüde veranlaßt, ihre Sitten anzunehmen. So besteht ein Stamm, bei dem niemand geboren wird, über Jahrhunderte fort, was unglaublich scheint. So fruchtbar ist für jene der Lebensüberdruß anderer! Unterhalb von ihnen lag die Stadt Engada, die zweite nach Hierosolyma hinsichtlich der Fruchtbarkeit und wegen der Palmenhaine, jetzt ist sie ebenfalls ein Schutthaufen." (Plinius, Naturkunde, V, 73)

Plinius lokalisiert den Stamm (lateinisch: *gens*) der Essener an der Westseite des Toten Meeres zwischen seinem Nordende und En Gedi, das er südlich ihres Wohnortes („unterhalb", lateinisch: *infra hos*) annimmt. Viele Wissenschaftler haben hervorgehoben, daß das von Plinius beschriebene Gebiet keine archäologischen Hinweise auf irgendein anderes Siedlungszentrum als das von Qumran aufweist. Manche argumentieren, die von Plinius gebrauchten Worte „unterhalb" *(infra hos)* deuteten an, die Essener-Siedlung sei auf den Bergen über En Gedi zu suchen, aber die Worte scheinen doch eher die Bedeutung „südlich von" zu haben. Darüber hinaus weisen diese Hügel keine Spuren einer gemeinschaftlichen Besiedelung auf.

Sukenik zog die Darstellung des Plinius nur indirekt zur Erörterung der Rollen heran. Bis heute bleibt sie aber eine der zwei Säulen, auf denen die weithin akzeptierte Theorie der essenischen Verfasserschaft der Schriftrollen ruht. Mit den Schriften des Plinius liegt das Zeugnis eines paganen Autors vor, der – soweit sich das sagen läßt – keinen Grund hatte, seine Geschichte zu erfinden. Ihmzufolge lebten die Essener an der Westseite des Toten Meeres in einem Gebiet, das gerade um Qumran herum zu liegen scheint, wo die Rollen gefunden wurden.

Das scheinbar eindeutige Zeugnis des Plinius ist jedoch nicht unhinterfragt geblieben. Ganz offensichtlich macht er in dem zitierten Abschnitt einige Fehler, oder die Fehler gelangten durch einen Irrtum der Abschreiber in das Manuskript seines Buches. So sagt der Text beispielsweise, daß En Gedi, was Fruchtbarkeit und

Zahl der Palmen angeht, gleich nach Jerusalem an zweiter Stelle stand, aber es scheint doch sehr unwahrscheinlich, daß En Gedi mit Jerusalem verglichen wird. Der Text sollte an dieser Stelle wahrscheinlich „Jericho“ heißen; vielleicht hat der Verfasser diese Orte verwechselt, weil er sie nicht selbst kannte.

Aber das größere Problem betrifft die Abfassungszeit. Wie oben ausgeführt, schloß Plinius sein Werk *Naturkunde* im oder um das Jahr 77 n.Chr. ab. Man kann dieses Datum daraus erschließen, daß Plinius über Ereignisse wie die Zerstörung Jerusalems im Jahre 70 (erwähnt im unteren Teil des oben zitierten Absatzes) und vielleicht sogar über die Eroberung Masadas (73 n.Chr.) Bescheid wußte und weil er das Buch Titus gewidmet hat, ehe dieser im Jahre 79 Kaiser wurde (Plinius selbst starb 79, als ihn seine Neugier zu nahe an den ausbrechenden Vesuv brachte). Wenn die Theorie von Roland de Vaux zutrifft, daß die Qumransiedlung im Jahre 68 n.Chr. zerstört wurde, dann veröffentliche Plinius seine *Naturkunde* etwa neun Jahre, nachdem die Römer die Geschichte der Sekte in Qumran beendet hatten. Das würde an und für sich kein Problem darstellen, aber Plinius beschrieb – wie verschiedene Forscher kommentierten – die Essener-Siedlung im Präsens: „Er erneuert sich ... durch die Menge der Neuankömmlinge – *convenarum turba renascitur, large frequentantibus* ... So besteht ein Stamm, bei dem niemand geboren wird, über Jahrhunderte hinweg – *ita per saeculorum milia ... gens aeterna est, in qua nemo nascitur*“. Der Text besagt demnach, so die Argumentation, daß die Essener zur Abfassungszeit an der Westküste des Toten Meeres lebten, d.h. ungefähr 77 n.Chr. Aus diesem Beleg würde entweder folgen, daß die von Plinius erwähnten Essener nicht in Qumran waren, da die Gebäude von Chirbet Qumran nicht mehr länger standen, oder daß die Gemeinschaft, falls die Essener doch dort waren, nicht durch die Römer im Jahre 68 oder 70 n.Chr. zerstört wurde, wie die gängige Theorie lautet.

Ein solcher Einwand stellt jedoch kaum ein überzeugendes Gegenargument gegen die Behauptung dar, daß Plinius jene Essener beschrieb, die in der Gegend von Qumran lebten. Wenn Plinius etwas im Präsens beschreibt, müssen die beschriebenen Ereignisse keineswegs in die Abfassungszeit des Buches fallen. Wir können nicht überprüfen, ob Plinius über die Zerstörung der Qumransiedlung – wenn sie es ist, die er beschrieb – Bescheid wissen konnte, als er seine Notizen für die Veröffentlichung aufzeichnete. Qumran war ein abseits gelegener Ort, nicht einmal im entferntesten so berühmt wie Jerusalem oder Masada. Daher sagt die von Plinius im

Präsens geschriebene Notiz über die Essener, die an der Westküste des Toten Meeres lebten, womöglich nichts darüber, ob die Essener-Gemeinde, von der er schreibt, existiert hat, als sein Buch erschien. Es sagt etwas über die Umstände zu der Zeit aus, als er die Gegend besuchte (falls er dies tat) und seine Notizen zusammenstellte, nicht notwendigerweise aber etwas über die Umstände, als er seine *Naturkunde* herausbrachte. Vielleicht folgt er in diesem Falle einfach seinem üblichen Schema, nach dem er Menschen, Orte und Dinge im Präsens beschreibt.

Eine schlagkräftigere Erwiderung auf das Gegenargument bezieht sich darauf, wie Plinius seine *Naturkunde* zusammenstellte. Plinius war ein eifriger Leser, der in großem Maße Informationen aus anderen Quellen übernahm. Er selbst hat zugegeben, daß er so vorging, und nennt gut hundert Quellen, aus denen er die Daten entnommen hat, die er in seinem Buch zusammenstellte. Im Hinblick auf Buch V, in dem der Essener-Abschnitt vorkommt, nennt er 59 herangezogene Quellen. Die *Naturkunde* enthält offensichtlich weit mehr aus Quellen übernommene Informationen als eigene Worte des Plinius. Sein quellenorientiertes Vorgehen macht es wahrscheinlich, daß Plinius in seinem Abschnitt über die Essener einen anderen Schriftsteller zitierte. Wenn dies zutrifft, dann gibt der Zeitpunkt der Veröffentlichung seines Buches keinen Aufschluß darüber, ob er die Qumrangruppe hat beschreiben können. Wenn er aus einer älteren Quelle zitierte, könnte deren Verfasser derjenige gewesen sein, der das Präsens zur Beschreibung der Essener gebraucht und tatsächlich die Qumrangruppe beobachtet hat. Wenn des weiteren der Fehler über Jerusalem und En Gedi in den Text gehört, könnte man nur daraus schließen, daß Plinius selbst das Gebiet wohl nicht besucht hat, weil er dann besser Bescheid gewußt haben könnte. Der Fehler kommt jedoch nicht im Absatz über die Essener vor, über die Plinius gut informiert gewesen zu sein scheint, sondern stammt vermutlich aus einer Quelle. Es ist daher sehr wahrscheinlich, daß die *Naturkunde* von den Bewohnern von Qumran handelt.

Nur ein einziger weiterer Text verortet die Essener an den Ufern des Toten Meeres. Dion Chrysostomus (etwa 40 bis mindestens 112 n.Chr.) soll über sie geschrieben haben, obwohl der Bericht in keinem seiner Werke erhalten ist. Aber in einer Biographie von Synesios von Kyrene (etwa 400 n.Chr.) heißt es über ihn: „Daneben preist Dion an einer Stelle auch die Essener, eine ganze glückliche Gemeinde, die am Toten Meer im Inneren Palästinas liegt, ganz in der

Nähe von Sodom." (3,2) Da die Dion zugeschriebenen Worte sich wesentlich von denen des Plinius unterscheiden, stammen sie wahrscheinlich nicht aus der *Naturkunde* von Plinius, sondern stellen eine unabhängige Bestätigung dafür dar, daß die Essener nahe am Toten Meer lebten.

Plinius sagt folgendes über die Bevölkerung der Essener von Qumran: (1.) Sie sind in einigem Abstand von der übelriechenden Meeresküste zu lokalisieren (und vielleicht davon isoliert). (2.) Sie leben ohne Frauen. (3.) Sie haben jeglichem sexuellen Verlangen abgeschworen. (4.) Sie besitzen kein Geld. (5.) Sie haben nur Palmen als Gesellschaft (d.h. sie sind isoliert; siehe oben Nr. 1). (6.) Menschen, die den Versuchungen des Lebens entfliehen wollen, treten ihnen täglich bei. (7.) Auf diese Weise besteht die Gruppe für immer, obwohl keine Kinder geboren werden (siehe Nr. 2). Zu dieser Liste fügt Dion Chrysostomus hinzu, daß sie eine wohlhabende Stadt besessen haben.

Falls sich beweisen ließe, daß die Qumrantexte selbst eine Identifikation ihrer Verfasser mit den Essenern nahelegen, hätte man zwei sehr unterschiedliche Beweismittel zur Begründung der Essener-Hypothese.

1.2 Die Qumrantexte und die Glaubens- und Lebensweise der Essener

Das zweite grundsätzliche Argument für die Identifizierung der Einwohner von Qumran mit den Essenern besteht darin, daß die in den antiken Quellen (Josephus, Plinius, Philon und andere) geschilderte Glaubens- und Lebensweise der Essener bemerkenswert gut mit der Glaubens- und Lebensweise übereinstimmt, wie sie in den Rollen vom Toten Meer vorkommt. Die aus der Gemeinschaft stammenden Texte stimmen weit stärker mit den Vorstellungen und Verhaltensweisen der Essener überein als das, was die Quellen über pharisäische, sadduzäische Ansichten und Lebensweise oder über andere Gruppen sagen. Der wichtigste Text für dieses Argument ist die Gemeinderegel – eine der ersten Rollen, die zugänglich gemacht wurde, und auch eine der am besten erhaltene. Sie beschreibt unter anderen Themen die Aufnahmeverfahren und Zeremonien für neue Mitglieder, einige fundamentale Glaubensvorstellungen der Qumrangruppe und Regeln, die das alltägliche Leben und die gemeinschaftlichen Versammlungen regeln. Da sie als eine Art von Verfassung für die Gemeinschaft fungierte, ist sie womöglich die Hauptquelle zur Identifizierung der Mitglieder der Gruppe. In den folgenden Abschnitten sollen die antiken Darstellungen der Essener mit verschiedenen Aspekten der Theologie und Lebensweise von Qumran verglichen werden.

1.2.1 Theologie

Josephus und andere antike Schriftsteller äußern sich zu verschiedenen essenischen Glaubensvorstellungen, von denen zahlreiche in den Schriftrollen vorkommen. Einige davon sollen hier aufgeführt werden, um das Wesen der Belege zu beleuchten.

1.2.1.1 Determinismus

Ein Punkt, an dem sich die Beschreibung der Essener und der Inhalt der Gemeinderegel und andere Qumrantexte auf überraschende Weise decken, ist die Lehre vom Schicksal oder Determinismus. Nach Josephus hatten die drei jüdischen Parteien unterschiedliche Meinungen in dieser Frage:

„Die Pharisäer behaupten, daß manches, aber nicht alles das Werk des Verhängnisses sei, manches dagegen auch freiwillig geschehe oder unterbleibe. Die Essener hingegen lehren, alles stehe unter der Macht des Verhängnisses und es komme bei den Menschen nichts vor, das nicht vom Geschicke bestimmt sei. Die Sadduzäer endlich wollen überhaupt nichts vom Verhängnis wissen und glauben, es geben weder ein Verhängnis noch richte sich der Menschen Geschick danach, sondern alles geschehe nur nach unserem Willen, so daß wir ebenso die Urheber unseres Glückes seien, als wir auch unser Unglück uns durch unseren eigenen Unverstand zuzögen." (Ant. XIII,172f)

Die dritte und vierte Kolumne der Gemeinderegel bringen eine durch und durch prädestinatorische Theologie der Weltgeschichte sowie der menschlichen Bestrebungen zum Ausdruck – eine Sicht, die den Leser unmittelbar an die Worte von Josephus erinnert:

„Vom Gott der Erkenntnisse (stammt) alles Seiende und Gewordene, und bevor sie ins Dasein getreten, setzte Er ihren ganzen Plan fest. Und wenn sie entsprechend dem Gedanken seiner Herrlichkeit zu ihren (eigenen) Zeugnissen geworden, erfüllen sie ihre Werke und nichts (gibt es) zu ändern" (1QS III,15–16).

Ein paar Zeilen weiter schreibt der Verfasser:

„Durch einen Finsternisengel (geschieht) der Irrtum aller Gerechtigkeitssöhne, und all ihr Sünde(n), ihre Verschuldungen, ihre Schuld, und ihre treulosen Taten (geschehen) durch seine Herrschaft entsprechend Gottes Geheimnissen bis zu seinem Ende." (1QS III,21–23)

Nach Josephus bringen solche Ansichten die Qumrangruppe in direkten Gegensatz zur sadduzäischen Position, etwas näher, obwohl deutlich unterschieden, an die pharisäische Theorie und in volle Übereinstimmung mit der der Essener. Von daher unterscheidet die Determinismuslehre die hinter der Gemeinderegel stehenden Menschen von allen bekannten jüdischen Parteien – mit Ausnahme der Essener.

Diese Schicksals- bzw. Prädestinationslehre ist keineswegs auf die Gemeinderegel beschränkt. Wenn dem so wäre, könnte man argumentieren, daß ein essenischer Verfasser tatsächlich die Gemeinderegel, aber keine weiteren Qumrantexte geschrieben hat. Andere gut erhaltene sowie eine Reihe mehr fragmentarischer Texte drükken jedoch denselben Glauben aus. Zu den ersteren gehört die Hymnenrolle (*Hodayot*) und die Kriegsregel. Besonders die erste Kolumne der Hymnenrolle ist reich an prädestinatorischen Ansichten.

„und in Dein[er] Weisheit [........] Ewigkeit,
und bevor Du sie erschaffen, kanntest Du (schon)
{all} ihre Werke für immer und e[w]ig." (1QH IX,7–8)

In derselben Kolumne finden sich diese Zeilen:

„Und Du teilst es all ihren Sprößlingen zu
nach Generationenanzahl auf ewig
und allen Jahren immerdar.
[................] und durch die Weisheit Deiner Erkenntnis
hast Du fest[ges]etzt ihr Zeu[gnis]
bevor sie geworden,
und auf Grund. [............].. von allem
und ohne Dich wird es nicht getan. [(leer)]" (1QH IX, 18–20)

Darüber hinaus setzt das gesamte Szenario der Kriegsregel eine Prädestinationslehre voraus: Gott hat vor langer Zeit festgesetzt, wie die Geschichte verlaufen wird. Der Endkampf wird einfach seinem ewigen Plan folgen, weil Gott die gesamte Kontrolle darüber hat. Zu diesen Zeugnissen paßt auch die Damaskusschrift, die von den Abirrenden sagt:

„Doch Kraft und Macht und großer Grimm in Feuerflammen
durch <die Hand> aller Verderberengel (gilt)
den Weg-Abweichlern und Vorschrift-Verächtern,
ohne Rest und Entronnene für sie.
Denn Gott erwählte sie nicht, von uran [sic!] her,
und bevor sie gegründet worden,

wußte Er (schon) ihre Taten
und verabscheute die Generationen ihres <..>
Er verbarg Sein Antlitz vor dem Land
... bis zu ihrer Vollendung.
Und Er gab bekannt die Dienst-Jahre
und die Anzahl und Darlegung ihrer Zeiten
für alles Geschehen auf ewig
und Geschehenes immerdar,
was in ihren Zeit kommt
für alle Jahre auf ewig." (CD II,6–10)

Solche Verweise sind nicht auf Texte der Höhle 1 beschränkt. Abschriften der Hymnenrolle, der Kriegsregel und der Damaskusschrift sind in Höhle 4 gefunden worden, Abschriften der Gemeinderegel und der Damaskusschrift in Höhle 5 und der Damaskusschrift in Höhle 6. Andere Werke weisen ein ähnliches Denken auf. Ein Beispiel ist das „*Ages of Creation*" (Perioden der Schöpfung) genannte Fragment (4Q180), in dem in zwei Abschnitten fast dieselben Worte gebraucht werden wie in einigen der oben zitierten Aussagen: „Eine Deutung hinsichtlich der Zeitabschnitte: daß {Gott} eine Zeit gemacht hat, um zu vollend[en alles Seiende] und Gewordene. Bevor Er sie geschaffen, hat Er [ihre] Tätigkeiten festgesetzt [– –]" (Frg. 1,1–2; siehe auch Frg. 1,2–4; II,10). Die hinter der in Qumran üblichen Bibelauslegung stehende Theorie ist von demselben Denken abhängig: Die Geheimnisse der letzten Tage sind von Gott in den biblischen Prophezeiungen verschlüsselt. Er kennt nicht nur die Zukunft, sondern läßt sie auch geschehen, wie er sie von Anbeginn bestimmt hat. Eine Anzahl von Texten aus den Höhlen erwähnt himmlische Tafeln, auf denen die gesamte Geschichte aufgezeichnet steht. Auch diese Vorstellung ist ein Ausdruck einer deterministischen Theologie.

Die oben zitierten bzw. erwähnten Abschnitte sind keineswegs alle Belege einer deterministischen Theologie in Qumran. Sie zeigen, daß dieses Denken in verschiedenen Dokumenten aus unterschiedlichen Höhlen vorhanden ist. Diese Theologie ist nicht auf einen einzigen Text bzw. Fundort begrenzt.

1.2.1.2 Das Leben nach dem Tode

Ein zweiter theologischer Glaubenssatz, den man gerne mit den Schriftrollen und den antiken Beschreibungen der Essener vergleicht, bezieht sich auf das Leben nach dem Tode. Was geschieht, wenn jemandes irdisches Leben zu Ende geht? Das Alte Testament (die hebräische Bibel) sagt wenig darüber aus. Nur gegen Ende des alttestamentlichen Zeitalters finden sich einige wenige Hinweise auf die Auferweckung von einzelnen (siehe Dan 12,2). Dies war ein weiterer Punkt, an dem sich nach Josephus die drei jüdischen Parteien unterschieden. Die Pharisäer glaubten, daß die Toten auferweckt würden, während die Sadduzäer leugneten, daß ein solches Wunder geschehen werde. Was die Essener angeht, so schreibt Josephus:

> „Denn kräftig lebt bei ihnen die Überzeugung: vergänglich seien zwar die Leiber und ihr Stoff sei nichts Bleibendes, die Seelen aber seien unsterblich und würden immer bestehen; sie seien zwar, nachdem sie, aus feinstem Äther bestehend, in einem Schwebezustand waren, mit den Leibern wie mit Gefängnissen verbunden, durch einen sinnlichen Liebeszauber herabgezogen; wenn sie aber aus dem fleischlichen Fesseln befreit seien, wie aus langer Knechtschaft erlöst, dann würden sie Freude haben und sich in die Höhe schwingen. In Übereinstimmung mit den Söhnen der Griechen tun sie dar, daß den guten Seelen ein Leben jenseits des Ozeans beschieden sei und ein Ort, der von Regen und Schnee und Hitze nicht belästigt wird, dem vielmehr vom Ozean her ein ständig sanft wehender Zephir Frische spendet." (Bell. II,154–155)

Diese Beschreibung enthält eigentümliche Züge. Auffällig ist die Feststellung, daß die Essener, die sonst als Gegner heidnischer Lehren gezeichnet werden, mit den Griechen vergleichbar seien und sogar späteren leibfeindlichen Gruppen wie den der Gnostiker glichen. Josephus schreibt an einer anderen Stelle denselben Glauben den Pharisäern zu, die – nach dem Zeugnis anderer Texte – glaubten, daß es eine Auferstehung der Toten geben werde.

Die antiken Quellen zur essenischen Theologie widersprechen sich hinsichtlich des postmortalen Schicksals des Leibes. Während Josephus behauptet, daß die Essener die Unsterblichkeit der Seele und den Zerfall des Leibes annahmen, charakterisiert Hippolyt von Rom (ca. 170–235 n.Chr.) ihre eschatologischen Vorstellungen ganz anders. Hippolyt, Presbyter und vielleicht Bischof der Kirche in Rom, schrieb eine „Widerlegung aller Häresien" *(Refutatio omnium haeresium)*, in der er die Essener ebenso wie Josephus, mit Ausnahme des essenischen Glaubens hinsichtlich des Schicksals des Leibes, beschreibt: „Festgehalten wird bei ihnen an der Lehre von der Auferstehung; sie bekennen, daß auch das Fleisch nach der Auferstehung unsterblich sein werde, wie es die Seele schon jetzt sei" (IX,27). Ein mechanischer Fehler oder einer, der auf einen Abschreiber zurückgeht, kommt als Erklärung für den Widerspruch zwischen

Josephus und Hippolyt, die beide aus einer gemeinsamen Quelle Informationen geschöpft haben können, nicht in Frage. Wer von beiden beschreibt zutreffender?

Es versteht sich, daß die eschatologischen Glaubensvorstellungen der Essener einem Außenstehenden nicht völlig klar erscheinen, weil manche Ausdrücke unterschiedlich aufgefaßt werden können. Ein Abschnitt, der in Verbindung mit dem Bericht des Josephus angeführt werden kann, stammt aus der Hymnenrolle:

> „[(leer)] ich danke Dir, Herr!
> Denn Du hast meine Seele aus Verderben erlöst
> und aus Höllenabgrund mich erhoben
> zu ewiger Höhe,
> daß ich wandle auf ebenem Plan ohne Grenze.
> Ich weiß, daß es Hoffnung gibt für einen,
> den Du gebildet aus Staub für einen ewigen Rat,
> einen verkehrten Geist hast Du gereinigt
> von viel Vergehen,
> um sich hinzustellen am Posten
> mit einem Heer von Heiligen
> und um in eine Einung zu treten
> mit einer Gemeinschaft von Himmelssöhnen.
> Du warfst dem Mann ein ewiges Los
> mit Geistern der Erkenntnis,
> Deinen Namen zu loben in gemeinschaftlichem Jubel
> und Deine Wunder zu erzählen vor all Deinen Werken. (1QH XI,19–23)

Die Gemeinschaft mit den Himmelssöhnen, die hier zum Ausdruck kommt, könnte als Reflexion über das Leben der Seele mit den Engeln nach dem Tod des Leibes verstanden werden. Es scheint jedoch wahrscheinlicher, daß der Lieddichter über die gegenwärtige Erfahrung der Mitglieder seiner Gruppe spricht.

Das in Qumran weit verbreitete Jubiläenbuch spricht ebenfalls sehr verwirrend:

> „Dann wird der Herr heilen seine Sklaven, und sie werden sich erheben, und sie werden einen großen Frieden schauen. Und sie werden seine Feinde vertreiben. Und die Gerechten werden schauen und Dank sagen und sich freuen bis in die Ewigkeit der Ewigkeit in Freude. Und sie werden an ihren Feinden all deren Gericht sehen und all ihre Verfluchung. Und ihre Knochen werden in der Erde ruhen. Und ihr Geist wird viel Freude haben, und sie werden erkennen, daß es der Herr ist, der Gericht hält und der Güte wirkt an Hunderten und an Tausenden und an allen, die ihn lieben." (Jub XXIII,30–31)

Der Verfasser erwähnt die Auferweckung von Gottes Dienern, aber auch, daß ihre Gebeine in der Erde ruhen, während ihr Geist viel Freude haben wird.

Vor gut zehn Jahren veröffentlichte ein französischer Wissenschaftler eine Übersetzung einer Wendung über die Auferstehung in einem unveröffentlichen Qumrantext. Der der Übersetzung zugrunde liegende Text ist erst seit kurzem zugänglich. Er könnte eine Bestätigung dafür bieten, daß wenigstens ein Schreiber in Qumran glaubte, daß am Ende die Leiber auferstehen würden. Der betreffende Text, 4Q521, erwähnt einen Messias und handelt später davon, was der Herr tun wird. Es ist nicht ganz klar, wer der in der Zeile genannte Handelnde ist – der Messias oder Gott –, aber der Kontext legt letzteres nahe: „Dann heilt Er Durchbohrte und Tote belebt Er“ (Zeile 12). Die Verbalwendung „Tote belebt er“ muß nicht im Sinne einer Auferweckung verstanden werden, ist aber wahrscheinlich in diesem Zusammenhang so gemeint. Vor dem Hintergrund von 4Q521 liegt es nahe, daß das Zeugnis des Hippolyt bezüglich dieses Glaubensartikels essenischer Theologie zutreffend ist und daß Josephus eine Deutung essenischen Glaubens wiedergibt, die zwar irreführend, aber verständlich aus einigen Ausdrücken in den Texten abgeleitet ist. Aber selbst die Ausdrucksweise des Josephus muß den Essenern einen Glauben an die leibliche Auferweckung nicht absprechen.

1.2.2 Lebensweise

Neben den mit den Essenern gemeinsamen theologischen Glaubensvorstellungen bei Josephus und den Verfassern der Qumrantexte gibt es weitere Übereinstimmungen, die sich auf das Verhalten konzentrieren. Verschiedene Verhaltensweisen, die für Josephus die Essener charakterisieren, werden auch in den Rollen vorgeschrieben.

1.2.2.1 Ablehnung von Öl

Josephus lenkt die Aufmerksamkeit darauf, daß die Essener Öl vermieden, das die Menschen auf ihren Körper auftragen. „Für Schmutz hielten sie das Öl, und wenn jemand wider seinen Willen gesalbt worden ist, dann wischt er seinen Körper ab, denn sie halten es für wohlanständig, eine rauhe Haut zu haben und allezeit weiße Kleidung zu tragen.“ (Bell. II,122) Der Historiker beschreibt diese Besonderheit zwar, gibt aber keine zufriedenstellende Erklärung, warum die Essener sich weigerten, Öl auf ihre Haut aufzutragen.

Die Qumrantexte sind da hilfreicher. Sie deuten an, daß die Leute von Qumran glaubten, daß Flüssigkeiten schnelle Überträger ritueller Unreinheit von einem Gegenstand zum anderen seien. In 4QMMT erfahren wir, daß ein Flüssigkeitsstrom rituelle Verunreinigungen von einem Behälter auf einen anderen überträgt. Von daher vergrößerte man durch das Auftragen von Öl auf die Haut die Gefahr, mit Unreinem von Gegenständen und Personen in Berührung zu kommen. Um Verunreinigung zu vermeiden, vermieden sie daher, Öl auf ihre Haut aufzutragen. Die Damaskusschrift scheint diesen Punkt zu behandeln: „Und alle Hölzer und die Steine und das Erdreich, die (so) befleckt werden durch die Unreinheit des Menschen, daß an ihnen schmierige Befleckungen haften: entsprechend deren Unreinheit verunreinigt sich, der sie ber[üh]rt.“ (CD XII,15-17) Der Punkt scheint der zu sein, daß das Öl selbst zwar nicht unrein ist, daß es aber Unreinheit überträgt und daher nicht benutzt werden sollte.

1.2.2.2 Eigentum

Ein zweiter Punkt, an dem die Schriftrollen und die antiken Beschreibungen der Essener übereinstimmen, hat mit dem Eigentum einzelner Essener zu tun. Plinius erwähnt, daß die Essener-Gruppe an der Westküste des Toten Meeres „kein Geld“ hat. Wie der jüdische Philosoph Philon (ca. 20 v.Chr.–50 n.Chr.) spricht Josephus bewundernd vom gemeinschaftlichen Besitz der Essener:

> „Sie sind Verächter des Reichtums, und bewundernswert ist bei ihnen der Gemeinschaftssinn; es ist auch unter ihnen niemand zu finden, der an Besitz hervorrage; denn es ist Gesetz, daß die in die Sekte Eintretenden ihr Vermögen dem Orden übereignen, so daß bei ihnen insgesamt weder die Niedrigkeit der Armut noch ein Vorrang des Reichtums in Erscheinung tritt, sondern nach Zusammenlegung des Besitzes der einzelnen nur ein Vermögen für alle als Brüder vorhanden ist.“ (Bell. II,122)

Diesen Punkt führt die Gemeinderegel für den Neuling genauer aus:

> „Hat er ein <Jahr innerhalb der Einung> verbracht, fragen die Vollmitglieder nach seinen Worten, seinen Verstand und seine Taten in der Torah, und wenn für ihn das Los (/die Entscheidung) dahin fällt, der Gemeinschaft *(sôd)* der Einung nahe zu kommen gemäß der Weisung der Priester und der Mehrheit der Männer ihres Bundes, dann bringe er auch seinen Besitz darin ein und seine Arbeit(serträge), (und zwar) zu Händen des Aufsehers über die Arbeit der Vollmitglieder. Und der schreibe es ihm gut auf ein Konto zu seiner Verfügung, aber er gebe es nicht für die Vollmitglieder aus. Er darf

das Getränk der Vollmitglieder nicht anrühren, bis er ein zweites Jahr innerhalb der Männer der Einung voll abgedient hat. Und hat er das zweite Jahr voll abgedient, soll man ihn nach Weisung der Vollmitglieder mustern. Wenn das Los für ihn (/zu seinen Gunsten) ausfällt, um der Einung näher zu kommen, schreibe man ihn in seine Rangfolge in der Ordnung *(serek)* mitten unter seine Brüder ein, für Torah, für Recht, für Rein{h}eit und für das Einbringen seines Besitzes, und sein Rat se{i} (zugelassen) für die Einung, und (so auch) sein Rechtsurteil. [(leer)]" (1QS VI,18–23)

Absichtliches Lügen hinsichtlich des Besitzes wurde mit einem Jahr Ausschluß vom „reinen Mahl" und durch Reduzierung der Essensration um ein Viertel (VI,24–25) bestraft. Weder Josephus noch ein anderer Schriftsteller sagt, daß die Essener arm waren, sondern daß sie ihre Güter zum Wohl der Gemeinschaft teilten, statt privates Eigentum anzuhäufen. Die Gemeinderegel erwähnt dieses Prinzip mehrfach (1QS I,11–12; V,2).

Neben solchen Aussagen enthält die Gemeinderegel einige Hinweise darauf, daß die Gruppe, deren Verhalten durch sie bestimmt wird, tatsächlich über ein gewisses Privateigentum verfügte: „Und wenn [(leer)] er gegenüber seinem Nächsten {sich fahrlässig verhält}, wird er drei Monate bestraft, und wenn er gegenüber einem Besitztum der Einung sich fahrlässig verhält, so daß es verloren geht, dann erstattet er es persönlich. [(Leerraum)] [(Leerzeilen)] Und falls er es nicht zu erstatten vermag, wird er {sechzig Tage} bestraft." (1QS VII,6–8) Die Möglichkeit der Erstattung verlorenen gemeinschaftlichen Besitzes legt nahe, daß das einzelne Mitglied über geringe persönliche Mittel verfügte, auf die es zurückgreifen konnte, um Schulden zurückzuzahlen. Vielleicht läßt sich dasselbe aus 1QS VII,24–25 folgern: „Und ein Mann von den Männern der Ein[ung: daß er sich nicht] einlasse mit ihm hinsichtlich seiner Reinheit oder seines Besitzes; w[er ....] der Vollmitglieder, dessen Urteil sei wie seines: Fortzu[schicken ist er.]" Es kann sein, daß ein neues Mitglied, wenn es seinen Besitz der Gemeinschaftskasse übergab, eine gewisse Kontrolle über dessen Verwendung behielt, obwohl die erste Sorge den Bedürfnissen der Gemeinschaft und ihrer Mitglieder galt.

Diese Zweideutigkeit in der Gemeinderegel stimmt auch mit dem Zeugnis des Josephus über die essenische Gütergemeinschaft überein; es lautet:

„Von den sonstigen Dingen setzen sie nichts ohne Anordnung der Aufseher ins Werk; nur dies beides ist bei ihnen der eigenen Entscheidung anheim gegeben: Hilfeleistung und Erbarmen. Denen nämlich zu helfen, die es wert sind, wenn sie es nötig haben, ist ihnen selbst überlassen, und den Bedürftigen Nahrung darzureichen. Den Verwandten etwas zuzuwenden ist ihnen jedoch nur mit Zustimmung der Aufseher gestattet." (Bell. II, 134)

Ihre Fähigkeit, Almosen zu geben, impliziert, daß sie über private Mittel dazu verfügten.

Der Punkt wird in der Damaskusschrift breiter entfaltet. Sie faßt eine andere Gemeinschaft ins Auge als die Qumrangesellschaft, die sich in der Gemeinderegel widerspiegelt. In der Damaskusschrift gehören die Mitglieder zwei „Lagern" an und sind offensichtlich in unterschiedlichen Städten in Israel zu finden. Die Schrift enthält Gesetze über verlorenes oder gestohlenes Eigentum:

„Und jeder, dem etwas verloren gegangen ist, wobei nicht bekannt ist, wer es gestohlen hat aus dem Vermögen des Lagers, in dem es gestohlen worden war, der lasse dessen Besitzer (Finder) schwören mit dem Fluchschwur. Und wer es hört und davon (etwas) weiß und zeigt es nicht an, macht sich schuldig." (CD IX,10–14)

Wenige Kolumnen weiter heißt es:

„Niemand von den Mitgliedern des Bundes Gottes soll Handel treiben mit den Söhnen des <Verderbens>, es sei denn für Barzahlung. [(leer)] Niemand unternehme etwas in bezug auf Kauf und Verkauf, außer er teilte es dem Aufseher mit, der im Lager ist, und handelt (somit) auf Beschluß, daß man[sich nicht versehe." (CD XIII,14–16)

Das Prinzip wird dann folgendermaßen erklärt:

„Und das ist die Ordnung der Vollmitglieder, um zu regeln alle ihre Angelegenheiten.

Einen Lohn von zwei Tagen mindestens für jeden Monat gebe man zu Händen des Aufsehers und der Richter. Davon soll man erstatten ihren [Ver]lust und davon soll man unterstützen einen/den Elenden und <den> Armen, einen/den Alten, der [gebrech]lich ist, einen/den Mann, der gesch[lag]en ist, einen, der zu einem fremden Volk verschleppt worden ist, eine Jungfrau, die [kein]en L[ös]er hat, [und] einen [Knaben, um d]en keiner sich kümmert ..." (CD XIV,12–16)

Die Quellen zeigen also ein ungewöhnliches Teilen der Güter, jedoch keine völlige Aufgabe privaten Eigentums oder Besitzes.

1.2.2.3 Das reine Mahl

Josephus beschreibt auch die essenischen Gemeinschaftsmähler. Die Essener arbeiten bis zur fünften Stunde des Tages (etwa 11.00 Uhr),

„und wenn sie unter Schweigen Platz genommen haben, setzt der Bäcker ihnen der Reihe nach die Brote vor, und der Koch setzt jedem ein Gefäß mit einem einzigen Gericht vor. Es spricht aber der Priester vor der Mahlzeit ein Gebet, und vor dem Gebet zu essen ist wider das Gesetz. Nach der Mahlzeit betet er wieder; zu Anfang und am Schluß ehren sie Gott als Spender des Lebens.“ (Bell. II,129–131)

Über die Mähler der Essener weiß Josephus mehr als die Qumranrollen. Trotzdem stimmen beide in einer Reihe von Einzelheiten derart überein wie keine anderen Berichte über irgendeine andere Gruppierung des Judentums. Die Wissenschaftler vergleichen den Hinweis des Josephus auf ein dem Mahl vorausgehendes Reinigungsbad häufig mit den schriftlichen und archäologischen Zeugnissen für Bäder in Qumran. Ein Satz in der Gemeinderegel bringt die Bäder mit dem reinen Mahl der Gruppe in Verbindung. Wenn der Gottlose beschrieben wird, erklärt die Regel unter anderen Kritikpunkten: „Er komme nicht ins Wasser, um die Reinheit der Männer der [He]iligkeit zu berühren, denn sie werden nicht gereinigt, außer sie kehren um von ihrer Bosheit, denn Unreines (haftet) an allen Übertretern Seines Wortes“ (1QS V,13–14). Die Regel betont auch mehrfach die unterschiedlichen Rangstufen, die die verschiedenen Mitglieder der Gruppe erreicht haben; wie Josephus dazu bemerkt, hatte der jeweilige Status für die Tätigkeiten in der Gruppe wichtige Folgen. Die sechste Kolumne der Regel enthält einige Unterweisungen über das Verhalten bei den Gemeinschaftsmählern: „gemeinschaftlich sollen sie essen“ (VI,2); diese Zeile folgt unmittelbar der Bemerkung: „und sie sollen gehorchen, der Kleine dem Großen, in bezug auf Arbeit und auf Geld“.

> „Und an jedem Ort, wo sich zehn Männer vom Rat der Einung befinden, soll von ihnen nicht weichen ein Mann priesterlichen Standes, und sie sollen ein jeder entsprechend seiner Rangordnung *(tkwn)* vor ihm sitzen und so soll man nach ihrem Ratschluß hinsichtlich jeglicher Sache fragen.
>
> Und wenn man den Tisch bereitet, um zu essen oder um (neuen) Wein zu trinken: Der Priester strecke seine Hand zuerst aus, um die Benediktion zu rezitieren über die Erstlingsabgabe des Brotes und (auch), um den (neuen) Wein zu trinken. Der Priester strecke zuerst seine Hand aus, um die Benediktion zu rezitieren über die Erstlingsabgabe des Brots und des (neuen) Weins!“ (1QS VI,3–6; der Abschreiber hat versehentlich einen Teil dieses Abschnittes zweimal wiedergegeben)

Der Kommentar des Josephus, daß nur Vollmitglieder an dem Mahl teilnehmen, kann durch das Zulassungsverfahren zur Gruppe verifiziert werden, wie es in derselben Kolumne der Regel beschrieben wird. Dem Kandidaten ist es nicht erlaubt, das Essen beim Mahl zu berühren, ehe er ein ganzes Erprobungsjahr vollendet und eine

Prüfung bestanden hat. Nur nach einem weiteren Jahr ist es ihm gestattet, auch Wein zu trinken (VI,13–23). Eine für mehrere Übertretungen in der Gemeinderegel aufgeführte Strafe ist der Ausschluß vom Mahl für eine auferlegte Zeit. Die Gemeinschaftsregel (1QSa) schildert ebenso ein Mahl, das die letzten Tage charakterisiert. Auch bei diesem Mahl, so hebt der Autor hervor, müssen alle ihrem Rang entsprechend sitzen, und der Priester segnet Brot und Wein, bevor jemand ißt (1QSa II,11–22).

1.2.2.4 Körperfunktionen

Die Parallelen umfassen Themen, die von solch erhabenen Prinzipien wie der Gütergemeinschaft bis zu ganz menschlichen wie der Verrichtung der Notdurft reichen. Josephus erzählt über die Essener:

> „auch scheuen sie sich – am entschiedensten unter allen Juden – am siebten Wochentag eine Arbeit anzugreifen. Sie bereiten nämlich nicht nur ihre Verpflegung einen Tag früher vor, um an jenem Tag kein Feuer anzünden zu müssen, nein, sie wagen an jenem Tag auch nicht ein Gerät anders zu stellen, nicht einmal auszutreten. An den anderen Tagen aber heben sie eine einen Fuß tiefe Grube aus mit ihrer Hacke – etwas derartiges ist nämlich die kleine Axt, die von ihnen den neu Eintretenden gegeben wird –, hüllen ihren Mantel herum, um die Strahlen Gottes nicht zu beleidigen, und errichten dort ihre Notdurft. Dann scharren sie die aufgeworfene Erde wieder in die Grube; bei diesen Verrichtungen suchen sie entlegenere Plätze aus. Obwohl ja die Ausscheidung der Exkremente etwas Natürliches ist, haben sie denn Brauch, sich danach zu waschen, als wenn sie sich verunreinigt hätten." (Bell. II,147–149)

Eine solche Hacke ist vielleicht in Höhle 11 gefunden worden. Hilfreichere Belege kommen aus der Kriegsregel, wo die erforderliche Reinheit der Soldaten unter den Söhnen des Lichts behandelt wird. „Kein Mann, der nicht rein ist von seiner ‚Quelle' her am Tag des Kampfes, darf mit ihnen gehen, denn die heiligen Engel sind zusammen mit ihren Heerscharen. Ein Abstand soll sein zwischen all ihren Lagern zum Abort [wörtlich: Ort der Hand] hin von etwa zweitausend Ellen. Und keinerlei schändlich-böse Sache soll rings um all ihre Lager gesehen werden [(leer)]" (1QM VII,5–7). Der Verfasser leitete einige, jedoch nicht alle dieser Unterweisungen von Dtn 23,12–14 ab. Der Abstand beispielsweise, der zwischen den Anlagen eingehalten werden mußte, so hebt Josephus hervor, geht über das biblische Maß hinaus.

Die Tempelrolle bietet eine Regelung zum selben Thema, aber in

Verbindung mit der heiligen Stadt des Heiligtums. „Und du machst für sie einen Abort außerhalb von der Stadt (vgl. Dtn 23,13), wohin sie hinausgehen sollen nach draußen zum Nordwesten der Stadt: Häuschen und gezimmerte Balken und mit Gruben in ihnen, damit der Kot in sie hinunterfällt und {nicht} sichtbar ist, mindestens entfernt von der Stadt dreitausend Ellen" (11Q19 XLVI,13–16). Es ist oft bemerkt worden, daß die Essener sorgfältig planen mußten, um den siebten Tag nicht zu entheiligen, da die Sabbatgrenze für eine Wegstrecke zweitausend Ellen war. Yigael Yadin hat argumentiert, daß das Essener-Tor in Jerusalem so gelegen war, daß es sich in einem passenden Abstand vom gemeinschaftlichen „Ort der Hand" befand.

1.2.2.5 Spucken

Schließlich erwähnen sowohl Josephus als auch die Gemeinderegel ein kleines Detail. Der Historiker berichtet: „Das Ausspeien in die Mitte der Versammlung oder nach der rechten Seite hin meiden sie" (Bell. II,147). Die Gemeinderegel schreibt vor: „Und ein Mann, der mitten in der Sitzung der Vollmitglieder ausspuckt, der wird (für) dreißig Tage bestraft" (VII,13). Warum beide diese geringe, aber praktische Regel erwähnen, ist nicht bekannt, obwohl es recht ungebräuchlich sein mußte, darauf aufmerksam zu machen. Ein Verbot dieser Art ist auch in der rabbinischen Literatur (jBer 3,5) bezeugt, es gilt jedoch nur für die Zeit des Gebets.

2. Die Problematik der Essener-Hypothese

Die Textbeispiele könnten noch vermehrt werden, aber die hier genannten Belege dürften genügen, um zu zeigen, daß die Schriftrollen eine Reihe von Glaubensvorstellungen und Lebensweisen widerspiegeln, die die antiken Quellen (besonders Josephus) als essenisch charakterisieren. In einer kürzlich veröffentlichten Analyse des Materials bei Josephus und in den Schriftrollen, kommt Todd Beall zu folgenden Schlußfolgerungen: Es bestehen 27 Parallelen zwischen Josephus und den Rollen, 21 wahrscheinliche Parallelen, zehn Fälle, in denen Josephus Behauptungen über die Essener aufstellt, für die in den Schriftrollen keine Parallelen bekannt sind, und sechs „offensichtliche Diskrepanzen". Bei zwei dieser sechs Diskrepanzen bieten die Rollen kein übereinstimmendes Zeugnis. Ein Beispiel dafür ist nach Beall das Thema des gemeinschaftlichen Besitzes von Eigentum. Wie oben (1.2.2.2) jedoch bereits ausgeführt, besteht in diesem Punkt kein Widerspruch. Es lohnt sich trotzdem, zwei Unvereinbarkeiten zu betrachten, von denen eine unter Bealls „offensichtliche Diskrepanzen" fällt. Die andere wird bei der Identifizierung der Qumrangemeinschaft als essenisch auch von anderen Forschern als problematisch angesehen.

2.1 Aufnahmeverfahren

Die erste Diskrepanz hat mit den Zugangsbestimmungen für die Kandidaten zu tun: Es scheint, als sei das Aufnahmeverfahren im Bericht des Josephus um ein Jahr länger als in der Gemeinderegel. Nach Josephus gilt folgendes:

„Denen aber, die sich um die Aufnahme in die Sekte bewerben, steht der Eintritt nicht sogleich frei, sondern man macht dem Bewerber, während er ein Jahr lang außerhalb der Gemeinschaft bleibt, dieselbe Lebensweise zur Aufgabe und gibt ihm eine kleine Axt, den oben erwähnten Schurz und ein weißes Gewand. Wenn er in dieser Zeit die Probe der Enthaltsamkeit besteht, tritt er der essenischen Lebensweise näher und nimmt an reineren Läuterungsbädern teil; zugelassen zu den Betätigungen des Gemeinschaftslebens wird er indes noch nicht. Denn nach dem Erweis der Standhaftigkeit wird während weiterer zwei Jahre sein charakterliches Verhalten erprobt, und nur wenn er sich würdig zeigt, wird er in die Schar eingereiht. Bevor er jedoch die gemeinsame Speise anrührt, schwört er ihnen furchtbare Eide" (Bell. II,137–139).

Josephus kannte also ein dreijähriges Aufnahmeverfahren. Dagegen wurde argumentiert, daß die Gemeinderegel in Kol. VI, aus der zum Teil bereits zitiert wurde, ein anderes Bild wiedergebe:

„Und jeder, der sich als willig erweist aus Israel, sich dem Rat der Einung anzuschließen, den soll der Mann untersuchen, der an die Spitze der Vollmitglieder gesetzt ist, (und zwar) in bezug auf seinen Verstand und auf seine Taten. Und wenn er Zucht erlangt, bringe er ihn in den Bund, um zur Wahrheit umzukehren und um von allem Unrecht zu weichen. Er unterweise ihn in allen Gesetzen der Einung, und danach, wenn er vor die Vollmitglieder kommt, werden sie befragt, (und zwar) alle, hinsichtlich seiner Angelegenheiten. Und so wie das Los (die Entscheidung) auf Grund des Rates der Vollmitglieder (aus)fällt, komme er näher oder entferne er sich. Und kommt er dem Rat der Vollmitglieder näher, berühre er (noch) nicht die Reinheit der Vollmitglieder, bis man ihn untersucht hat in bezug auf seinen Geist und (auf) seine Taten, während sich ihm ein volles Jahr vollendet, und er darf auch nicht teilhaben am (rituell reinen) Besitz der Vollmitglieder. Hat er ein <Jahr innerhalb der Einung> verbracht, fragen die Vollmitglieder nach seinen Worten, seinen Verstand und seine Taten in der Torah, und wenn für ihn das Los (/die Entscheidung) dahin fällt, der Gemeinschaft *(sôd)* der Einung nahe zu kommen gemäß der Weisung der Priester und der Mehrheit der Männer ihres Bundes, dann bringe er auch seinen Besitz darin ein und seine Arbeit(serträge), (und zwar) zu Händen des Aufsehers über die Arbeit der Vollmitglieder. Und der schreibe es ihm gut auf ein Konto zu seiner Verfügung, aber er gebe es nicht für die Vollmitglieder aus. Er darf das Getränk der Vollmitglieder nicht anrühren, bis er ein zweites Jahr innerhalb der Männer der Einung voll abgedient hat. Und hat er das zweite Jahr voll abgedient, soll man ihn nach Weisung der Vollmitglieder mustern. Wenn das Los für ihn (/zu seinen Gunsten) ausfällt, um der Einung näher zu kommen, schreibe man ihn in seine Rangfolge in der Ordnung *(serek)* mitten unter seine Brüder ein, für Torah, für Recht, für Rein{h}eit und für das Einbringen seines Besitzes, und sein Rat se{i} (zugelassen) für die Einung, und (so auch) sein Rechtsurteil. [(leer)]“ (1QS VI,13–23)

Die Belege sollten so interpretiert werden, daß sich die Quellen nicht widersprechen. Die Stufen der Aufnahme eines Neulings lassen sich demnach folgendermaßen skizzieren:

Josephus	*Gemeinderegel*
1. Ein Jahr außerhalb der Gruppe, aber nach ihren Regeln lebend	1. Ein Zeitraum von der Prüffung durch den Aufseher bis zur Prüfung durch die Versammlung
2. Erprobung für weitere zwei Jahre	2. Im Rat der Gemeinschaft, aber mit beschränkten Rechten beim Mahl für ein Jahr
3. Mögliche Aufnahme	3. Nach einem weiteren Jahr erneute Prüfung und Vollmitgliedschaft mit vollen Rechten beim Mahl

Das Verfahren scheint sich über dieselben Stufen zu erstrecken, zu denen die eine bzw. die andere Quelle unterschiedliche Details liefert. Eine Frage hat sich jedoch hinsichtlich der Stellung des Eides ergeben: Man könnte argumentieren, daß Josephus ihn nach dem gesamten Drei-Jahres-Ritus ansetzt, während ihn die Gemeinderegel in einem anderem Abschnitt (1QS V,8) am Beginn des Aufnahmeverfahrens nennt. Bringt Josephus jedoch den Eid am Ende der Probezeit? Das ist nicht klar. Er sagt nur, daß der Eid abgelegt wird, ehe der Kandidat das Gemeinschaftsmahl berühren darf. Die Regel besagt, daß der Kandidat am Mahl nicht teilnehmen darf, bis ein Jahr vorübergegangen ist, was die erste Stufe des Aufnahmeverfahrens darstellt, während der der Eid abgelegt wird. Von daher ist die Diskrepanz hier nicht sicher; es ist sehr viel wahrscheinlicher, daß im Falle des Eintrittsprozesses Josephus und die Gemeinderegel wieder einmal übereinstimmen.

2.2 Heirat

Einige Forscher haben eingewandt, daß die Belege hinsichtlich der Frauen und der Heirat ein Hindernis für die Gleichsetzung der Qumrangruppe mit den Essenern des Josephus, Plinius oder der anderen antiken Quellen seien. Wie schon bemerkt, hat nach Plinius die Essenergemeinschaft an der Westküste des Toten Meeres „keine Frauen und schwört jedem sexuellen Verlangen ab". Josephus spricht an verschiedenen Stellen über die Haltung der Essener zu Frauen und zur Heirat. Er erklärt beispielsweise:

„Diese verwerfen die sinnlichen Freuden als Frevel, erachten aber die Enthaltsamkeit und das Sich-nicht-von-der-Leidenschaft-beherrschen-Lassen als Tugend. Und über die Ehe herrscht bei ihnen ein geringschätziges Urteil, die fremden Kinder aber, die sie in einem für die Bildung aufnahmefähigen Alter aufnehmen, schätzen sie als Angehörige und prägen sie nach ihren Sitten; die Heirat und die eheliche Nachkommenschaft lehnen sie zwar nicht grundsätzlich ab, sie scheuen aber die Begehrlichkeit der Weiber und sind überzeugt, daß keines von ihnen einem Mann allein die Treue halte". (Bell. II,120)

Am Ende dieses langen Abschnittes über die Essener fügt er weitere Details an:

„Es besteht aber auch ein anderer Verband der Essener, der in Lebensführung, Sitten und Gesetzen mit den übrigen übereinstimmt und sich nur in der Ansicht über die Ehe von ihnen scheidet. Sie glauben nämlich, daß diejenigen, die nicht heiraten, ein wichtiges Stück des Lebens außer acht lassen, die Nachkommenschaft, vor allem aber, daß das Menschengeschlecht baldigst erlöschen würde, wenn alle ebenso dächten. Sie erproben jedoch drei Jahre lang die zukünftigen Gattinnen; wenn sie sich einer dreimalige Reinigung unterzogen haben zum Erweis dafür, daß sie imstande sind zu gebären, so führen sie sie heim. Während der Schwangerschaft ihrer Frau aber enthalten sie sich des ehelichen Verkehrs, ein Beweis dafür, daß sie nicht um der Lust, sondern um der Kinder willen heiraten. Bei den Reinigungsbädern umhüllen sich die Frauen mit einem Gewand wie die Männer mit einem Schurz." (Bell. II,160–161)

Die Gemeinderegel erwähnt Heirat nicht und bietet keine Regelung dazu. Diese Lücke wäre überraschend, wenn die Qumrangruppe zölibatär gelebt hätte. Über ein Thema von solch praktischer Bedeutung wären sicherlich einige Regeln aufgestellt worden.

Darüber hinaus enthalten, wie schon im ersten Kapitel erwähnt (Abschn. 2.3.2), die Friedhöfe von Qumran Gräber mit meistens männlichen Skeletten – das deuten wenigstens die verfügbaren Befunde an. Aber man fand auch Skelette von Frauen und Kindern: eines, etwas abseits, im Hauptfriedhof, und sieben von Frauen und vier von Kindern in den Erweiterungen und in den Zweitbestattungsflächen. Ihr Vorhandensein führte manche Wissenschaftler zu der Argumentation, daß die Qumrangemeinschaft entgegen den Schriften des Plinius über die Essener nicht ohne Frauen und Geschlechtsverkehr lebte. Plinius müßte also eine andere Gemeinschaft beschrieben haben. Darüber hinaus verweisen andere Qumrandokumente auf Frauen und Kinder als Teil der Gruppe. Die bekannteste ist die Gemeinschaftsregel, die auf dasselbe Manuskript geschrieben wurde wie die Gemeinderegel. Auch verfügt die Damaskusschrift über explizite Bestimmungen für Familien und sogar Regeln für den besonderen Weg der Aufnahme von Kindern der Mitglieder, die in die Gemeinschaft eintreten.

Es ist eigenartig, daß die Gemeinderegel keine Bestimmungen zur Heirat kennt. Man könnte einwenden, daß die Gruppe solcher nicht bedurfte, weil darin kein Problem bestand. Aber wir dürften doch zum mindesten eine Aussage in dieser Hinsicht erwarten. Einige Punkte seien hier dazu angemerkt. Erstens: Das Zeugnis von Plinius und Josephus stimmt mit den zwei Typen der Gemeinschaften überein, die aus der Gemeinderegel und der Damaskusschrift ersichtlich werden. Die erste regelt eine isolierte Männergesellschaft, während die letztere ‚Lager' von Essenern regelt, die unter Nichtessenern leben und auch Familien haben. Diese wären die zwei Typen von Essenern, die Josephus erwähnt. Zweitens: Man kann das Vorhandensein von Skeletten von Frauen und Kindern auf verschiedene Weise erklären. Eine Möglichkeit besteht natürlich darin zu sagen, daß die Gemeinschaft nicht zölibatär oder nicht in jedem Stadium ihrer Geschichte zölibatär war. Wahrscheinlicher ist jedoch, daß die Frauen und Kinder Besucher bei der Qumrangemeinschaft waren – entweder Angehörige, die ihre Verwandten besuchten, oder Neugierige, die diese ungewöhnliche Gesellschaft beobachten wollten. Es könnten auch Reisende gewesen sein, die in dieser Gegend starben. Die Öffnung von weiteren Gräbern könnte größere Gewißheit in den Streit um Heirat und Zölibat bringen.

2.3 Der Name der Essener

Häufig liest man, ein Problem der Essener-Hypothese bestehe darin, daß das Wort ‚Essener' in den Qumrantexten nie auftaucht. Wenn die Leute von Qumran die Essener waren, hätten sie ihren Namen nicht wenigstens einmal erwähnt? Dieser Einwand ist jedoch unlogisch, da die Bedeutung des Ausdrucks ‚Essener', der in griechischen und lateinischen Texten in unterschiedlicher Orthographie erscheint, ein heiß umstrittener Punkt ist und niemand sicher weiß, von welchem Wort er sich im Hebräischen oder Aramäischen ursprünglich herleitet. Die Behauptung, daß der Name nicht in den Schriftrollen vorkomme, setzt nämlich voraus, daß wir in der Lage sind, diesen wiederzuerkennen, wenn wir ihn in den Texten sähen. Aber wenn wir nicht wissen, wie der hebräische oder aramäische Ausdruck für ‚Essener' lautete, wie kann dann jemand behaupten, daß er nicht in den Rollen vorkommt? In der wissenschaftlichen Diskussion werden unterschiedliche Theorien über den Ausdruck und seine Ableitungen erörtert. Einige beziehen ihn auf ein Wort für ‚Frommer', andere auf einen Ausdruck für ‚Heiler'; für beide Theorien gibt es gewisse Anhaltspunkte. Eine weitere Möglichkeit besteht darin, daß ‚Essener' auf eine Form des Wortes ‚Täter' zurückgeht. Es wäre eine abgekürzte Form eines volleren Namens wie etwa ‚Täter der Tora'. Wenn diese Erklärung des Namens zutrifft, dann ist das Wort ‚Essener' mehrfach in den Qumrantexten vertreten und der Einspruch ist hinfällig.

Als Ergebnis dieser Erörterungen ist festzuhalten, daß zahlreiche starke Argumente auf die Bewohner von Qumran als Essener weisen und keine sicheren Punkte gegen diese Identifikation sprechen. Es trifft zu, daß manche Aspekte qumranischen Gedankenguts sich nicht in den Beschreibungen der Essener finden, die die Quellen aus der Antike bieten. Unter ihnen sind der besondere 364-Tage-Sonnenkalender und die charakteristische Glaubensvorstellung, daß zwei Messiasse kommen würden (siehe Kap. 4 Abschn. 2.6). Aber die Quellen schweigen hierzu; sie bilden keinen expliziten Widerspruch. Vorausgesetzt, daß die Quellen keine erschöpfende Abhandlung über die Essener – alle ihre Glaubensvorstellungen und Lebensweisen – bieten, stellt das Fehlen einiger Lehrsätze ihres Glaubens die Essener-Hypothese nicht notwendigerweise in Frage. In der Tat sagt Josephus nichts über die Kalender irgendeiner jüdischen Gruppe, die er beschreibt, noch spezifiziert er was, wenn überhaupt, das Wesen des oder der Messiasse ihrer Auffassung nach gewesen sein soll.

3. Andere Theorien

Einzelne andere Theorien haben in den 80er und 90er Jahren Aufmerksamkeit gefunden. Die Vermutung, daß die Qumrangruppe christlich gewesen sei – dies wurde verschiedentlich vertreten –, kann insofern abgetan werden, als die archäologischen und paläographischen Befunde ihr widersprechen; die Gruppe existierte bereits lange vor der Zeit Jesu. Zwei andere Vermutungen verdienen eine ernstere Erörterung. Nach der einen waren die Bewohner von Qumran Saddzuäer; nach der anderen hatte Qumran keine dauerhaften Siedler, und die in den Höhlen gefundenen Schriftrollen wurden durch Bewohner Jerusalems dorthin gebracht, die sie zum Schutz während des ersten Aufstands gegen Rom verbargen.

3.1 Sadduzäer

Lawrence Schiffman von der *New York University* hat die These vertreten, daß die Leute von Qumran Sadduzäer waren. Seine Argumentation stützt sich darauf, daß mehrere gesetzliche Ansichten der Autoren – der Leute von Qumran – über die Reinheit, die in 4QMMT (siehe dazu Kap. 2 Abschn. 3.3.4) verteidigt werden, beachtliche Überschneidungen mit den Positionen aufweisen, die die rabbinische Literatur den Sadduzäern zuschreibt. Wenn seine Theorie zutrifft und 4QMMT ein Text der Qumrangruppe ist, der aus den Anfangszeiten von Qumran datiert, würde das – seiner Meinung nach – implizieren, daß die Sekte ihrem Ursprung nach sadduzäisch war oder sich zumindest ein starker sadduzäischer Einfluß auf ihre gesetzliche Position erkennen läßt.

Ein wichtiges Moment in Schiffmans These ist die Reihe von in der Mischna (Yad IV,6–7) aufgezeichneten pharisäisch-sadduzäischen Streitgesprächen. Seiner Lesart nach spiegeln sich die vier umstrittenen, dort erhobenen gesetzlichen Punkte in 4QMMT wider. Da die Auslegung der ganzen Mischna-Passage kompliziert ist, zitiere ich nur die deutlichen Beispiele:

„Die Sadduzäer sprachen: / Wir beanstanden an euch, Pharisäer, / daß ihr den Strahl (einer reinen Flüssigkeit, die in unreine gegossen wird,) für rein erklärt. // Die Pharisäer entgegneten: / Wir beanstanden (in diesem

Fall) an euch, Sadduzäer, / daß ihr (mit uns) den Wasserarm, der aus einem Gräberfeld kommt, für rein erklärt." (Yad IV,7a)

Diese Kontroverse zwischen den Pharisäern und Sadduzäern – die dritte in einer Reihe – bietet ein klares Argument für die Übereinstimmung zwischen der gesetzlichen Position in 4QMMT und der Meinung der Sadduzäer. Es betrifft das Problem des Strahls einer Flüssigkeit, der – wie die Sadduzäer sagen – die Unreinheit eines unreinen Gefäßes, in das sie gegossen wird, überträgt. Wenn die Flüssigkeit einen ununterbrochenen Strahl von einem zum anderen Behälter bildet, dann ist er ein Leitungsrohr für rituelle Unreinheit. Zwar ist die Form des hebräischen Wortes für einen Flüssigkeitsstrahl in den Texten nicht identisch, jedoch die gesetzliche Position. Die Pharisäer nahmen die entgegengesetzte Haltung ein: Unreinheit wird auf diese Weise nicht übertragen. Der nächste Satz führt ein Gegenbeispiel zur sadduzäischen Position zu dem vorangehenden Punkt an: Die Pharisäer beklagten, daß die Sadduzäer unlogisch waren, weil im Fall eines Wasserstroms, der aus einem Gräberfeld kommt, die Sadduzäer ihr Prinzip nicht angewandt zu haben scheinen, daß ein Flüssigkeitsstrahl Unreinheit überträgt.

In diesem Fall besteht eine unmißverständliche Übereinstimmung zwischen einer exakten gesetzlichen Aussage, die die Mischna den Sadduzäern beilegt, und der Position des Verfassers oder der Verfasser von 4QMMT. Sadduzäische Sichtweisen und die von Qumran stimmen auch in anderen Punkten überein. Was bedeuten diese Fakten?

Die Sadduzäer und die Essener können sehr wohl in vielen Gesetzen und anderen Punkten übereingestimmt haben. Aus historischer Sicht sollte man erwarten, daß Sadduzäer und Essener einige Ansichten teilten, weil beide tief im Priestertum verwurzelt waren. Die Qumrangruppe wurde durch Priester begründet und von Priestern geführt, die sich selbst Söhne Zadoks (der führende Priester zur Zeit Davids und Salomos) nannten. Der Ausdruck ‚Sadduzäer' scheint vom Namen Zadok hergeleitet zu sein; von einigen einflußreichen Priestern ist bekannt, daß sie Sadduzäer gewesen sind. Beide Parteien standen in Opposition zu dem, was sie als pharisäische Tendenz zur Aufweichung einiger Gesetze und zur Modifikation damit zusammenhängender Strafen verstanden. Das heißt: Ein Grund für einige gemeinsame gesetzliche Ansichten besteht darin, daß beide hinsichtlich solcher Angelegenheiten, die das Gesetz betrafen, streng konservativ waren.

Der Charakter des Materials aus der Mischna (das etwa 200 n.Chr. zusammengestellt wurde) deckt sich kaum mit Umfang und Charakter der früheren Informationen von Josephus, Plinius und anderen. Diese Informationen hatten viele dazu veranlaßt, die Leute von Qumran mit den Essenern zu identifizieren. Daß Ansichten der Leute von Qumran und die den Sadduzäern beigelegten hinsichtlich einiger weniger Gesetze übereinstimmen, bedeutet nicht, daß die Qumrangruppe in einem heute allgemein gebräuchlichen Sinne sadduzäisch war. Außerdem enthalten die Qumrantexte auffällige antisadduzäische Lehren wie die Existenz einer Heerschar von Engeln und die allesbestimmende Macht des Schicksals. Wie konnten die Sadduzäer solche Lehren entwickeln, die dem diametral gegenüberstehen, was die antiken Schriftsteller über sie sagten? Auch die Tatsache, daß ein *frühes* Dokument wie die Gemeinderegel (um 100 v.Chr. abgeschrieben) durch und durch essenische, antisadduzäische Theologie zur Sprache bringt, macht es sehr unwahrscheinlich, daß die Bewohner von Qumran sadduzäischen Ursprüngen entstammen. Sollte das tatsächlich der Fall sein, hätten sie innerhalb weniger Jahre eine Kehrtwendung hinsichtlich fundamentaler theologischer Überzeugungen vollzogen – vom Nichtprädestinationismus zum Totalprädestinationismus, um nur ein Beispiel zu nennen. Aber ein solches Szenario ist völlig unplausibel.

Schiffman ist sich dessen bewußt, daß die Qumrantexte nichtsadduzäische theologische Ansichten zur Sprache bringen. Er behauptet, daß die in der Mischna erwähnten Sadduzäer nicht die Aristokraten waren, die Josephus und andere beschreiben; vielmehr waren sie eine Gruppe, die in ihrem Gesetzesansatz konservativ war und auch mit einem Namen benannt wurde, der auf ‚Zadok' zurückgeht. Er kann in diesem Punkt durchaus recht haben, aber es ist verwirrend, zwei sehr verschiedene Gruppen mit demselben Namen zu belegen, auch wenn das einige antike Schriftsteller getan haben. Vielleicht sollten wir um der Klarheit im Deutschen willen den Ausdruck ‚Zadokiden' für die Leute gebrauchen, auf die in der Mischna verwiesen wird. Sie können den Essenern sehr ähnlich oder sogar identisch mit ihnen gewesen sein. Daß sie aber Sadduzäer dem Typ nach gewesen wären, den wir aus dem Neuen Testament oder von Josephus kennen, ist offensichtlich falsch, und es ist – auch wenn es so klingt – nicht das, was Schiffman behauptet. Seine Untersuchungen zeigen, daß wir über die Bandbreite der frühjüdischen Gruppierungen und die Bezeichnungen, die ihnen die Texte beilegen, vieles nicht wissen. Auf jeden Fall kritisiert Schiffmans Theorie die Essener-Hypothese nur indirekt und dreht sich mehr um die angemessene Terminologie als um den Charakter der Qumrangemeinschaft.

3.2 Jerusalemer Ursprung

Professor Norman Golb von der *Chicago University* hat die These vertreten, daß die Gebäude von Qumran eigentlich eine Festung waren (eine Sicht, die von frühen Besuchern des Ortes vertreten wurde, auch 1949 von Roland de Vaux; siehe Kap. 1 Abschn. 2.1.2), die ganz offensichtlich in keiner direkten Verbindung mit den Höhlen stand. Die in den Höhlen gefundenen Manuskripte waren seiner Meinung nach nicht von den Bewohnern von Qumran zurückgelassen worden, sondern von Leuten, die mit ihren wertvollen Manuskripten aus Jerusalem flohen, um sie um die Zeit des ersten Jüdischen Krieges vor den herannahenden Römern zu verbergen. Das entlegene Gebiet galt als geeigneter Ort, um Wertsachen zu deponieren, wie andere Manuskriptfunde gezeigt haben (siehe die Berichte über Origenes und Timotheus in Kap. 1 Abschn. 1; es gibt in dieser Gegend noch andere Orte). Daß Abschriften der Sabbatopferlieder in Qumran und in Masada gefunden wurden, zeigt, daß solche Werke für Qumran nicht einzigartig waren, sondern unter Menschen verschiedener Überzeugung verbreitet waren. Die große Zahl von Qumrantexten macht es höchst unwahrscheinlich, daß sie nur von einer einzigen kleinen Gruppe stammen; als einzige wahrscheinliche Alternative kommt als intellektuelles Zentrum Jerusalem in Betracht, aus dem so viele Texte stammen konnten.

Golb hat eine Reihe von Unstimmigkeiten der Essener-Hypothese hervorgehoben (wie das Heirats-/Zölibat-Thema) und versteht seine These als eine zufriedenstellendere Möglichkeit, alle Zeugnisse zu berücksichtigen. Wenn Golb recht hätte, würden Unstimmigkeiten und Widersprüche zwischen den Manuskripten kein Problem darstellen, da die Texte einen Querschnitt jüdischer Literatur, und nicht die Bibliothek einer einzelnen Gruppe wären. Er weist die aus dem Abschnitt in der *Naturkunde* von Plinius über die Essener gezogenen Schlußfolgerungen mit der Begründung zurück, daß Plinius, der sein Werk im Jahre 77 n.Chr. veröffentlichte, die Essener im Präsens beschreibt (siehe die Erörterung dieses Arguments weiter oben in diesem Kapitel Abschn. 1.1) und daß die ihn so beeindrukkenden zölibatären Essener kaum die Bewohner von Qumran gewesen sein konnten. Von daher habe Plinius über einen anderen Ort geschrieben. Golb denkt, daß die zufällige Entdeckung der Gemeinderegel – die einige Lehren der Essener enthält – unter den ersten Manuskripten die Entstehung der Essener-Hypothese unangemessen beeinflußt hat, auch nachdem später viele andere Texte gefunden wurden, die nicht zu der Hypothese paßten. Man könne nur eine kleine Zahl von Texten der Sekte zuordnen; viele weitere jedoch enthalten entweder keine heterodoxen Lehren oder stimmen nicht mit dem überein, was aus den klassischen Quellen über die Essener bekannt ist.

Golb hebt auch hervor, daß keine dokumentarischen Texte, d.h. Verträge, Briefe, Geschäftsdokumente u.ä., in Qumran gefunden wurden. Diese Lücke sei für eine organisierte Gemeinschaft, die an diesem Ort gut 200 Jahre gelebt haben soll, höchst ungewöhnlich und unterscheide die Qumranfunde von dem, was wir in anderen Manuskriptsammlungen finden. Golb hält keinen der Texte aus Qumran für ein Autograph (Original erster Hand); alle Texte sind seiner Meinung nach Abschriften von Abschreibern früherer Vorlagen mit Ausnahme der Kupferrolle, deren Schätze nicht zu der von ihm ungenau als „die vermögensscheuen Essener“ bezeichneten Gemeinschaft passen würden und die er als einen deutlichen Hinweis auf die Praxis versteht, Wertsachen in der Gegend von Jericho zu verstecken.

Einwänden, die von Zeit zu Zeit gegen verschiedene Formen der Essener-Hypothese angeführt worden sind (einige ganz neue von ihm selbst und andere schon länger bekannte), hat Golb klar und deutlich zum Ausdruck verholfen, seine eigene Theorie ist jedoch dermaßen problematisch, daß sie der breiten Mehrheit als inakzeptabel gilt. In gewisser Weise leidet sie unter der Tatsache, daß Golb sie formulierte, ehe er (und die meisten anderen Wissenschaftler) sich volle Klarheit über den Inhalt des unveröffentlichten Materials verschafft hatte. Heute kennen wir z.B. eine Anzahl dokumentarischer Texte aus Qumran (siehe den Überblick in Kap. 2 Abschn. 3.8). Auch wie Golb wissen will, daß kein Text aus Qumran ein Autograph ist, bleibt sein Geheimnis. Zahlreiche Wissenschaftler haben hervorgehoben, daß die meisten Kommentare (keiner existiert in mehreren Abschriften) wahrscheinlich Autographen sind. Und dies gilt vermutlich auch im Blick auf andere Texte. Der schlechte Zustand, in dem sich so viele Texte befinden, verbietet die Gewißheit, mit der Golb seine These vorträgt. Darüber hinaus unterschätzt Golb das Ausmaß und die Beständigkeit essenischer Lehren durch die gesamte Manuskriptsammlung hindurch. Obwohl er argumentiert, daß die Texte Glaubensvorstellungen eines breiten Spektrums jüdischer Gruppierungen des 1. Jahrhunderts n.Chr. verkörperten, wird nicht deutlich, wer sie waren oder wo ihre Ansichten in den Schriftrollen zum Ausdruck kommen. Wenn Golbs Theorie zuträfe, müßten wir über die weite Verbreitung essenischer Ansichten in der wahrscheinlich zufälligen Sammlung von Texten überrascht sein und auch darüber, daß die charakteristischen Sichtweisen anderer Gruppierungen nur in schlechtem Licht erscheinen. Wie schon des öfteren vorgeschlagen, läßt sich die Existenz desselben Werkes in Qumran und in Masada durch die Annahme erklären, daß es jemand in die Festung brachte, nachdem die Römer die essenische Siedlung in Qumran zerstört hatten.

Golb geht auch mit den Belegen des Plinius nicht überzeugend um. Tatsächlich hat er – indem er sie von Qumran distanziert – keine Erklärung für sie. Plinius muß einen anderen Ort beschrieben haben, wie er sagt; aber welchen anderen? Es ist keiner an der Westküste des Toten Meeres entweder direkt oberhalb oder nördlich von En Gedi gefunden worden. Golb konnte auch keinen anderen Beweis für die Gruppierung ausmachen, die Plinius beschrieben haben könnte. Darüber hinaus ist er nicht in der Lage, einen befriedigenden Grund für die Existenz der Gebäude in Qumran anzugeben. Die Qumransiedlung war fast sicher keine Festung. Das ist das begründete Urteil der mit der Untersuchung befaßten Archäologen; nur zufällige Besucher des Ortes haben ihn als Festung identifiziert (siehe Kap. 1 Abschn. 2.1.2). Es ist auch interessant, daß Yigael Yadin, ein General in der israelischen Armee und professioneller Archäologe, der Qumran sehr gut kannte, niemals dachte, daß es etwas anderes sei als ein gemeinschaftliches Zentrum, das in seinem Inneren ein kleineres befestigtes Gebiet umfaßte.

Zusammenfassend: Schiffmans Theorie stellt die Essener-Hypothese nicht wirklich in Frage, und Golbs Hypothese fehlt eine angemessene Erklärung für den einheitlichen Charakter des Schriftenkorpus von Qumran, für die Aussage des Plinius und für die Gebäude von Qumran. Die Essener-Hypothese (die nur eine Hypothese ist) erklärt die Gesamtheit der Zeugnisse überzeugender als diejenigen, die sie bestreiten. Wenn man sie akzeptiert, stellen sich weitere Fragen. Wie kam es, daß eine Gruppe von Essenern sich entschloß, ausgerechnet in Qumran zu leben, was glaubten sie und wie lebten sie? Das nächste Kapitel wird sich diesen Fragen widmen.

Bibliographische Angaben

Das Zitat aus Plinius ist der zweisprachigen Ausgabe C. Plinius Secundus d.Ä., Naturkunde, Lateinisch-deutsch. Buch V, hg. und übers. von Gerhard Winkler in Zusammenarbeit mit Roderich König, Darmstadt 1993 entnommen.

Die Zitate aus Josephus stammen aus: Flavius Josephus, De Bello Judaico – Der jüdische Krieg, Griechisch und Deutsch, Bd. I, hg. von O. Michel/O. Bauernfeind, Darmstadt [3]1982, sowie: Des Flavius Josephus Jüdische Altertümer, übers. von H. Clementz, Wiesbaden [12]1994.

Zur These von Eleazar Sukenik, daß die Verfasser der Schriftrollen Essener waren, siehe sein Buch The Collection of the Hidden Scrolls Which Are in the Possession of the Hebrew University, ed. by Nahman Avigad, Jerusalem 1954, S. 26 (das Buch ist nur auf Hebräisch erschienen).

Die Zitate aus Synesios von Kyrene über Dion Chrysostomos und von Hippolyt sind entnommen: Synesios von Kyrene, Dion Chrysostomos oder Vom Leben nach seinem Vorbild, griechisch und deutsch von Kurt Treu, Berlin 1959 (Schriften und Quellen der Alten Welt 5), und Hippolytus von Rom, Widerlegung aller Häresien (Philosophumena), übers. von K. Preysung, München 1922 (BKV).

Die Übersetzung des Abschnittes aus dem Jubiläenbuch stammt aus Klaus Berger, Das Buch der Jubiläen, Gütersloh 1981 (JSHRZ II/3).

Todd Bealls Erörterung der Parallelen zwischen der Darstellung der Essener bei Josephus und dem Material in den Schriftrollen findet sich in seinem Buch Josephus' Description of the Essenes Illustrated by the Dead Sea Scrolls, Cambridge 1988 (SNTS.MS 58).

Die Notiz über die Auferstehung in 4Q521 entstammt dem französichen Aufsatz von Emile Puech, Les Esséniens et la Vie Future, Le Monde de la Bible 4 (1978), S. 38–40. Zu den Ansichten der Essener über Öl und andere Flüssigkeiten siehe Joseph Baumgarten, The Essene Avoidance of Oil and the Laws of Purity, Revue de Qumran 6 (1967), S. 183–193.

Über die Argumentation von Lawrence Schiffman über die Sadduzäer und Qumran kann man sich in seinem Aufsatz The New Halakhic Letter (4QMMT) and the Origins of the Dead Sea Sect, Biblical Archaeologist 53 (1990), S. 64–73, informieren.

Das Zitat aus der Mischna stammt aus der Ausgabe Die Mischna. Text, Übersetzung und ausführliche Erklärung, begr. von G. Beer/O. Holtzmann, hg. von L. Rost/K. H. Rengstorf, Gießen/Berlin 1912ff.

Die Theorie von Norman Golb kann man in seinem Buch Qumran. Wer schrieb die Schriftrollen vom Toten Meer?, aus dem Amerikanischen von Olga Rinne/J. Rehork, Hamburg 1994, nachlesen.

Kapitel 4

Die Qumran-Essener

Die in Qumran lebenden Essener waren nur ein Teil der größeren essenischen Bewegung in Palästina. Sowohl Josephus als auch Philon schätzten die Zahl der Essener auf etwa viertausend. Die Schätzungen, wie viele Essener im Gebiet von Qumran gelebt haben konnten, reichen von etwa 150 bis maximal 300. Diese Zahl ist zwar nur eine grobe Schätzung, die aus der Anzahl der Gräber in den Friedhöfen abgeleitet ist, aber die Bevölkerung kann nicht höher als 300 gewesen sein. So müssen etwa 3700 Essener anderswo gelebt haben. Warum würde eine kleine Minderheit die Lebensweise ihrer Mit-Essener ablehnen, um denselben Lebenszweck abgeschieden in der Wüste von Judäa zu verfolgen? Welche geschichtliche Erfahrung oder Erfahrungen führten zur Formierung der Qumrangruppe?

1. Eine Skizze der Geschichte der Qumrangruppe

Die archäologischen Zeugnisse führten Roland de Vaux dazu, die Perioden der Besiedelung Qumrans von einem unbestimmten Zeitpunkt in der zweiten Hälfte des 2. Jahrhunderts v.Chr. an bis 68 n.Chr. zu datieren. Diese Grenzen bestimmen den Zeitabschnitt, in dem man nach besonderen Anfängen und Entwicklungen von Qumran suchen sollte. Kein Dokument der Qumranbibliothek bietet so etwas wie eine Geschichte von Qumran, aber wenn darüber Einigkeit besteht, daß die Manuskripte eine Einheit bilden, ist es möglich, aus den hie und da gefundenen verschiedenen historischen Hinweisen in groben Zügen eine Geschichte der in Qumran ansässigen Gruppe zu skizzieren.

1.1 Die Periode vor Qumran

Insbesondere die Damaskusschrift bietet einige Informationen über die Anfänge der Bewegung, offensichtlich aus einer Zeit bevor sich einige Abweichler nach Qumran absetzten. Die erste Kolumne definiert zwei Perioden und gibt sogar zu erkennen, wie viele Jahre sie dauerten.

„Und zum Zornesende, an Jahren dreihundert und neunzig nachdem Er sie preisgegeben in die Hand Nebukadnezars, des Königs von Babel, suchte Er sie heim. Da sproßte aus Israel und aus Aaron eine Pflanzwurzel auf, um in Besitz zu nehmen Sein Land und sich gütlich zu tun am Gut Seines Fruchtlands. Und sie sahen ein ihre Verschuldung und erkannten, daß sie schuldige <Menschen> waren, doch waren sie wie Blinde und Weg Tastende über zwanzig Jahre hindurch. Dann merkte Gott auf ihre Taten, weil sie mit ganzem Herzen nach Ihm fragten, und Er ließ für sie aufstehen einen (!) Gerechtigkeits-Anweiser, sie zu führen auf Seines Herzens Weg. [(leer)]“ (CD I,5–11)

Die Zahlen 390 und 20, die durch einige unveröffentlichte Manuskripte bestätigt werden, gaben Grund zu einer umfangreichen Debatte. Sind sie wörtlich gemeint oder symbolisch? Die 390 Jahre sind die Anzahl der durch Ezechiel prophezeiten Jahre für die Strafe für das Haus Israel (Ez 4,4–5). Nimmt man die Zahlen wörtlich, dann würden sich die 390 Jahre – nach der allgemein akzeptierten Chronologie des alten Israel – über einen Zeitraum von ungefähr 587 v.Chr., als Nebukadnezzar Jerusalem eroberte, bis 197 v.Chr. erstrecken. Das Jubiläenbuch und das Erste Henochbuch sprechen auch von einer oder mehreren neuen Bewegungen derselben Art und in etwa derselben Periode. Die 20 Jahre des Tastens würden sich daran anschließen und uns bis zum Jahr 177 v.Chr. führen. Wiederum müssen wir uns fragen, wie die 20 Jahre zu verstehen sind, die die Hälfte der höchst symbolischen 40 Jahre sind. Zu diesem Zeitpunkt tritt der Lehrer der Gerechtigkeit auf die Szene und bereitet der Unsicherheit ein Ende, indem er der bußfertigen Gruppe unter seinem Offenbarungsanspruch Führung anbietet. Die Wissenschaftler betonen zwar des öfteren, daß man die 390 + 20 Jahre in der Damaskusschrift, Kol. I, nicht zu wörtlich nehmen sollte; dennoch gehen sie gut auf. Wie auch immer – es ist offensichtlich, daß vor der Errichtung der Qumransiedlung eine neue Bußbewegung in Palästina entstand und daß die nur durch das Attribut ‚Lehrer der Gerechtigkeit‘ bekannte Person ihr Führer war.

Von Zeit zur Zeit müssen zwischen dem Lehrer und anderen innerhalb und außerhalb seiner Anhängerschaft Konflikte entstanden sein. Diese Situation ist verständlich, wenn man sich das Gewicht der Ansprüche klar macht, mit denen er und seine Anhänger auftraten: Gott habe speziell ihm alle Geheimnisse der Propheten geoffenbart. Mehr noch: Wenn der Lehrer derjenige ist, der einige der poetischen Stücke in den Lobliedern (siehe Kap. 2 Abschn. 3.4.2.1) geschrieben oder durch sie gesprochen hat, muß er ein außerordentlich starkes Selbstbewußtsein seiner göttlichen Berufung und Erwählung empfunden haben, eine starke Überzeugung, daß er einen einzigartigen Platz in Gottes Plan für die letzten Tage einnimmt. Es hat den Anschein, als habe sich jemand innerhalb der Gruppe geweigert, den Anspruch des Lehrers gänzlich zu akzeptieren, und ihm die Gefolgschaft versagt, indem er andere um sich sammelte und mit sich nahm. Deswegen wurde er in der Damaskusschrift und in einigen Kommentaren als ‚Lügenmann' bezichtigt. Von ihm heißt es, er habe durch seine trügerischen Worte viele in die Irre geführt (Kommentar über Psalm 37, 4QpPs^{a} 37,1–10 I,26 als Auslegung von Ps 37,7).

Einige Hinweise legen auch die Vermutung nahe, daß der Lehrer in einen ernsthaften Konflikt mit den Autoritäten seiner Zeit geraten war. Die etwa zehn Jahre nach dem Auftreten des Lehrers waren in Judäa eine schlimme religiöse Krisenzeit, in der die Existenz Israels auf dem Spiel stand. Als Reaktion auf einen Aufstand in Jerusalem verbot Seleukidenkönig Antiochus IV. die freie Ausübung der jüdischen Religion, die er als den Grund für die Unruhe ansah. Der Makkabäeraufstand war eine Antwort der toratreuen jüdischen Bevölkerung auf sein Verbot des Judentums. Als der Aufstand Erfolg zeitigte, wurde der jüdische Glauben wieder als die Religion des Landes restituiert und der Tempelkult von den Greueln befreit, die im Heiligtum durch die Heiden praktiziert worden waren. Diese Ereignisse fallen in die Jahre zwischen 167 und 162 v.Chr. Über Jahrhunderte hinweg war zuvor der führende offizielle Vertreter der Juden ein aus der Bevölkerung stammender Hohepriester, der in der Erblinie von Zadok, dem Priester Davids, stand. Jene Familie verlor die Hohepriesterschaft kurz vor den Ereignissen der 60er Jahre des 2. Jahrhunderts v.Chr. und gewann sie nie mehr zurück. An ihrer Stelle ernannten die Könige des seleukidischen Reiches aus – wie es scheint – hauptsächlich politischen und finanziellen Gründen mehrere Hohepriester. Josephus, der neben den Verfassern der beiden Makkabäerbücher einer unserer wenigen Informationsquellen für die in Frage kommende Zeit ist, behauptet, daß es zwischen 159 und 152 v.Chr. keinen Hohenpriester in Jerusalem gab. Im Jahre 152 v.Chr. wurde Jonathan, einer der makkabäischen Brüder, durch einen weiteren seleukidischen König (Alexander Balas) zum Hohenpriester ernannt, weil dieser Jonathans militärische Unterstützung brauchte. So begann die makkabäische oder hasmonäische

Hohepriesterschaft. Sie dauerte bis 37 v.Chr., insgesamt etwa 115 Jahre.

Die unsicheren Bedingungen um das Amt des Hohenpriesters könnten etwas mit den Ursprüngen von Qumran zu tun haben. Der Lehrer der Gerechtigkeit war ein Priester (der Kommentar zu Ps 37 läßt das ganz deutlich erkennen), und sein Hauptgegner wurde ‚Frevelpriester' genannt. In der Wissenschaft wird seit langem überlegt, ob das Attribut ein hebräisches Wortspiel mit dem Titel ‚Hoherpriester' ist (*ha kohen ha rosch* = Hoherpriester; *ha kohen ha rascha'* = Frevelpriester). Wenn das stimmt, war der Gegner des Lehrers niemand anderer als der jüdische Hohepriester dieser Zeit.

Der Lehrer der Gerechtigkeit und der (frevlerische) Hohepriester standen offensichtlich in Verbindung miteinander. Der Kommentar zu Psalm 37 erwähnt eine göttliche Weisung, die der Lehrer dem Hohenpriester (der Titel muß aufgrund einer Lücke im Manuskript rekonstruiert werden) sandte.

„*Es späht ein Frevler aus nach dem Gerechten und trachtet [ihn zu töten* (Ps 37,32), *JH]WH [aber läßt ihn nicht in seiner Gewalt und läßt ihn nicht v]erurteilen, wenn man über ihn richtet* (Ps 37,33).

Seine Deutung (geht) auf den [Priest]er des Frevels, der da sp[äh]t (nach) dem Gere[chten und (danach) trachtet,] ihn töten zu lassen. [....]. und die Torah, welche er ihm zugesandt hat." (4Q171 IV,7–9)

Die Forscher, die die Schrift „Einige Werke der Tora" (4QMMT) herausgegeben haben, deuteten sie zunächst als Brief, wahrscheinlich des Lehrers an den Frevelpriester, in dem die zur Diskussion stehenden Punkte aufgelistet sind und erörtert werden. Sollte diese Deutung des inzwischen veröffentlichten Textes zutreffen (die Sache ist umstritten), verdient der irenische Ton des Schriftverkehrs Beachtung. Mindestens eine der sechs Abschriften dieses Textes beginnt mit dem vollständigen Jahreskalender – 364 Tage mit allen von den anderen Qumrantexten bekannten Festen. In ihr sind auch mehr als zwanzig gesetzliche Fragen erwähnt; bei zahlreichen von ihnen geht es um die rituelle Reinheit, über die beide Seiten unterschiedlicher Meinung waren. Der Text schließt mit der Hoffnung, der Empfänger möge die Wahrheit des Gesagten erkennen, um sich am Ende mit Israel freuen zu können.

Sollten die beiden Führer je freundschaftliche Beziehungen gepflegt haben, so verschlechterte diese sich zuletzt. In dem oben zitierten Abschnitt aus dem Kommentar zu Psalm 37 bezichtigt der Ausleger den Frevelpriester des Versuchs, den Lehrer zu töten. Ein Abschnitt im Kommentar zu Habakuk lautet:

„Wehe dem, der seinen Nächsten trinken läßt, indem er beimischt <seinen> Grimm, ja (sie) trunken macht, um hinzusehen auf ihr <Festtermine> (Hab 2,15)

[(Leer)] Seine Deutung (geht) auf den Frevelpriester, der den Anweiser [Lehrer] der Gerechtigkeit verfolgt hat, um ihn zu verschlingen im Zorn seines Grimms, ihn gefangen wegführen wollend[1], und zur Zeit des Festtermins der Ruhe des Versöhnungstages erschien er ihnen, um sie zu verschlingen und um sie zu Fall zu bringen am Tag des Fastens ihrer Arbeitsruhe." (1QpHab XI, 2–8)

Daß der Lehrer in sein Exilshaus hinein verfolgt wurde, zeigt an, daß er seinen bisherigen Wohnsitz an einen anderen Ort verlegt hatte. Dieser Ort könnte Qumran gewesen sein, aber das bleibt nur eine Vermutung. In der ersten Zeit des Studiums dieses Kommentars bemerkten die Wissenschaftler, daß wenn der Frevelpriester der regierende Hohepriester war und noch den Lehrer in seinen Exilsort am Versöhnungstag verfolgte, die beiden den Festtag an unterschiedlichen Tagen eingehalten haben müssen. Denn der Frevelpriester war an diesem Tag beschäftigt, den Tempeldienst wahrzunehmen, und hätte keine Zeit gehabt, Abweichlern nachzujagen. Daher gibt der Abschnitt einen der ersten Hinweise darauf, daß ein unterschiedlicher Kalender einer der Sachverhalte war, die den Lehrer von dem Frevelpriester trennte.

Wer waren diese beiden Männer? Ehrlich gesagt, weiß das niemand. Angesichts der archäologischen Schichten in Qumran scheint es am wahrscheinlichsten, daß der Frevelpriester entweder der Makkabäer Jonathan oder sein Bruder Simon war. Irgendein Grund oder eine Reihe von Gründen müssen den Lehrer dazu veranlaßt haben, sich von der zahlenmäßig größeren, in Jerusalem versammelten und durch die beiden Brüder geleiteten jüdischen Gemeinschaft zu trennen. Wahrscheinlich war der unterschiedliche Kalender nicht die alleinige Ursache für die Trennung. Der 364-Tage-Kalender war schon dem aus dem 3. Jahrhundert v.Chr. stammenden Ersten Henochbuch (Kap. 72–82) bekannt. Wahrscheinlich ist der Kalender noch älter. Wenn der Kalender für mehr als ein Jahrhundert seine Anhänger nicht zur Trennung von anderen veranlaßt hatte, warum sollte er es dann 150 oder 140 v.Chr. getan haben?

Ein fundamentale politische Auseinandersetzung könnte der Auslöser gewesen sein, der zum Exil des Lehrers und seiner Nach-

---

[1] Andere Übersetzung: „... um ihn zu verschlingen im Zorn seines Grimms am Ort/im Haus seines Exils"

folger führte, ein Exil, das sie schließlich oder sogar von Anfang an nach Qumran brachte. Wie oben ausgeführt, berichtet Josephus, daß es von 159 bis 152 v.Chr. keinen Hohenpriester gab. Jonathans Nachfolge beendete dieses Intermezzo und brachte eine neue Herrscherfamilie an die Hohepriesterschaft. Möglicherweise erwähnt einer der in 1 Makk 10 zitierten Briefe einen Hohenpriester, der während dieser Zeit im Amt war. Wenn das zutrifft, dann hatte jemand das Amt entweder offiziell oder inoffiziell inne. Wer aber war diese Person? Eine Vermutung geht dahin, daß es der Mann gewesen sein könnte, der uns als der Lehrer der Gerechtigkeit bekannt ist. Die Qumrantexte selbst nennen ihn nicht Hoherpriester, aber er ist wahrscheinlich ein sehr hochrangiger Priester gewesen und eine charismatische Führergestalt. Als Jonathan durch den seleukidischen Monarchen Alexander Balas zum Hohenpriester ernannt wurde, war womöglich seine militärische Macht seine hauptsächliche Qualifikation für das Amt. Riß Jonathan mit seiner Armee durch Gewalt das Amt des Lehrers an sich? Wir wissen es nicht, aber es ist eine faszinierende Möglichkeit. Vielleicht verlor mit Jonathans kraftvoller Ankunft ein einflußreicher Konservativer wie der Lehrer die Gelegenheit, seine Lehren zur Wirkung zu bringen. Weil er glaubte, daß sie ihm persönlich durch Gott selbst offenbart waren, sah er keine andere Wahl mehr, als sich von dem korrupten und mächtigen Hohenpriester zu trennen, der jetzt im Amt war.

1.2 Die Qumranperiode

All dies ist spekulativ; irgendein Grad an Sicherheit läßt sich nicht erlangen. Aber um 150 v.Chr. geschah etwas, das das Exil des Lehrers und seiner Anhänger auslöste. Wahrscheinlich gingen sie nach Damaskus, da die Damaskusschrift, die den Lehrer mehrere Male erwähnt, von einem neuen Bund im Lande von Damaskus spricht.

1.2.1 Periode Ia

Die Gruppe ließ sich in Qumran nieder. Warum wählte sie einen öden, das übelriechende Tote Meer überblickenden Flecken Erde? Die Gemeinderegel gibt eine Antwort auf diese Frage:

„Werden diese in Israel {zu einer Einung nach diesen Vorschriften}, sondern sie sich <mitten> aus dem Sitz der Männer des Unrechts ab, um in die Wüste zu gehen, um dort den Weg des ER zu bahnen, wie geschrieben steht (Is 40,3): *In der Wüste bahnt den Weg des ...., macht gerade in der Steppe eine Straße für unseren Gott.*

Das ist die Niederschrift (*midrasch*) der Torah, [die Er] befohlen durch Mose, um zu handeln <gemäß allem>, was offenbar ist für Zeit um Zeit, und wie es die Propheten offenbart haben durch Seinen heiligen Geist." (1QS VIII,12–16)

Die Gruppe wird dazu aufgerufen, sich vom Ungöttlichen zu trennen und in Erfüllung der Weisung Jesajas in die Wüste zu gehen. Das Wort ‚das' in dem erklärenden Zusatz „Das ist die Niederschrift ... der Torah" ist ein Femininum und bezieht sich nicht allgemein auf die Absonderung, sondern auf das eine Wort oder beide Wörter ‚Weg' und ‚Straße' (beide sind Feminina), wie die Übersetzung Maiers deutlich macht. Der Text sagt also, daß die Leute, die in die (wörtlich verstandene) Wüste gegangen sind, die Worte ‚Weg' und ‚Straße' des Jesaja bildlich verstanden haben: Man befahl ihnen nicht, einen richtigen Weg zu bauen, sondern das Gesetz zu studieren und auf diese Weise die Ankunft des Herrn zu bereiten. So wählte die Gruppe Qumran, weil es eine Wüste war, genau das, was Jesaja angeordnet hatte, und dort studierten sie das Gesetz, den göttlichen Weg.

De Vaux hat angenommen, daß die archäologische Periode Ia während der Herrschaft eines unmittelbaren Vorgängers von Johannes Hyrkan, aber nicht lange vor der Machtergreifung von Hyrkan – im Jahre 134 v.Chr. – begann. Diese Periode war nur von kurzer Dauer, und die Anlagen in Qumran waren während dieser Zeit klein und bescheiden. Es war dies wahrscheinlich die Periode, in der der Lehrer die Gemeinde anführte und in der man einen gemeinsamen Lebensweg in der Wüste begründete. Infolge des Rückzugs aus der Tempelgemeinde in Jerusalem wurden durch den Lehrer und seine Anhänger keine Tieropfer mehr dargebracht, weil man glaubte, daß das Heiligtum jetzt unter einer unreinen Verwaltung stand.

Uns fehlen weithin handfeste Beweise, aufgrund derer sich die Geschichte der Qumrangemeinschaft nach ihrer Gründung darstellen ließe. Drei Fakten bilden die Ausnahme. Erstens wuchs die Größe der Anlage in der Periode Ib zu ihrem größtem Ausmaß an – ungefähr 100 Meter von Norden nach Süden und 80 Meter von Osten nach Westen. Zweitens beschädigte ein Feuer und offensichtlich ein Erdbeben die Gebäude zu einer späteren Zeit (oder Zeiten) und verursachten beträchtlichen Schaden. Drittens wurde die Siedlung einige Jahrzehnte, nachdem sie in fast genau derselben Form wie zuvor wieder aufgebaut worden war, zerstört, und zwar um das Jahr 68 n.Chr. Wir haben Grund zu der Annahme, daß die Essener, vielleicht in der Meinung, der Endkampf sei gekommen, sich verteidigten, als sie angegriffen wurden.

Wir wissen nicht, was den Zustrom der Neuankömmlinge im späten 2. Jahrhundert v.Chr. auslöste. Der Lehrer war zu Beginn der Periode Ib wahrscheinlich nicht mehr am Leben. Die Damaskusschrift könnte auf seinen Tod anspielen: „Und vom Tag des Hinschieds des Anweisenden [Lehrers] der <Einung> bis zum Ende aller Kriegsleute, die sich abgewandt haben mit dem ‚Lügenmann' etwa vierzig Jahre" (CD XX,13–15; siehe auch XIX,35–XX,1). Obwohl die Wissenschaftler den „Tag des Hinschieds des Anweisenden [Lehrers]" unterschiedlich interpretiert haben, ist es sinnvoll, diesen als Hinweis auf seinen Tod zu lesen.

Forscher, die die bedeutendsten, gut erhaltenen Hauptschriften von Qumran analysiert haben, sind der Meinung, daß sie in ihnen aufeinanderfolgende Stadien der Überarbeitung und Erweiterung entdecken können. Diese Arbeit ist oft höchst subjektiv und findet daher selten allgemeine Zustimmung. Trotzdem könnte die Gemeinderegel einen alten Kern haben, der auf die frühesten Zeiten der Qumrangemeinschaft zurückgeht. Die Kolumnen VIII,1–IX,26 sprechen von einer Pioniergemeinschaft (die Passage über die Wüste, die sich auf Jes 40 bezieht, entstammt diesem Abschnitt). Ein wesentlicher Teil dieser beiden Kolumnen fehlt im ältesten Manuskript der Regel. Es ist daher nicht sicher, ob die älteste Kopie eine frühere Form des entstehenden Textes bewahrt hat oder ob sie unvollständig ist, weil ein Abschreiber einen Abschnitt übergangen hat, als sein Auge zufällig von einer Aussage zu einer ähnlichen in einer Zeile weiter unten sprang und er so den Text dazwischen ausließ; letzteres ist wahrscheinlicher.

In Kol. VIII,1–IX,26 der Gemeinderegel stellt sich die exilierte Gemeinschaft als ein Allerheiligstes für Israel dar, d.h. als die heiligste Gruppe innerhalb der größeren heiligen Gemeinschaft. Ihre Aufgabe ist es, Sühne für das Land zu leisten und als wohlgefälliges Opfer Gott zu dienen. Eine bewußte Übertretung einer der mosaischen Vorschriften wurde mit Ausschluß ohne Hoffnung auf Wiederzulassung bestraft; versehentliche Übertretungen trugen dem Sünder eine Zweijahresstrafe ein. Er war nur dann zur Wiederaufnahme berechtigt, wenn er Buße tat. Zwei bedeutsame Sätze lauten: „zu sühnen für Untreueschuld und Veruntreuungssünde und zum Wohlgefallen für das Land, (und zwar) mehr als Brandopferfleisch und <mehr als> Fettstücke von <Schlachtopfern, und ein Hebopfer von Lippen> nach Vorschrift als rechte Beschwichtigung und vollkommener Wandel als wohlgefällige freiwillige Gabe“ (1QS IX,4–5). Das Leben der Gemeinschaft war Ersatz für die Opfer- und Versöhnungsrituale im Tempel. Wenn dieser Abschnitt intakt und ein frühes Dokument der Gemeinschaft gewesen ist, dann gab es bereits zu dieser Zeit einen Glauben an zwei Messiasse (in IX,11 erwähnt). Der Abschnitt enthält auch Regeln für den Unterweiser (hebräisch *maskil*), der der Führer der Gruppe war.

1.2.2 Periode Ib

Das Wachstum der Gemeinschaft in der Periode Ib stand mit einem Ereignis in der Regierungszeit von Alexaner Jannaeus (103–76 v.Chr.) in Verbindung. Einige Pharisäer hatten versucht, ihn aus seinem Amt zu entfernen, indem sie den seleukidischen Monarchen König Demetrius nach Jerusalem einluden, um Jannaeus anzugreifen. Als Rache kreuzigte Jannaeus an einem Tag 800 Pharisäer in Gegenwart ihrer Familien. Wie schon gezeigt, erwähnt der Nahum-Kommentar diesen Vorfall. Einige Forscher vertreten die These, daß die Pharisäer wahrscheinlich nach Qumran geflohen seien und von daher die Zunahme ihrer Zahl nach den grauenhaften Hinrichtungen 88 v.Chr. zu erklären sei. Das ist eher unwahrscheinlich. Die Essener machten sich vielmehr über die Pharisäer als über die lustig, die „‚glatte‘ Anweisungen geben“, weil sie es nicht vermochten, das durch den Lehrer und seine Anhänger vertretene, strengere Verständnis des Gesetzes zu praktizieren. Nichts deutet darauf hin, daß die Leute von Qumran die barbarische Tat des Jannaeus besonders anstößig gefunden hätten. Der Nahum-Kommentar erwähnt sie nämlich, ohne ein Urteil über den Vorfall zu fällen.

1992 wurde ein weiterer neuer Text in die Debatte eingeführt. Einigen Forschern zufolge enthält 4Q448 möglicherweise den ersten positiven Hinweis auf einen Makkabäer-/Hasmonäer-König in den Qumranrollen. Dort wird der König Jonathan (= Jannaeus) einmal sicher und wahrscheinlich noch ein weiteres Mal genannt. Vielleicht enthält der Text ein „Psal[mlied – –] ... über Jonathan, den König, und die ganze Versammlung Deines Volkes Israel“. Eine andere Lesart lautet: „Lied [oder: Stadt] der Heiligkeit, die Freude des Königs. ...“ Der Verweis auf „Jonathan“ würde dann fehlen. Aber ein positiver Hinweis auf ihn ist in Qumran nicht undenkbar, hatte doch Jannaeus 800 der Gegner der Essener beseitigt. Das wiederum würde die Frage nahelegen, warum die Essener, wenn sie doch positiv über Jannaeus dachten, ihre separate Existenz weiterführten. Vielleicht waren es ihre Glaubensvorstellungen über ihr

Leben in den letzten Tagen und ihr Standpunkt zur Reinheit und Absonderung von allem Unreinen, die sie veranlaßten, weiterhin für sich zu leben.

Obwohl wir nur wenige Informationen über die Einwohner von Qumran während der Periode Ib haben, können wir mit Sicherheit sagen, daß in dieser Zeit eine große Zahl von Manuskripten abgeschrieben wurde: Die Gemeinderegel aus Höhle 1, die Gemeinschaftsregel, die Damaskusschrift, die Tempelrolle, die Loblieder, die Sabbatopferlieder, die Täglichen Gebete, die große Jesajarolle, Kopien anderer biblischer Bücher, Werke wie das Erste Henochbuch und das Jubiläenbuch – diese und viele andere wurden während der Periode Ib abgeschrieben.

De Vaux hat theoretisch die Möglichkeit erwogen, die Periode Ib könnte 31 v.Chr. durch ein Erdbeben beendet worden sein, von dem Qumran heimgesucht wurde und das ein die Gemeinschaftsgebäude zerstörendes Feuer entfachte. Eine beinahe 30jährige Besiedelungslücke folgte (bis zum Ende der Regierungszeit von Herodes 4 v.Chr.). Zeugnisse dafür, daß der Ort mehrere Jahrzehnte unbewohnt blieb, sind unter anderem einige Münzen und beträchtliche Ablagerungen von Sinter in einer der Zisternen. Die Erklärung de Vaux' ist nicht allgemein akzeptiert worden. Es braucht sicherlich keine 27 Jahre für die Ablagerung einer dicken Sinterschicht. Außerdem wurden zehn Münzen aus der Regierungszeit des Herodes gefunden. Es gibt keinen zwingenden Grund für die Annahme, daß die Essener nicht schon bald ihre Siedlung an derselben Stelle wieder aufgebaut hätten.

1.2.3 Periode II

Die von de Vaux postulierte Periode II reichte vom Ende des Herodes bis zur endgültigen Zerstörung der Gebäude. Sie könnte aber auch schon früher begonnen haben, da die Zeugnisse für eine längere Besiedelungslücke nicht überzeugend sind. Die Anlagen wurden ungefähr in derselben Größe wiedererrichtet wie in der vorangegangen Periode, obwohl einige kleine Veränderungen – wie etwa die weitere Verstärkung des Turmes – vorgenommen wurden. Wie die Periode Ib war auch die Periode II ein Zeitraum intensiver Schreibarbeit. Wieder tauchen biblische Manuskripte und Abschriften anderer Werke in Hülle und Fülle auf. Die Kriegsregel aus Höhle 1 stammt aus dieser Periode, ebenso zahlreiche der biblischen Kommentare, vielleicht das Genesis-Apokryphon und die faszinierende Psalmenrolle aus Höhle 11. Ob man aus den Daten, zu denen die

Abschreiber diese Manuskripte herstellten, große Schlußfolgerungen ziehen darf, ist eine offene Frage. Die Bibelauslegung beispielsweise ging sicherlich schon vor Periode II weiter; man hat auch frühere Manuskripte einer älteren Version der Kriegsregel gefunden. Jedenfalls versteckten die Essener ihre Manuskripte, als die Römer angriffen und versuchten, sich zu verteidigen, wobei viele ihr Leben ließen. Wir wissen nicht, wie viele Leichen in den Friedhöfen aus diesem Gemetzel datieren. Möglicherweise flohen einige Essener und suchten Orte wie Masada auf. Ein Zeugnis, das diese Theorie stützen könnte, ist eine in Masada gefundene Kopie der Sabbatopferlieder aus Qumran. Vielleicht hat sie ein früherer Einwohner von Qumran dorthin gebracht.

Die späteren Perioden betreffen die Geschichte der Qumrangemeinschaft nicht und können somit hier außer Betracht gelassen werden.

2. Eine Skizze der Vorstellungen und Lebensweise von Qumran

Die Skizze der oben dargestellten Geschichte von Qumran soll hier durch eine Zusammenfassung der in den Qumrantexten gefundenen Theologie und der daraus entspringenden Lebensweise ergänzt werden. Die Denk- und Handlungsmuster, die sich in diesen Texten und Fragmenten zeigen, laufen auf ein System zu: Eine Reihe von fundamentalen Glaubensvorstellungen verlangt konkrete Verhaltensweisen und nimmt entsprechende Formen an. Während Theologie und Praxis der Gruppe sich eng auf die biblischen Vorgaben beziehen und von daher vieles mit anderen jüdischen Systemen dieser Zeit teilen, unterscheiden sie sich doch deutlich genug, um diese Essener als eine Gruppe zu definieren, die entscheidend von anderen zeitgenössischen jüdischen Parteien abwich. Ein faszinierendes, übergreifendes Merkmal der Vorstellungswelt von Qumran ist das starke Bewußtsein dafür, daß die letzten Tage gekommen sind, und – damit verbunden – die gleichermaßen starke Überzeugung, daß das Verhalten den striktesten gesetzlichen Vorschriften entsprechen muß. Sicherlich ist das eine Vereinfachung; aber das in der Mischna, der Tosephta und im Talmud verkörperte rabbinische Judentum zeigt ein großes Interesse an einem angemessenen bundesgemäßen Verhalten; das frühe Christentum, zumindest in seiner paulinischen Ausprägung, wies diesen Ansatz zurück und setzte einen stärkeren Akzent auf die eschatologische Dimension. In Qumran wurden beide Aspekte gleichermaßen akzentuiert.

Es ist nicht leicht, eine Theologie systematisch darzustellen, die niemals systematisch in den Texten zum Ausdruck gebracht wurde. Ihre grundsätzlichen Prinzipien können aber wie folgt formuliert werden.

2.1 Determinismus

Der Determinismus (oder auch die Vorsehung) spielt eine zentrale Rolle in der essenischen Theologie (zu einigen Texten, die die prädestinatorische Theologie von Qumran zum Ausdruck bringen, siehe Kap. 3 Abschn. 1.2.1.1). Er läßt sich in etwa folgendermaßen skizzieren: Der ewige und allmächtige Gott hat alles erschaffen. Aber bereits vor seiner Schöpfung bestimmte er genau vorher, was in seiner Schöpfung geschehen würde. Er hat nicht nur alles vorherbestimmt und dann das Universum seinem Plan entsprechend geschaffen, sondern er wollte darüber hinaus auch mit seinen Geschöpfen in Gemeinschaft treten und über seine gesamte Schöpfung hinweg durch die Struktur des Kosmos und des sich entfaltenden Musters der Geschichte Hinweise auf diesen seinen Gemeinschaftswillen geben.

Die zentrale Rolle des Determinismus und der Vorsehung ist ein Merkmal, das das Interesse zeitgenössischer Zeugen fand und die Essener von anderen unterschied. Einer der Ausdrücke, auf den man in den prädestinatorischen Aussagen stößt, lautet „bevor Du sie erschaffen" oder dergleichen. Er erinnert an einen Vers aus dem Zweiten Jesajabuch, wo der anonyme Exilsprophet verkündigte, daß der Herr von alters her wußte, was geschehen würde. Die Essener gingen aber über diesen Punkt der Gewißheit dieses Vorwissens hinaus zu folgendem Bekenntnis: Gott hat auch das vorherbestimmt, was sogar *vor* der Schöpfung, in der alle Ereignisse nach Plan geschehen, geschieht. Die Qumranmanuskripte enthalten zwar offensichtlich keinen eingehenden Versuch, mit der verwirrenden Logik zurechtzukommen, die sich aus einem System dieser Art ergibt. Aber mehrere Dokumente enthalten unmißverständliche Aussagen dieser charakteristisch essenischen Glaubensvorstellung – einer Vorstellung, die die Essener nach Josephus sowohl von Pharisäern als auch von Sadduzäern unterschied.

2.2 Die zwei Wege

In Gottes vorherbestimmtem Plan gibt es zwei Wege: den Weg des Lichts und den Weg der Finsternis, den Weg des Guten und des Weg des Bösen. Dazwischen gibt es keinen Mittelweg. Das gesamte Universum ist in diese Dualität einbezogen, die letztlich unter Gottes fester Kontrolle steht. Zahlreiche Engel und Menschen gehören in das eine oder andere der beiden Lager. Beide Lager befinden sich in permanentem Kriegszustand, ein Konflikt, der nur dann enden wird, wenn Gott zum letzten Gericht kommt und den Söhnen des Lichts und ihren Verbündeten unter den Engeln zum Sieg verhilft.

Der kosmische Krieg zwischen diesen beiden ursprünglichen Mächten spielte sich auch in den Leben der Individuen ab. Jede Person hatte gewisse Anteile an Licht und Finsternis. Oder, um es anders auszudrücken, jeder ist sündig, auch wenn er einer der Söhne des Lichts ist.

> „Durch einen Finsternisengel (geschieht) der Irrtum aller Gerechtigkeitssöhne, und all ihre Sünde(n), ihre Verschuldungen, ihre Schuld, und ihre treulosen Taten (geschehen) durch seine Herrschaft entsprechend Gottes Geheimnissen bis zu seinem Ende. Und all ihre Plagen und die Termine ihrer Bedrängnisse (liegen) in der Herrschaft seiner Anfeindung, und alle Geister seines Loses (sind da), um Lichtsöhne zu Fall zu bringen." (1QS III,21–24)

Die Gemeinderegel fährt fort, die Handlungsarten aufzuzählen, die aus den beiden Geistern resultieren, und gibt eine programmatische Erklärung:

> „In diesen (liegen) die Werdegänge aller Mannessöhne, in ihren Teilen erben all ihre Scharen nach ihren Geschlechtern und auf ihren Wegen wandeln sie, und alles Werk ihrer Taten erfolgt in ihren Teilen entsprechend dem Erbteil eines jeden, ob mehr oder weniger, für alle ewigen Zeiten.
>
> Denn Gott hat sie nebeneinander gestellt bis zur letzten Zeit und setzte ewige Feindschaft zwischen ihre Teile:
> Ein Greuel für Wahrheit sind Taten von Unrecht
> und ein Greuel für Unrecht alle Wege von Wahrheit,
> und Eifer von Streit (liegt) über all ihren Urteilen,
> denn sie wandeln nicht in Eintracht." (1QS IV,15–18)

Die bevorzugte Erklärung für die machtvolle Gegenwart des Bösen im Leben der Menschheit ist in Qumran die am besten aus der Henoch-Literatur bekannte Geschichte von den gefallenen Engeln (siehe Gen 6,1–4). Als himmlische Engel ausschwärmten und Frauen schwängerten, führten sie und ihre Nachkommen – die Riesen – ein übermenschliches Element des Bösen in die menschliche

Gesellschaft ein. Die Geschichte von Adam und Eva scheint im Denken Qumrans keine besondere Rolle gespielt zu haben. Der Engel- (oder Wächter-) Mythos geht in einigen seiner Formen davon aus, daß das Böse zuvor in der himmlischen Welt existierte, erklärt aber nicht seinen Ursprung.

2.3 Die Gemeinschaft des neuen Bundes

Unter diesen Bedingungen gefiel es Gott, mit einem Volk einen Bund zu schließen. Er erwählte es und offenbarte ihm zu verschiedenen Zeiten Gebote, insbesondere aber auf dem Berg Sinai, als er Mose die Einzelheiten seines Willen enthüllte. Abraham und seine Nachfolger lebten in einem bündnishaften Verhältnis zu Gott, bis ihr Ungehorsam ihn viele Jahrhunderte später dazu führte, sie zu verstoßen und sie Nebukadnezzar auszuliefern. Dennoch schloß Gott mit einem überlebenden Rest einen neuen Bund. Es scheint der alte zu sein, dieses Mal jedoch mit einem tieferen Verständnis dessen, was verlangt wird, und einem größeren Anreiz zum Gehorsam. Der Rest, mit dem der neue Bund geschlossen wurde, betrachtete sich als das wahre Israel. Die Leute, die in und um Qumran herum lebten, glaubten fest daran, daß sie Teil jenes Restes wären, den Gott aufstehen ließ, damit er eine Pflanzung der Gerechtigkeit und der Wahrheit sei. Während des Wochenfestes (es wird in 4Q226 16–18 erwähnt) feierten sie ein jährliches Bundeserneuerungsfest. Die ersten zweieinhalb Kolumnen der Gemeinderegel beschreiben dieses Fest.

Die Gemeinschaft organisierte sich so, daß sie an Israels Struktur während der Wanderung durch die Wüste erinnern sollte. D.h., sie behielten die aus der Bibel stammende Sprachregelung hinsichtlich der Stämme bei, unterschieden zwischen Priestern, Leviten und Israeliten, die in Einheiten zu Tausendschaften, Hundertschaften, Fünfzigschaften und Zehnerschaften unterteilt wurden. Die Organisation der Gemeinschaft wird in der Gemeinderegel ganz genau behandelt; die dort gebrauchten Ausdrücke tauchen auch in anderen Texten auf. Ein Wort, das die Mitglieder häufig für sich selbst gebrauchten, ist *Jachad*, ‚Einung' oder ‚Gemeinschaft'. In dem Abschnitt, der von dem jährlichen Bundeserneuerungsfest handelt, gibt der Verfasser die ‚Einung' in folgenden Worten wieder:

> „So sollen sie verfahren Jahr für Jahr die ganze Zeit der Herrschaft Belials. Die Priester begehen (den Bundesschluß) an erster Stelle, in der (festgelegten Rang-) Ordnung entsprechend ihren Geistern, einer nach dem andern.

Und die Leviten begehen (den Bundesschluß) nach ihnen und das ganze Volk begeht ihn an dritter Stelle, in der (festgelegten Rang-) Ordnung, einer nach dem andern, nach Tausendschaften und Hundertschaften und Fünfzigerschaften und Zehnerschaften, damit jeder einzelne Israelit seinen Rang-Posten kenne in der Einung Gottes für einen ewigen Rat. Keiner soll sich erniedrigen unter seinen Rangpostenplatz und keiner sich erheben über den Ort seines Loses, sondern alle seien in wahrhafter Einung und in demütiger Güte, in liebevoller Verbundenheit und gerechtem Denken [ein]er gegenüber seinem Nächsten in einem Rat von Heiligkeit und von Söhnen eines ewigen Kreises *(swd)*." (1QS II,19–25)

Die Mitglieder der Gruppe führten ein in jeder Hinsicht gemeinschaftliches Leben. Gemeinsam aßen sie ihr reines Mahl, gemeinsam beteten und berieten sie sich und studierten die Schriften (VI,2–3.7–8). Ihr höchster Amtsträger war der Aufseher (wie Maier *mebaqqer* übersetzt), dessen Pflichten in Kolumne IX aufgelistet sind. Zu seinen Aufgaben gehörte die Lehre der wahren Erkenntnis und der Geheimnisse Gottes, die Beurteilung der Mitglieder hinsichtlich ihres Geistbesitzes und der Vorsitz über die Gruppenversammlungen. Darüber hinaus mußte er als erster die Eintrittswilligen prüfen; erst nach Bestehen der Prüfung konnte der lange Aufnahmeritus beginnen (VI,13–15). Der Aufseher sollte sich eifrig darum bemühen, den Willen Gottes zu tun, und sollte Freude daran haben, ihn zu tun. Die Damaskusschrift, die unterschiedliche essenische Gemeinschaften (Lager) regelt, spricht ebenfalls von einem Aufseher, der über ihnen steht. Es ist möglich, obwohl nicht ganz deutlich, daß die als Schatzmeister bezeichnete Person eine andere als die des Aufsehers war. Wer auch immer dieser Schatzmeister war, er führte die Aufsicht über die Finanzen der Gruppe, ihr gemeinschaftliches Eigentum. Ferner verweist die Gemeinderegel auch auf einen Rat der Gemeinschaft, der zwölf Männer und drei Priester umfaßte (1QS VIII,1–4). Ob dieser eine kontinuierlich fortbestehende Gruppe oder ein früher Kern der Gemeinschaft war, ist nicht sicher. Die Gruppe in ihrer Gesamtheit wird die ‚Gemeinschaft' oder ‚die Vielen' genannt.

2.4 Schriftauslegung

Das stärkere Bewußtsein und die Verpflichtung, die aus dem neuen Bund erwuchsen, waren eng mit Schriftauslegung verbunden. Jeder derartige Hinweis zielt auf die zentralle Rolle des Schriftstudiums in Qumran, und dieses Studium führte zu verschiedenen Einsichten.

2.4.1 Die letzten Tage

Das Studium der Offenbarung Gottes – erleichtert durch die Gegenwart des Lehrers der Gerechtigkeit, der als inspirierter Ausleger der prophetischen Geheimnisse angesehen wurde – enthüllte, daß die von den Propheten vorhergesagten letzten Tage angebrochen seien. Daraus ergab sich, daß für diese Zeit besondere Bedingungen galten: Das Böse hat nämlich sein höchstes Potential erreicht, und die Mitlieder des neuen Bundes sind dadurch schweren Prüfungen ausgesetzt. Für diese Zeiten werden unterschiedliche Bezeichnungen wie ‚Zeit des Frevels' oder ‚Zeit der Versuchung' gebraucht.

2.4.2 Spezielle Gesetze

Die Schriftauslegung deckte nicht nur die Tatsache auf, daß die letzten Tage gekommen sind; sie ergab auch die besonderen Regeln, nach denen die neuen Bundesmitglieder in der Zeit des Frevels leben sollten. Die Anordnungen der Tora galten als geoffenbart, und natürlich war ihre absolute Autorität nicht in Frage zu stellen; die Übertretung irgendeiner dieser Anordnungen zog den Ausschluß aus der Gemeinschaft nach sich (1QS VIII,21–23). Aber durch spezielle Interpretationen leiteten die Ausleger von Qumran aus den biblischen Gesetzen weitere Gesetze und Vorschriften ab, von denen sie glaubten, daß sie in den offenbarten Worten der Tora verborgen lagen. Jeder, der sich freiwillig das Recht verdient hatte, in die Gemeinschaft einzutreten (zum Aufnahmeverfahren siehe Kap. 3 Abschn. 2.1), verpflichtete sich, nach dem Willen Gottes zu leben, so wie dieser *von der Gruppe verstanden wurde.* Die Reihe der gesetzlichen Texte in Qumran beweist die Bedeutung der aus der Tora-Exegese erschlossenen Regeln. Der strikten Befolgung des gemeinschaftlichen Verhaltenscodex' wurde durch eine Reihe von Strafen Geltung verschafft, deren schwerste die Verbannung aus der Gemeinschaft war. Die übrigen variierten, je nach Vergehen, zwischen einem Jahr für die schwersten (wenn man „von der Wahrheit" abfällt und „in der Verstocktheit seines Herzens wandelt", 1QS VII,18–19) und zehn Tagen für die geringfügigsten (wer seinem Nächsten ins Wort fällt, VII,9–10).

Alle Mitglieder wurden nach dem Grad der Vollkommenheit bzw. Unvollkommenheit ihres Verhaltens eingestuft und regelmäßig beurteilt. Darüber wurde sogar Buch geführt, so daß sachdienliche Informationen zur Verfügung standen.

> „Und man schreibt sie in die (Rang-) Ordnung ein, einen jeden vor seinem Nächsten entsprechend seinem Verstand und seinen Taten, damit alle

gehorsam seien einer gegenüber dem andern, der Kleine dem Großen. Und man soll ihren Geist und ihre Taten Jahr für Jahr mustern, um einen jeden entsprechend seinem Verstand und der Vollkommenheit seines Wandels höher zu stufen, und ihn entsprechend seiner Verkehrtheit zurück zu stufen" (1QS V,23–24)

Da Reinheit ein oberstes Anliegen war, wurde die Absonderung verlangt, sei es die endgültige Trennung von der Qumrangemeinschaft oder die begrenzte, allerdings tatsächlich vollzogene Absonderung von den Lagern. Strenge Regeln hatten das Ziel, den Mitgliedern dazu zu verhelfen, die erforderliche Reinheit frei von jeglicher Verunreinigung zu erreichen.

2.4.3 Das Universum

Offenbarung und Schriftinterpretation gaben auch Informationen über die Struktur des Universums preis. Die Offenbarungen enthüllten nicht nur den Verlauf der Geschichte und jemandes Stellung darin; sie teilten auch den wahren Kalender und die genau angeordneten Zeiten mit, in denen die Feste zu feiern waren. Sonne und Mond bewegten sich nach strengen schematischen Gesetzen, die die Bundesmitglieder verstanden, nicht aber die anderen, die auf den Wegen der Heiden wandelten.

Der geoffenbarte Kalender schrieb ein Sonnenjahr von 364 Tagen sowie ein *Mondjahr* von 354 Tagen vor. Als zahlreiche der Texte aus Höhle 4 noch nicht verfügbar waren, erweckten die veröffentlichten Texte den Eindruck, als ob die Leute von Qumran wie der Verfasser des Jubiläenbuches nur einen Sonnenkalender mit 364 Tagen akzeptiert und die lunare Berechnung abgelehnt hätten, der die Jerusalemer Behörden folgten – eine Berechnung, die praktisch mit der in verschiedenen hellenistischen Reichen gebrauchten identisch war. In Kapitel 2 habe ich bereits die veröffentlichten und bislang noch unveröffentlichten Texte aufgeführt, die den 364-Tage-Sonnenkalender erwähnen: das Jubiläenbuch, das Erste Henochbuch, die Psalmenrolle aus Höhle 11, die *Mischmarot*-Texte (d.h. Texte, die den Brauch der Rotation der 24 Priestergruppen oder „Wachen" vorschreiben), 4Q252 und 4QMMT. Jetzt, nachdem alle kalendarischen Texte zugänglich sind, läßt sich die Komplexität der Kalenderschemata von Qumran weit besser verstehen. Besonders interessant ist, daß eine der in Höhle 4 gefundenen Abschriften der Gemeinderegel (Kopie e) einen langen Kalenderabschnitt enthält, der ebenfalls von den Dienstklassen oder „Wachen" der Priester handelt.

Häufig findet sich in den *Mischmarot*-Texten eine Übersicht, die drei Größen aufeinander bezieht: das Datum im Sonnenkalender, das entsprechende Datum im Schema des Mondkalenders und den Tag des Dienstes in der Woche der Dienstabteilung der Priester, welche an der Reihe war. Die ersten beiden Sachverhalte sind einfach zu verstehen, aber der dritte ist komplizierter. Die Priester im antiken Juda wurden in 24 Klassen oder Wachen aufgeteilt (sie sind in 1 Chr 24,7–18 namentlich benannt) und wechselten einander im Tempeldienst ab. Die Priester aus einer der 24 Abteilungen dienen eine Woche lang und werden dann am Sonntag durch die nächste auf der Liste stehende Klasse ersetzt. Durch die Abstimmung der Rotation des Priesterdienstes auf die Sonnen- und Monddaten konnte der Verfasser des Kalenders errechnen, auf welchen Wochentag ein bestimmter Feiertag fallen sollte. Zuweilen nennen die Kalender auch die Feste des Alten Testaments und jene zusätzlichen, die die Essener feierten. Da die Tora die Daten einiger dieser Feste spezifiziert, kann man errechnen, wann die weniger bekannten gefeiert wurden. Aufgrund dieser Berechnung ist es nicht allzu schwierig, sich sämtliche Details dieser ziemlich komplizierten Texte zurechtzulegen.

Die Bedeutung der Qumrankalender liegt darin, daß sie sich von allen im Tempel in der Zeit des 2. Jahrhunderts v.Chr. und danach gebrauchten Kalendern unterscheiden. So beachteten die Einwohner von Qumran und einige ihrer geistigen Vorfahren einen einzigartigen Festzyklus. D.h., daß sie jene Feste, die ihnen mit anderen Juden gemeinsam waren, nicht an denselben Tagen feierten. Darüber hinaus begingen sie mehrere Anlässe als Festtage, die andere Juden anscheinend nicht feierten. Die hauptsächlichen zusätzlichen Feste sind in der folgenden Liste kursiv hervorgehoben (in der Klammer sind zuerst der Monat und dann der Tag genannt):

Pessachfest (1/14)
Fest der ungesäuerten Brote (1/15–21)
Das Garbenfest (1/26) = Erstlingsfrüchte der Gerstenernte
Wochenfest (3/15) = Erstlingsfrüchte der Weizenernte
Fest des neuen Weines (5/3)
Fest des neuen Öles (6/22)
Fest des Holzes (6/23–30?)
Versöhnungstag (7/10)
Laubhüttenfest (7/15–21, mit einem zusätzlichen Tag: 7/22).

Die zusätzlichen Feiertage dürften ein Produkt der Bibelauslegung gewesen sein.

Dem Mondkalender, der jetzt in Qumran gut bezeugt ist (das Jubiläenbuch wies jeglichen Gebrauch des Mondes zur Kalenderberechnung ab, das Astronomische Buch im Ersten Henochbuch akzeptierte das), liegt nicht dasselbe System zugrunde wie dem in Jerusalem angewandten. Er ist ein rein schematischer Kalender und hängt merkwürdigerweise nicht von der Beobachtung des Mondes ab. Er hat fortlaufend wechselnde Monate von 30 und 29 Tagen. In zwölf Monaten beläuft sich die Summe der Tage auf 354, so daß jedes dritte Jahr ein Monat hinzugefügt werden mußte, um die Berechnung nach dem Mondjahr mit dem Sonnenjahr in Einklang zu bringen. Ein weiteres auffälliges Merkmal der Mondkalenderberechnungen von Qumran besteht darin, daß sie offenbar den Vollmond als Beginn des Mondmonats angesehen haben und nicht den Neumond. Die Anhänger dieses Kalenders verfolgten ihn und den Sonnenkalender bis in die Zeit der Schöpfung zurück; man datierte sogar die Tage der Schöpfungswoche durch die Dienstabteilung der Priester, die damals im Dienst gewesen wäre, wenn sie bereits existiert hätte. Die sorgfältigen Ausleger der Genesis glaubten, daß Gott den Mond voll geschaffen habe, von daher begann der erste Monat mit dem Vollmond. Da Gott Sonne, Mond und Sterne am vierten Tag geschaffen hatte, begann der Kalender am vierten Tag der Woche (= unserem Mittwoch).

Die Verfasser der Schriftrollen scheinen sich der Tatsache bewußt gewesen zu sein, daß ihr schematischer Sonnenkalender nicht zur tatsächlichen Länge des Sonnenjahres paßte. Manche kalendarischen Texte geben nämlich vereinzelte Hinweise auf ein kompliziertes Interkalationssystem, durch das ihr 364-Tage-Kalender mit dem tatsächlichen Sonnenjahr in Einklang gebracht werden konnte. Die Texte bieten ausreichend Belege dafür, daß die Kalender mit längeren Einheiten als nur einem Jahr operierten. Es gibt Hinweise auf Jahrwochen (wie in Daniel 9) und Jubiläen von Jahren (wie im Jubiläenbuch). Diese Jubiläen wurden zu Einheiten von je 49 Jahren berechnet. Die größte benannte Einheit ist das Jubiläum der Jubiläen oder auch neunundvierzig 49-Jahres-Größen. Durch solche Zeiteinheiten datierten die Essener die Vergangenheit und sagten die Zukunft voraus, die beide natürlich in Gottes unveränderlichem und voherbestimmten Plan festgesetzt worden waren.

2.5 Gottesdienst

Weil sie in der Zeit des Frevels lebten, die auf das Ende hin führte, fühlten sich die Bundesmitglieder dazu aufgerufen, Gott im Gottesdienst zu loben, und sie spürten, daß sie in ihrem Tun in Gemeinschaft mit den Engeln waren, die an der himmlischen Liturgie teilnahmen. Die Mitglieder des Bundes praktizierten offenbar keine Tieropfer. Man kann die in Qumran gefundenen Tierknochen als Überreste von Mahlzeiten deuten, nicht aber von Tieropfern. Statt dessen sandten die Mitglieder Gebet und Lob als Opfer ihrer Lippen an den erschaffenden, bewahrenden und rettenden Gott. Ein bereits zitierter Abschnitt formuliert dies so:

> „... zum Wohlgefallen für das Land, (und zwar) mehr als Brandopferfleisch und <mehr als> Fettstücke von <Schlachtopfern, und ein Hebopfer von Lippen> nach Vorschrift als rechte Beschwichtigung und vollkommener Wandel als wohlgefällige freiwillige Gabe" (1QS IX,4–5)

2.6 Das Ende und die Messiasse

Am Ende der Geschichte, auf das sich die Bundesmitglieder durch Einhaltung von Gottes offenbarten und verborgenen Forderungen vorbereiten, wird der allmächtige Herr eingreifen. Er wird dann die großen Führer der Zukunft schicken – einen Propheten und den davidischen und den priesterlichen Messias –, die an der Seite der Heerscharen der Söhne des Lichts am endgültigen göttlichen Sieg über das Böse teilhaben werden.

Die qumranische Glaubensvorstellung von den zwei Messiassen hat viel Aufmerksamkeit erfahren. Die Belege für diese Erwartung haben in den letzten Jahren zugenommen. Wie schon erwähnt, war die Damaskusschrift 1896 in Kairo gefunden und im Jahre 1910 veröffentlicht worden. Ihre Erforscher stellten fest, daß vier Abschnitte die Wendung „der Messias von/aus Aaron und Israel" gebrauchen. Zwangsläufig fragte man nach ihrer Bedeutung: Kam ein Messias aus ganz Israel, repräsentierte er ganz Israel, bzw. bezogen sich die Verfasser auf zwei Messiasse, nämlich einen aus der priesterlichen Linie Aarons und einen weiteren aus dem Rest Israels? Man gelangte zu keiner Antwort, da die Belege zweideutig waren, obwohl ein Abschnitt eine singularische Verbform („den Messias von Aaron und Israel") als Subjekt hat. Vor diesem Hintergrund verursachte die Entdeckung der Gemeinderegel großes Aufsehen, weil sie dieselbe Wendung mit einem zusätzlichen Buchstaben gebrauchte, so daß aus ihr die „Messiasse von Aaron und Israel" wurden (1QS IX,11). Der Abschnitt, deren Teil diese Zeile ist, fehlt in der ältesten Abschrift der Gemeinderegel aus Höhle 4 (Kopie e), aber dies scheint durch einen Abschreibefehler verursacht worden zu sein. Die Pluralform in 1QS IX,11 war der erste unzweideutige Beleg dafür, daß die Leute von Qumran nicht einen, sondern zwei Messiasse erwarteten. Die Gemeinschaftsregel fügte weitere Angaben hinzu. Sie beschreibt ein Mahl, bei dem die beiden Gestalten anwesend sind: Der Priester, der in diesem Text nicht Messias genannt wird, hat bei dem Mahl mit seinen Benediktionen den Vorsitz inne, und der Messias von Israel spielt ebenfalls eine wichtige Rolle (1QSa II,11–22).

Dieses Muster von zwei endzeitlichen Führern, einem säkularen und einem priesterlichen, wiederholt sich in einer relativ großen Zahl von Qumrantexten unterschiedlicher Art: in Regeln, fortlaufenden und thematischen Kommentaren und in eschatologischen Werken. Der Messias Israels stellt sich – wie zu erwarten – als ein Nachkomme Davids heraus. Er tritt unter mehreren Titeln auf, die miteinander identifiziert werden: „Sproß Davids" (ein Titel aus Jesaja), „Messias" und „Fürst der Gemeinde". In einer Jesaja entlehnten Sprache wird er häufig als jemand beschrieben, der Israels Feinde besiegen und Gerechtigkeit herstellen wird. An seiner Seite finden wir regelmäßig einen Priester, der ihn anleitet und andere Opferdienste ausführt. Beiden sind in der Kriegsregel bestimmte Rollen zugewiesen, obwohl man sonst wenig über sie – und insbesondere den priesterlichen Messias – erfährt, weil die Texte stellenweise fragmentarisch sind. Aber das Erwirken von Sühne ist als eine ihrer Funktionen aufgezählt.

Wie schon in Kap. 3 Abschn. 1.2.1.2 gezeigt, sind die essenischen Aussagen über das Leben nach dem Tode bisweilen undeutlich. Trotzdem besitzen wir, wie bereits ausgeführt, einen Text, der die Auferweckung der Toten durch Gott erwähnt. Diese Auferstehung geschieht offensichtlich, nachdem der Endkampf entschieden und eine verheerende Zerstörung erfolgt sein wird. Zu dieser Zeit wird eine neue Art der Gemeinschaft mit Gott und den Engeln ihren Anfang nehmen. Diese Gemeinschaft wird insofern die Fortsetzung der Gemeinschaft sein, derer sich die Mitglieder in der Gegenwart erfreuen, als sie glaubten, auf irgendeine Weise gemeinschaftlich mit den himmlischen Heerscharen ihren Gottesdienst zu feiern. Die Tempelrolle spricht von einem Neuen Tempel, den Gott erschaffen wird, während eine Reihe anderer Texte den Plan des Neuen Jerusalem beschreibt. So haben die Leute von Qumran auf die Rückkehr in ein gereinigtes Jerusalem mit seinem Neuen Tempel ausgeblickt: Dort würde der richtige Opferkult vollzogen werden.

Bibliographische Angaben

Für die Darstellung der Geschichte der Qumrangemeinschaft folge ich in einigen Aspekten meinem Artikel 2 Maccabees 6,7a and Calendrical Change in Jerusalem, Journal for the Study of Judaism 12 (1981), S. 52–74. Er beruht zum Teil auf den Arbeiten von Jerome Murphy-O'Connor, Demetrius I and the Teacher of Righteousness, Revue Biblique 83 (1976), S. 400–420, und von Hartmut Stegemann, Die Entstehung der Qumrangemeinde, Privatdruck, Bonn 1971.

Daß in 4Q448 von König Jonathan die Rede ist, wurde erstmals von E. und H. Eshel und A. Yardeni, A Scroll from Qumran Which Includes Part of Psalm 154 and a Prayer for King Jonathan and His Kingdom, Tarbiz 60 (1992), S. 296–324 (hebräisch), vertreten.

Lawrence Schiffman entwickelte die zwei Vorstellungen von den offenbarten und verborgenen Geboten in seinem Buch The Halakhah at Qumran, Leiden 1975.

J. T. Milik hat als erster mit seinem Buch Ten Years of Discoveries in the Wilderness of Judaea, London 1959 (Studies in Biblical Theology 1/26), die Aufmerksamkeit auf die kalendarischen Texte von Höhle 4 gelenkt.

Die Mischmarot-Texte wurden zuerst von Ben Z. Wacholder und Martin G. Abegg, A Preliminary Edition of the Unpublished Dead Sea Scrolls: The Hebrew and Aramaic Text from Cave 4, Washington, D.C. 1991, Faszikel 1, S. 60–101, veröffentlicht.

In dem Aufsatz Calendrical Texts and the Origins of the Dead Sea Scroll Community, in: Methods of Investigation of the Dead Sea Scrolls and the Khirbet Qumran Site: Present Realities and Future Prospects, ed. by Michael O. Wise, Norman Golb, John J. Collins, and Dennis G. Pardee, New York 1994 (Annals of the New York Academy of Sciences 722), S. 371–386, erörtere ich die neuen kalendarischen Informationen und ihre Bedeutung für die Rekonstruktion der frühen Geschichte der Qumrangemeinschaft.

Manches Material über die in Qumran vertretenen messianischen Glaubensvorstellungen ist in meinem Aufsatz Messianism in the Scrolls, in: The Community of the Renewed Covenant. The Notre Dame Symposium on the Dead Sea Scrolls, ed. by Eugene Ulrich, James VanderKam, Notre Dame 1994 (CJAn 10), S. 211–234, zu finden; er geht auf einen Vortrag zurück, der in der *Library of Congress* auf einem Kongreß im April 1993 gehalten wurde.

Kapitel 5

Die Schriftrollen und das Alte Testament

Für die Disziplin der alttestamentlichen Wissenschaft haben die Schriftrollen vom Toten Meer einen entscheidenden Beitrag geleistet. Wenn die Qumrangemeinschaft von etwa 150 v.Chr. bis 68/70 n.Chr. existierte, dann kam ihr Ende vor der Niederschrift der meisten Bücher des Neuen Testaments. Damals waren für die Juden, die ihrer Tradition treu blieben, wie auch für jene, die glaubten, daß Jesus der Messias sei, die Bücher des Alten Testaments (= hebräischen Bibel) und vielleicht ein paar andere ebenfalls von Juden geschriebene Werke die einzigen Schriften. Die Qumrangemeinschaft widmete sich täglich dem Schriftstudium, und ihre Bibliothek umfaßt eine Reihe von Kommentaren zu den biblischen Büchern. Was haben uns die Schriftrollen über die Bücher des Alten Testaments gelehrt, die für die Gemeinschaft so wichtig waren? Die Antwort auf diese Frage wird in drei Schritten gegeben: Zuerst wird Auskunft über den Text der hebräischen Schriften gegeben, dann über die Entwicklung einiger biblischer Bücher und schließlich über die Kanonsfrage.

1. Der Text des Alten Testaments

Die biblischen Schriftrollen haben seit den ersten Tagen der Qumranforschung für großes Aufsehen gesorgt. Wie schon bemerkt, waren unter den sieben aus Höhle 1 stammenden Schriftrollen zwei Kopien des Buches Jesaja. Die eine (1QIsa[a]) ist insofern bemerkenswert, als sie die gesamten 66 Kapitel des biblischen Buches enthält, bis auf einen oder zwei hier und da fehlende Buchstaben. Sie ist tatsächlich das vollständigste von allen in den Höhlen gefundenen Manuskripten. Nachdem sich die Überzeugung durchgesetzt hatte, daß die Qumranmanuskripte aus den letzten drei Jahrhunderten v.Chr. und dem ersten Jahrhundert n.Chr. stammen, konnte man das immense Potential solcher Funde für das textkritische Studium der biblischen Texte kaum überschätzen. Es ist nötig, den Textbestand des alttestamentlichen Textes zu kennen, wie er vor der Entdeckung der Qumranrollen bekannt war, um zu verstehen, welche Bedeutung die Schriftrollen bei der Aufdeckung einiger Aspekte der Geschichte haben, die der alttestamentliche Text durchlaufen hat.

1.1 Der zeitliche Rahmen des Alten Testaments

Es ist heftig darüber debattiert worden, wann die verschiedenen Teile des Alten Testaments geschrieben wurden. Konservativere – gleich ob Juden oder Christen – haben lange geglaubt, Mose selbst habe die ersten fünf Bücher (Tora, Pentateuch) des Alten Testaments geschrieben. Selbst wenn man bereit wäre, diese Annahme (für die es keinen direkten Nachweis gibt) zu akzeptieren, wäre die Datierung noch keineswegs geklärt, da die Zeit, in der Mose gelebt haben soll, ebenso umstritten ist. Meistens nimmt man dafür das 15. oder das 13. Jahrhundert v.Chr. in Anschlag. Die Wahl zwischen diesen beiden Daten hängt davon ab, wie man einige biblische Daten und verschiedene archäologische Zeugnisse deutet. Während viele die mosaische Verfasserschaft des Pentateuch voraussetzen, sind viele andere (Juden, Christen und andere) der Auffassung, die ersten fünf Bücher der Bibel seien Kompositionen, die von unterschiedlichen Personen zu unterschiedlichen Zeiten geschrieben worden sind; alle diese Autoren bzw. Redaktoren haben lange nach der Zeit des Mose gelebt. Nach einigen Vertretern der letzteren Sicht wurde die früheste der Hauptquellen für den Pentateuch im 10./9. Jahrhundert und die späteste im 6./5. Jahrhundert v.Chr. geschrieben (sog. Quellenhypothese). Wahrscheinlich stammen einige Bücher (oder Teile von ihnen) – das ist sensus communis – wie das Amosbuch annähernd aus der Zeit, in der der Prophet tätig war (im Falle des Amos im 8. Jahrhundert).

Heftig umstritten ist auch, welches das späteste Buch des Alten Testaments ist und wann es geschrieben wurde. Traditionell hält man Maleachi dafür, der um 400 v.Chr. als Prophet aufgetreten sein soll. In der historisch-kritischen Wissenschaft wird jedoch die Position vertreten, daß das Danielbuch das späteste Buch ist. Man begründet das damit, daß die apokalyptischen Visionen in Dan 7–12 aus den 60er Jahren des 2. Jahrhunderts v.Chr. stammen. Ganz gleich welcher Ansicht man ist – ob das Alte Testament zwischen 1400/1200 und 400 v.Chr. oder zwischen 900/800 und 164 v.Chr. geschrieben wurde – alle Bücher stammen aus vorchristlicher Zeit, und viele von ihnen sind mehrere Jahrhunderte vor der Zeitenwende entstanden.

1.2 Textzeugen vor Qumran

Obwohl die Bücher der hebräischen Bibel sämtlich vor Christus bzw. vor der Zeitenwende geschrieben wurden, besitzen wir aus der Zeit vor der Entdeckung der Rollen vom Toten Meer keine vorchristliche hebräische Abschrift irgendeines dieser Bücher. Tatsächlich hat Palästina kaum ein Manuskript oder Fragment zu Tage gefördert, das sich in diese Zeit datieren ließe. Die hebräischen Texte, von denen man annehmen sollte, daß sie die zuverlässigsten Zeugen des ursprünglichen Wortlauts der Bücher des Alten Testaments sind, sind durch die Jahrhunderte wieder und wieder von Hand abgeschrieben worden; allerdings ist keine dieser früheren Abschriften auf uns gekommen.

1.2.1 Der masoretische Text

Der traditionelle hebräische Text der Bibel wird masoretischer Text genannt. Er ist ein sorgfältig mit Anmerkungen versehenes Produkt einer jahrhundertelangen Tradition, durch die die heiligen Worte von jüdischen Fachleuten gewissenhaft bewahrt, abgeschrieben und überprüft worden sind. Trotz des Respekts und der Gewissenhaftigkeit, mit der sie überliefert wurden, liegen die frühesten Kopien des masoretischen Textes im Kairoer Prophetenkodex von 895 n.Chr. und im Kodex Aleppo (heute teilweise zerstört) vor, der ungefähr um 925 n.Chr. abgeschlossen wurde. Wenn Daniel etwa 165 v.Chr. abgeschlossen wurde (das Buch Daniel, das in der hebräischen Bibel nicht unter die Propheten gerechnet wird, befindet sich nicht im Kairoer Prophetenkodex), wurde der Kodex Aleppo also erst etwa 1090 Jahre nach der Abfassung des letzten Buches der hebräischen Bibel erstellt. Für die meisten antiken Bücher der hebräischen Bibel ist die chronologische Lücke natürlich viel größer. Je nachdem, wie man die Bücher datiert, ist die älteste Kopie des masoretischen Textes zwischen 1700 bis über 2000 Jahre jünger als die Entstehungszeit des ersten Buches der hebräischen Bibel. Die zeitliche Lücke zwischen der Entstehung und den frühesten erhaltenen Abschriften ist enorm. Es ist naheliegend, daß im Laufe der vielen Jahrhunderte während des handschriftlichen Abschreibens die Texte nicht unverändert blieben – meist auf Kosten des ursprünglichen Wortlauts.

1.2.2 Die Septuaginta

Ein Textzeuge liegt zeitlich näher an den Originalbüchern der hebräischen Bibel als der masoretische Text; er leidet jedoch unter der Tatsache, daß es sich um eine Übersetzung handelt – die Septuaginta. Die Bücher der hebräischen Bibel wurden nämlich offensichtlich ab dem 3. Jahrhundert v.Chr. ins Griechische übersetzt. Eine Erzählung über die Übersetzung der fünf Bücher Mose ist in einem griechischen, „Brief des Aristeas" genannten, Werk überliefert. Sie handelt davon, wie der griechische König Ptolemäus II. Philadelphos (283–246 v.Chr.) von Ägypten die entsprechende Order erließ und das Geld zur Verfügung stellte, um 72 jüdische Gelehrte zur Anfertigung der Übersetzung aus Judäa nach Ägypten zu bringen. Die Absicht war, das Gesetz des Mose den Benutzern der großen Bibliothek von Alexandria verfügbar zu machen. Der Brief des Aristeas enthält zu viele unwahrscheinliche Behauptungen, um ihn als Geschichtsbericht beim Wort nehmen zu können. Aber die Zeit, in die hinein er die ersten Übersetzungen datiert, ist vielleicht nicht weit von der Wahrheit entfernt. Wir besitzen Nachweise griechischer Wiedergaben von Teilen der Bibel von etwa 200 v.Chr. Während der folgenden ein oder zwei Jahrhunderte wurden schließlich alle Bücher der hebräischen Bibel ins Griechische übersetzt. Dem Ganzen wurde dann nach der Zahl der Gelehrten, die – nach dem Brief des Aristeas – an der Übersetzung des Gesetzes des Mose beteiligt gewesen sind, der Name *Septuaginta* gegeben (= griech. 70, daher die Abkürzung LXX; zwei von insgesamt 72 sind wahrscheinlich der Einfachheit halber ausgelassen worden). Wie bei der hebräischen Bibel sind die erhaltenen Abschriften der griechischen Übersetzung viel jünger als die Originale. Die frühesten vollständigen Abschriften stammen aus dem 3. und 4. Jahrhundert n.Chr., obwohl für Teile von ihr, wie oben schon ausgeführt, ältere Zeugnisse existieren. Trotzdem bringen uns einige der griechischen Kopien näher an die Zeit heran, in der die hebräischen Originale verfaßt wurden, als die vorhandenen hebräischen Kopien.

Die griechischen Übersetzungen (es gibt davon mehrere, die alle ihre eigene Überlieferungsgeschichte haben und in einer Vielzahl von Manuskripten vorliegen) unterscheiden sich stellenweise vom masoretischen Text. Die Abweichungen gehen in die Tausende, aber die meisten davon sind ziemlich gering; sie werden vom gewöhnlichen Bibelleser nicht bemerkt. So liest das Griechische beispielsweise bei einem Nomen den Artikel *der, die* oder *das,* wo er im Hebräischen fehlt, oder es werden Namen unterschiedlich buchstabiert. Manchmal sind die Unterschiede jedoch gravierender. Ein klarer und in sich schlüssiger Fall findet sich in Gen 5, der Genealogie der Patriarchen, die vor der Sintflut gelebt haben. In den meisten Fällen wird die Lebenszeit mit mehr als 900 Jahren angegeben. Vergleicht man die Altersangaben jedes einzelnen Patriarchen zur Zeit der Geburt seines erstgeborenen Sohnes in der hebräischen und griechischen Version, zeigt sich, daß das Griechische eine höhere Zahl angibt, gewöhnlich um 100 Jahre höher. Das hatte zur Folge, daß der masoretische Text für die Zeit vor der Flut 1656 Jahre einräumt, während die Septuaginta 2242 Jahre (andere Textüberlieferungen haben nur 1307) zuläßt. Weiter kennt das Griechische im Vergleich mit dem hebräischen Text eine Generation zusätzlich zwischen Adam und Abraham (einen zusätzlichen Kenan in Gen 10,24; 11,12); das Griechische hat 151 anstatt 150 Psalmen im Psalter. Der größte Unterschied, der zwischen der griechischen und der hebräischen Version bestehen kann, sind unterschiedliche Versionen ganzer Bücher. Das beste Beispiel dafür ist das Buch Jeremia. Die 52 Kapitel umfassende hebräische Version ist viel länger als die griechische Übersetzung, die nur etwa 7/8 des hebräischen Textes wiedergibt.

Aus den vielen kleinen und großen Unterschieden ergibt sich offenkundig eine Frage: Welcher Text ist dem Original vermutlich näher, der hebräische oder der griechische? Man wird natürlich den hebräischen favorisieren, da Hebräisch die Originalsprache fast aller Bücher im Alten Testament ist (Teile von Daniel und Esra sind auf Aramäisch verfaßt). Und in der Tat gebührt tendenziell dem hebräischen Text der Vorzug, obwohl in manchen Fällen der griechische eindeutig die bessere Version ist. Dennoch läßt die Behauptung, daß der hebräische allgemein der bessere Text sei, die Frage nach der Ursache der griechischen (und hebräischen) Abweichungen offen. Machte der Übersetzer einen Fehler? Oder erfand er eine Lesart, die ihm aus dem einen oder anderen Grund besser erschien (vielleicht ‚verbesserte' er, weil er dem vorliegenden hebräischen Wortlaut keinen Sinn abgewinnen konnte)? Hat ein Abschreiber später den Text mißverstanden oder falsch abgeschrieben? Oder hatte der Übersetzer einen hebräischen Text vor sich, der vom masoretischen Text irgendwie abwich? Vor der Entdeckung der Rollen vom Toten Meer gab es nur wenige externe Daten, die Antworten auf Fragen dieser Art ermöglichten und bestimmen ließen, welche Lesart in einem bestimmten Fall die bessere war.

1.2.3 Der samaritanische Pentateuch

In diesem Zusammenhang ist auch der samaritanische Pentateuch zu erwähnen, der die Bibel der samaritanischen Gemeinde ist. Wie der Ausdruck *Pentateuch* andeutet, enthält er nur die fünf Bücher Mose. Es ist ein hebräischer Text, der oft der gleiche wie der masoretische Text ist, obwohl er sich vom masoretischen Text in etwa 6000 Lesarten, die meisten davon sind geringere Abweichungen wie unterschiedliche Schreibweisen von Wörtern, unterscheidet. In etwa 1900 dieser 6000 Varianten stimmt der samaritanische Pentateuch mit der Septuaginta überein. Er enthält auch wenige zusätzliche Aussagen, die die Samaritaner offensichtlich aus ideologischen Gründen hinzufügten, um dem Berg Garizim, ihrem heiligen Ort, Autorität zu verleihen. Ein ins Auge springendes Beispiel ist die Ergänzung zu den beiden Formen des Dekalogs (Ex 20 und Dtn 5): Der samaritanische Pentateuch hat hier zusätzliches Material aus Dtn 27,2.3a.4–7 und 11,30, so daß das Gebot, einen Altar auf dem Berg Garizim zu errichten (Dtn 27,4; diese Version nennt den Garizim, während der masoretische Text Ebal hat), eines der Zehn Gebote wird. Es scheint, daß die Anfänge der unabhängigen Entwicklung des samaritanischen Pentateuch im 2. Jahrhundert v.Chr. liegen. Die frühesten existierenden Kopien von ihm stammen jedoch erst aus dem Mittelalter.

1.3 Die Bedeutung der Qumranfunde

Der alttestamentlichen Wissenschaft standen vor 1947 als Textgrundlagen des Alten Testaments nur der masoretische Text, die Septuaginta und der samaritanische Pentateuch zur Verfügung. Diese Texte sind alle in Abschriften enthalten, die weit nach der Zeitenwende entstanden. Die 202 biblischen Manuskripte von Qumran liefern uns nun Kopien von biblischen Büchern, die in ihrer Originalsprache geschrieben wurden und aus den letzten Jahrhunderten v.Chr. oder dem 1. Jahrhundert n.Chr. stammen. Sie sind folglich die bei weitem ältesten Abschriften biblischer Bücher, die wir besitzen. Was zeigen sie über den Text der hebräischen Bibel?

1.3.1 Die große Jesajarolle

Die Wissenschaftler, die die Möglichkeit hatten, die große Jesajarolle aus Höhle 1 (1QIsa^{a}, etwa 100 v.Chr. kopiert) zu studieren und sie mit dem masoretischen Text zu vergleichen, waren von den Ergebnissen beeindruckt. Trotz der Tatsache, daß die Jesajarolle etwa 1000

Jahre älter als die masoretische Textversion von Jesaja ist, sind die beiden nahezu identisch, mit Ausnahme kleiner Details, die den Textsinn kaum berühren. Eine interessante Variante besteht für Jes 6,3. Im masoretischen Text rufen die Seraphim einander zu: „Heilig, heilig, heilig, ist der Herr Zebaoth"; die Jesajarolle aus Qumran liest: „Heilig, heilig ist der Herr Zebaoth". In manchen Fällen scheint der Text der Jesajarolle besser zu sein, in anderen der masoretische Text. Die Ergebnisse, die man aus vergleichenden Studien dieser Art gewonnen hat, haben sich bezüglich zahlreicher anderer in Qumran vertretener biblischer Bücher bestätigt. Die große Mehrheit der neuen Schriftrollen gehört zu derselben Textüberlieferung wie der masoretische Text. Sie sind jedoch Jahrhunderte älter und beweisen überzeugend, wie sorgfältig jüdische Schreiber den Text über die Jahre hinweg weitergegeben haben.

1.3.2 Übereinstimmungen mit dem Septuagintatext gegenüber dem masoretischen Text

Trotzdem gibt es in manchen Fällen Abweichungen. Textkritiker haben eine Reihe von Passagen aufgelistet, in denen ein hebräisches Manuskript aus Qumran gegen den masoretischen Text mit der Septuaginta übereinstimmt. Solche Beispiele sind für die Textkritik wichtig, weil sie zeigen, daß zumindest in diesen Fällen die griechischen Übersetzer ihre Varianten in der entsprechenden Lesart nicht erfunden haben. Sie übersetzten vielmehr einen hebräischen Text, der sich vom masoretischen Text unterschied. Das ist nicht nur für kleine Details zutreffend, die nur die Textkritiker interessieren mögen, sondern auch für größere Abweichungen. Welche Lesart bevorzugt werden soll (d.h. originaler ist), ist dann eine andere Frage. Aber der Nachweis, daß viele Septuagintavarianten des masoretischen Texts *hebräische* Varianten widerspiegeln, ist ein bemerkenswerter Beitrag zur Textgeschichte des Alten Testaments. Die folgenden Abschnitte veranschaulichen einige Beispiele kleinerer und größerer Fälle, in denen die Qumranmanuskripte mit einem oder mehreren griechischen Zeugen gegenüber dem masoretischen Text übereinstimmen.

1.3.2.1 Kleinere Beispiele

Ein eindeutiges Beispiel für eine kleinere Variante stammt aus einem Manuskript des Buches Exodus. Ex 1,5 erzählt, wie viele von Jakobs Nachkommen mit ihm nach Ägypten kamen. Die Gesamtsumme sieht entsprechend der Textzeugen folgendermaßen aus:

masoretischer Text:	70 Nachkommen
Septuaginta:	75 Nachkommen
4QEx[a]:	75 Nachkommen

Wer mit dem Neuen Testament vertraut ist, erinnert sich vielleicht, daß der Diakon und Märtyrer Stephanus in seiner letzten Rede die Geschichte Israels nacherzählt und erwähnt, daß Joseph Jakob und alle seine Verwandten nach Ägypten einlud – ihre Zahl war insgesamt 75 (Apg 7,14). Dem Abschnitt in der Apostelgeschichte mag eine nur leicht unterschiedliche Zählweise der Familienmitglieder zugrunde liegen, aber die Abschrift aus Qumran macht deutlich, daß zumindest ein hebräischer Text ebenso wie die Septuaginta (die vielleicht die Bibel war, die der Verfasser der Apostelgeschichte gebraucht hat) in Ex 1,5 die Zahl 75 liest.

Ein zweites Beispiel findet sich in Dtn 32,8, wo der masoretische Text folgendermaßen lautet:

„Als der Höchste den Völkern Land zuteilte und der Menschen Kinder voneinander schied, da setzte er die Grenzen der Völker nach der Zahl *der Söhne Israels.*“ (Lutherübersetzung)

An der Stelle der kursiv gedruckten Wörter lesen die meisten griechischen Manuskripte „Engel Gottes“, und einige wenige lesen „Söhne Gottes“. 4QDeut[j] hat die Lesart „Söhne Gottes“ bewahrt. Hier ist die Lesart des masoretischen Textes („Söhne Israels“) vielleicht eine theologisch begründete Veränderung aus einer früheren Phase: Die Lesart „Söhne Gottes“ bezieht sich in diesem Zusammenhang auf göttliche Wesen, die der unbedarfte Leser womöglich als niedrigere Götter ansieht – ein Gedanke, der auf der Kippe zum Polytheismus steht. Wie Übersetzer kürzlich erkannt haben, ist die jetzt durch eine Abschrift des Deuteronomiums aus Qumran gestützte Lesart der Septuaginta wahrscheinlich die ursprünglichere, da es leichter zu erklären ist, weshalb jemand „Söhne Gottes“ (eine theologische suspekte Wendung) durch „Söhne Israels“ ersetzt, als die umgekehrte Vorgehensweise zu begründen.

1.3.2.2 Größere Beispiele

Die Qumranrollen zeigen nicht nur, daß kleine Varianten in der Septuaginta manchmal auf verschiedenen hebräischen Vorlagen beruhen; einige wenige zeigen dies auch bei größeren Varianten wie unterschiedliche Versionen eines ganzen Abschnittes oder sogar eines ganzen Buches.

1. *Jeremia.* Es wurde bereits erwähnt, daß das Buch Jeremia in der Septuaginta ungefähr 1/8 kürzer ist als im masoretischen Text. Unter den sechs aus den Höhlen geborgenen Kopien von Jeremia haben einige Manuskripte deutlich die längere, masoretische Textform. Eine Kopie (die zweite Kopie aus Höhle 4) geht dagegen eindeutig mit der kürzeren griechischen Version zusammen. Dieses zuletzt genannte Manuskript weist unter anderem einige Worte aus Jer 10,3–11 auf. In der Septuaginta fehlt, was im masoretischen Text in den Versen 6–8 und 10 steht; von der Qumranhandschrift ist genug Material erhalten geblieben, um zu beweisen, daß ihr die gleichen Verse fehlen. Emanuel Tov von der Hebräischen Universität in Jerusalem hat kürzlich eine Übersetzung veröffentlicht, die verdeutlicht, wie sich die Sache verhält. Die im folgenden Abschnitt normal gedruckten Textpassagen werden von den drei Textzeugen geteilt (dem masoretischen Text, der Septuaginta und 4QJer^{b}); die Textpassagen in Kursivdruck werden vom griechischen und vom Qumrantext (der teilweise rekonstruiert werden muß) ausgelassen.

[3]Denn die Gebräuche der Völker sind leerer Wahn. / Ihre Götzen sind
nur Holz, / das man im Wald schlägt, / ein Werk aus der Hand des Schnit-
zers, / mit dem Messer verfertigt. / [4]Er verziert es mit Silber und Gold, / mit
Nagel und Hammer macht er es fest, so daß es nicht wackelt. / [5]Sie sind wie
Vogelscheuchen im Gurkenfeld. / Sie können nicht reden; / man muß sie
tragen, weil sie nicht gehen können. / Fürchtet euch nicht vor ihnen; / denn
sie können weder Schaden zufügen / noch Gutes bewirken. / [6]*Niemand,*
Herr, ist wie du: / Groß bist du, / und groß an Kraft ist dein Name. / [7]*Wer*
sollte dich nicht fürchten, du König der Völker? / Ja, das steht dir zu. Denn
unter allen Weisen der Völker / und in jedem ihrer Reiche ist keiner wie du.
/ [8]*Sie alle sind töricht und dumm. / Was die nichtigen Götzen zu bieten*
haben – Holz ist es. / [9]Sie sind gehämmertes Silber aus Tarschisch und Gold
aus Ofir, / Arbeit des Schnitzers und Goldschmieds; / violetter und roter
Purpur ist ihr Gewand; / sie alle sind nur das Werk kunstfertiger Männer. /
[10]*Der Herr aber ist in Wahrheit Gott, / lebendiger Gott und ewiger König. /*
Vor seinem Zorn erbebt die Erde, / die Völker halten seinen Groll nicht aus.
/ [11]Von jenen dagegen sollt ihr sagen: / Die Götter, die weder Himmel noch
Erde erschufen, / sie sollen verschwinden von der Erde und unter dem Him-
mel.

Der Inhalt der Verse, die im masoretischen Text stehen, jedoch in den anderen beiden Versionen fehlen (*kursiver* Text), legt die Vermutung nahe, daß die Textabweichung hier nicht das Ergebnis einer Nachlässigkeit eines Schreibers ist. Die zusätzlichen Verse im hebräischen Text (außer Vers 8) konzentrieren sich auf den Lobpreis des Herrn, während der von allen drei Textzeugen geteilte

Textabschnitt die Götzen der Völker angreift. Es kann sein, daß die Textversion des masoretischen Textes hier das Produkt einer literarischen Erweiterung ist. Wenn dies zutrifft, spricht das um so mehr für die Ursprünglichkeit des kürzeren Textes im Griechischen und im Qumranfragment. In einem Fall wie diesem handelt es sich nicht um Textvarianten, die zufällig – durch Abschreibefehler – entstanden sind, sondern um zwei unterschiedliche Versionen, die ihre je eigene unabhängige Textgeschichte haben. Die Aussagen, die den Herrn loben, dürften absichtlich durch einen Verfasser hinzugefügt worden sein, als er die Worte des Jeremia behandelte. Diese Ergänzungen befanden sich nicht im Manuskript, das dem Übersetzer vorlag, der diesen Teil des Jeremia ins Griechische übertrug. Das Qumranfragment bestätigt jetzt, daß solche kürzeren hebräischen Abschriften tatsächlich existierten.

2. *Samuel.* Die Bücher Samuel sind in vier Kopien aus Qumran vertreten, einschließlich 4QSam^{b}, vielleicht das älteste oder zweitälteste biblische Manuskript aus den Höhlen (aus dem 3. Jahrhundert v.Chr.). Diese Abschriften sind eingehend untersucht worden, weil sie die komplizierte Geschichte zu erklären helfen, die dem Text der beiden Samuelbücher in den unterschiedlichen Traditionen widerfahren ist. Wir brauchen hier nicht alle Einzelheiten dieser Analyse zu betrachten. Es ist aber lehrreich, die Belege für die Geschichte über David und Goliat (1 Sam 17) zu untersuchen. Der masoretische Text widmet dieser Geschichte 58 Verse; die Septuaginta hat nur 33 Verse: 1–11, 32-40, 42–49 und 50–54. Der im Griechischen nicht vorhandene Hauptteil – die Verse 12–31 – erzählt von der Aussendung des David durch Isai zu seinen Brüdern, die in Sauls Armee dienten, von seiner dortigen Ankunft, von dem ihm zu Ohren gekommenen höhnischen Spott Goliats gegenüber den israelitischen Soldaten, von der Belohnung, die König Saul verspricht, und von der Verlegenheit, in die David durch seine Prahlerei seinen Bruder Eliab bringt. Der andere große Unterschied taucht am Ende auf, wo der griechischen Version der interessante Bericht des hebräischen Textes fehlt, daß Saul immer noch nicht weiß, wer David ist, obwohl er ihn schon mindestens zweimal getroffen hat.

Wenig ist von diesem Kapitel in den Samuelschriftrollen erhalten. Eine Einzelheit ist jedoch interessant. Der masoretische Text führt Goliat folgendermaßen ein: „Da trat aus dem Lager der Philister ein Vorkämpfer namens Goliat aus Gat. Er war sechs Ellen und eine Spanne groß.“ (17,4) Da eine Elle umgerechnet etwa 46 cm sind und eine Spanne etwa eine halbe Elle ist, war Goliat knapp 3 m groß. In einigen der großen griechischen Manuskripte schrumpft Goliat auf bloße vier Ellen und eine Spanne – also ca. 2 m – zusammen (kein Text gibt Davids Größe an). Die erste Kopie des Samuel-Buches aus Höhle 4 liest ebenfalls die Zahl vier für die Anzahl der Ellen von Goliats Statur. Dennoch unterstützt das Qumranmanuskript den drastisch kürzeren griechischen Text des gesamten Kapitels nicht, auch wenn es in dieser Einzelheit mit der griechischen Lesart übereinstimmt. Berechnungen, wieviel Text das Manuskript enthalten hätte, wenn alles erhalten wäre, zeigen, daß es wie der masoretische Text eine längere Lesart hatte.

1.3.3 Ein ungewöhnlicher Fall

Ein weiteres Beispiel betrifft einen Abschnitt, der vielleicht aus allen biblischen Kopien verschwunden gewesen und jetzt in einer Qumranrolle erhalten ist. 1 Sam 11 erwähnt einen gewissen Nahasch, der König der Ammoniter war. Er bot den israelitischen Bewohnern von Jabesch-Gilead einen Vertragsabschluß unter der Bedingung an, daß es ihm erlaubt würde, jedem in der Stadt das rechte Auge auszustechen. Die Männer der Stadt baten um Unterstützung des neugekrönten Königs Saul, und er errettete sie vor einem grauenerregendem Schicksal. Der jüdische Historiker Josephus, der uns so viele Kenntnisse über die Essener hinterlassen hat, schrieb eine lange Geschichte seines Volkes mit dem Titel *Jüdische Altertümer*. In der ersten Hälfte faßt er die biblische Geschichte zusammen, einschließlich des Nahasch-Vorfalls. Aber an dieser Stelle bietet er mehr Informationen als der traditionelle Text.

> „Ungefähr einen Monat nachher befestigte Saul sein Ansehen durch einen Krieg, den er mit Naases [Nahasch], dem Könige der Ammaniter, führte. Dieser hatte einen Kriegszug gegen die jenseits des Jordan wohnenden Juden unternommen und sie hart bedrängt, da er nicht nur ihre Städte eingenommen, sondern auch den mit Gewalt Unterjochten durch eine schlaue und listige Tat es unmöglich gemacht hatte, sich seiner Botmäßigkeit wieder zu entziehen, falls sie dies je gelüsten sollte. Er ließ nämlich denen, die sich ihm auf Gnade und Ungnade ergeben hatten oder kriegsgefangen in seine Gewalt gelangt waren, das rechte Auge ausstechen in der Absicht, sie zum Kriege untauglich zu machen, da das linke Auge ja durch den Schild verdeckt wurde." (Ant. VI,68f)

Der Text geht dann zur Jabesch-Gilead-Episode über. Einiges des von Josephus aufgezeichneten zusätzlichen Materials ist nun in einem Qumranmanuskript der Bücher Samuel (4QSam^{a}) gefunden worden. Es scheint sehr wohl möglich, daß den anderen antiken

Versionen dieser zusätzliche Abschnitt aufgrund eines mechanischen Fehlers oder Schreibfehlers fehlt, der zu irgendeinem Zeitpunkt der Überlieferung des Textes unterlief. Ein Blick auf das Ende von 1 Sam 10 in den bekannten Bibelausgaben zeigt, wie sich der folgende zusätzliche Abschnitt aus 4QSam[a] in den Zusammenhang fügt (lediglich die englischsprachige *New Revised Standard Version* hat ihn erstmals ohne Verszählung aufgenommen):

> „[Und Na]hasch, König der Ammoniter, unterdrückte die Söhne Gads und die Söhne Rubens sehr, er stach a[llen] ihre rechten Augen aus und brachte Fur[cht und Schrecken] über Israel. Und es blieb nicht einer unter den Israeliten jen[seits des] [Jordans, des]sen rechtes Auge ni[cht ausge]stochen war von Naha[sch, dem König] der Ammoniter; ausgenommen siebentausend Mann, die [geflohen waren vor] den Ammonitern und nach [J]abesch-Gilead gekommen waren. (*supralinear*: Einen Monat später ging Nahasch, der Ammoniter, hin und belagerte Jabesch-[Gilead]) ...“

Auslöser für die Auslassung dieses Absatzes waren zwei Sätze; einer davon kommt unmittelbar vor diesem Abschnitt zu stehen („Er aber tat, als merkte er es nicht“; 10,27) und einer gleich danach („Einen Monat später“; 11,1 – dieser Satz fehlt im masoretischen Text, findet sich aber in einigen griechischen Kopien). Im Hebräischen sehen die zwei Sätze fast gleich aus. Es scheint, daß ein Schreiber vom Ende des ersten Absatzes bis zum Ende des zweiten Absatzes gesprungen ist und auf diese Weise den Abschnitt, der dazwischen kam, ausgelassen hat. Man kann diesen Sachverhalt auch anders erklären, aber die hier gebotene Erklärung scheint die wahrscheinlichste zu sein. Das zusätzliche Material bietet einen passenden Zusammenhang für das Verständnis dessen, was Nahasch den Bewohnern von Jabesch-Gilead zu tun vorschlug.

1.3.4 Theorien zur Textentwicklung

Wie soll man mit all diesen neuen Textzeugen aus Qumran verfahren? Wie soll man ihr Verhältnis zu den bekannten Bibelversionen einschätzen? Im Lichte der Qumrantexte haben die Fachleute mehrere Theorien über den Weg aufgestellt, auf dem die unterschiedlichen textlichen Überlieferungen der hebräischen Bibel entstanden sind. Zwei von ihnen seien hier vorgestellt.

1.3.4.1 Eine Lokaltext-Theorie

Im Gefolge seines Lehrers William Foxwell Albright (der 1948 das hohe Alter der Schriftrollen erkannt hatte) erarbeitete Frank Moore Cross von der *Harvard University* die These, daß die unterschiedlichen Traditionen der durch den masoretischen Text, durch die Septuaginta und den samaritanischen Pentateuch vertretenen ersten fünf Bücher der Bibel ganz natürlich aus geographisch abgeschiedenen Gebieten heraus entstanden seien. Die hebräische Bibel (oder zumindest das meiste von ihr) sei in Palästina geschrieben worden, wo sie über die Jahrhunderte hindurch studiert und abgeschrieben wurde. Der samaritanische Pentateuch (abzüglich seiner spezifisch sektiererischen Ergänzungen) ist der Hauptrepräsentant dieser palästinischen Textfamilie. Juden brachten die schriftlichen Texte nach Babylonien und später nach Ägypten – zwei Orte mit großen jüdischen Gemeinden. An jedem dieser Orte entstanden beim handschriftlichen Kopieren im Laufe der Jahrhunderte Varianten durch die normale Arbeit der Abschreiber und durch Fehler. Obwohl die Quellen keine Daten über die Geschichte des biblischen Textes in Babylonien überliefern, ist anzunehmen, daß der masoretische Text das Ergebnis eines Prozesses ist, den die hebräische Bibel innerhalb der großen jüdischen Gemeinde in Babylon durchlaufen hat. Die Situation ist für Ägypten, wo die Informationen reichlicher sind, ganz anders. Die Septuaginta war das Werk einiger jüdischer Einwohner von Ägypten, die im 3. Jahrhundert v.Chr. anfingen, den ihnen zur Verfügung stehenden hebräischen Text zu übersetzen. Der Grundtext kam aus Palästina. Unsere Quellen zeigen nicht nur diese Herkunft an, die Septuaginta selbst impliziert diese, da sie in vielen Fällen (etwa 1900) gegen den masoretischen Text mit dem samaritanischen Pentateuch zusammengeht. So lehnen sich die ersten fünf Bücher der Septuaginta enger an den samaritanischen (einen palästinischen Vertreter) als an den masoretischen (babylonischen) Pentateuch an. Beispiele aller drei Texttypen wurden schließlich nach Palästina gebracht und begannen einander wechselseitig zu beeinflussen. Die Existenz der drei Typen in Qumran beweist, daß der babylonische und ägyptische Typ vor Beginn des Christentums in Palästina angekommen war (siehe das Diagramm zur graphischen Darstellung auf der folgenden Seite).

1.3.4.2 Eine Theorie der Textpluralität und -vielfalt

Eine zweite Theorie, für die vor allem Emanuel Tov eintritt, erklärt die Zeugnisse anders. Tov findet nicht nur – wie Cross – drei Grundtypen des Textes für den Pentateuch. Er lenkt vielmehr die Aufmerksamkeit auf die Vielfalt unter den vielen Manuskripten, von denen sich keine zwei genau gleichen. Er glaubt, daß sich nur wenige Manuskripte als miteinander verbunden klassifizieren lassen, d.h.

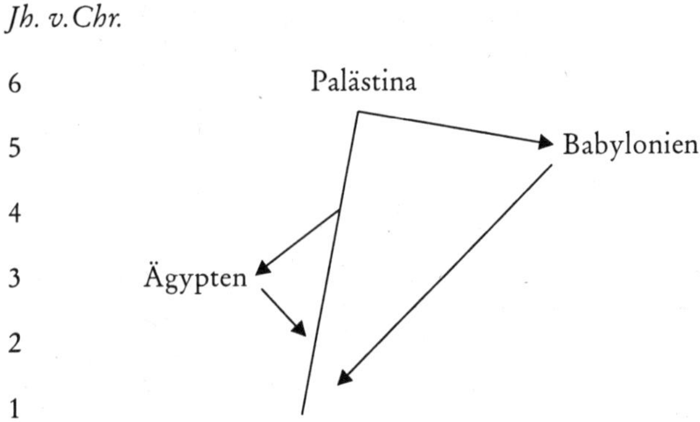

solche, die sehr eng miteinander verwandt sind und sich von allen anderen unterscheiden; es gibt zahlreiche Abschriften, die sich mehr oder weniger von einander unterscheiden und die nicht genau in die drei Kategorien der Hypothese von Cross passen.

Tov spricht daher von fünf Gruppen von Qumrantexten (man beachte die Begrenzung auf Qumran), von denen vier – die Nummern 1, 3, 4 und 5 – den Forschern vor der Verfügbarkeit der biblischen Manuskripte von Qumran unbekannt waren.

1. Texte, die nach der besonderen Praxis von Qumran geschrieben sind (d.h. solche mit Rechtschreibung, Grammatik und Schriftstil der Qumrantexte im Gegensatz zu anderen Gruppen). Diese Texte neigen zu vielen Fehlern und Korrekturen und sind womöglich von Texten abgeschrieben worden, die dem späteren masoretischen Text gleichen. Die Manuskripte dieser Kategorie machen etwa 25% der biblischen Manuskripte von Qumran aus.
2. Protomasoretische Texte, die dem Konsonantenbestand des späteren masoretischen Textes stark gleichen. Die größte Zahl gehört in diese Kategorie, nämlich etwa 40%.
3. Präsamaritanische Texte, die dem späteren samaritanischen Pentateuch stark ähneln, jedoch ohne die speziellen samaritanischen Ergänzungen – um 5%.
4. Texte, die der angenommenen hebräischen Quelle der Septuaginta nahe sind. Tov hält diese Manuskripte für eine weniger eng verbundene Sammlung – um 5%.
5. Nichtklassifizierte Texte, die keine durchgängigen Übereinstimmungs- oder Abweichungsmuster im Vergleich mit anderen Zeugen erkennen lassen – diese Gruppe umfaßt die verbleibenden 25%.

Tovs Klassifizierungsversuch scheint hilfreicher zu sein als der von Cross. Es kommt jedoch weniger darauf an, zwischen diesen beiden Vertretern konkurrierender Thesen zu entscheiden, als vielmehr zu erkennen, daß die Qumranrollen den Wissenschaftlern, die den Wortlaut der hebräischen Bibel textkritisch analysieren, eine riesige Menge neuer Informationen über den alttestamentlichen Text und über die von ihm durchlaufene Geschichte bieten.

2. Neue Informationen über die Geschichte einiger biblischer Texte

Die biblischen Manuskripte von Qumran geben uns also einen Einblick in eine Zeit, in der es einige Bücher in unterschiedlichen Versionen gab und in der die verschiedenen Kopien der biblischen Bücher abweichende Lesarten aufwiesen. Sie sind jedoch in mehr als nur textkritischer Hinsicht aufschlußreich: Sie – und gelegentlich nichtbiblische Werke – geben uns einen seltenen Einblick in die Entwicklung einiger biblischer Bücher und Abschnitte. Man könnte hier wieder Jeremia erörtern, aber um der Abwechslung willen zeichne ich zwei andere Beispiele nach. Eines ist dem Material der biblischen Handschriften entnommen, das andere stammt aus einem nichtbiblischen Text.

2.1 Der Psalter

Wie bereits gesagt, wurden vom Psalter mehr Manuskripte in Qumran identifiziert als von irgendeinem anderen biblischen Buch. Nach dem gegenwärtigen Kenntnisstand scheinen die Schriftrollen zwei unterschiedliche Versionen des Psalters bewahrt zu haben. Die eine Version, die von den meisten Kopien bezeugt wird, gehört in die Tradition, die schließlich auf den masoretischen Text hinauslaufen sollte. In dieser Version erscheinen die Psalmen in der Reihenfolge und Form, die sie im traditionellen hebräischen Text und folglich auch in den ihm folgenden modernen Übersetzungen aufweisen. Diese uns vertraute Form scheint aber nicht die einzige Gestalt gewesen zu sein, die der Psalter in der Antike angenommen hat. Ich habe bereits erwähnt, daß in der Septuaginta der Psalter 151 Psalmen umfaßt, nicht 150 wie im traditionellen hebräischen Text. Unter den Rollen wurde jetzt Ps 151 auf Hebräisch gefunden. Er ist Teil einer längeren Psalmenrolle aus Höhle 11 (11QPs[a]). In dieser

Rolle taucht der Psalm an letzter Stelle auf, wie das auch im griechischen Psalter der Fall ist. Es geht in diesem Psalm um David, seine Erwählung durch Gott, seine Arbeit als Hirte und seinen Sieg über Goliat. Die griechische Version des Psalms lautet:

> „Der jüngste war ich unter
> meinen Brüdern
> und ein Knabe im Hause
> meines Vaters.
> Ich hütete die Schafe
> meines Vaters.
> Meine Hände fertigten ein
> Musikinstrument,
> und meine Finger stellten
> <eine> Zither zusammen.
> Und wer meldet es meinem
> Herrn?
> Er ist der Herr, Er ist
> mein Gott!
> Er sandte seinen Boten
> und nahm mich weg von den
> Schafen meines Vaters
> und salbte mich mit dem Öl
> seiner Salbung.
> Meine Brüder waren schön und
> groß;
> der Herr aber hatte an ihnen
> kein Wohlgefallen.
> Ich zog dem Philister entgegen,
> und er verfluchte mich bei
> seinen Götzen.
> Ich aber, nachdem ich sein
> Schwert gezogen hatte,
> hieb ihm den Kopf ab
> und nahm (so) Schande von
> den Kindern Israels weg."

Die Qumranversion hat einen etwas anderen Wortlaut, aber denselben Inhalt. Die Schriftrolle, die an anderen Stellen auch einen stärkeren davidischen Akzent als im masoretischen Psalter hat, endet mit dem 151. Psalm mit einem Gedicht auf die vorherrschende, traditionell als Verfasser der gesamten Sammlung geltende Gestalt im Psalter.

Die bemerkenswerte Psalmenrolle von Höhle 11 vermittelt jedoch weit mehr Informationen über das Wachstum des Psalters als die relativ geringfügige Tatsache, daß sie wie der griechische Psalter einen zusätzlichen 151. Psalm enthält. Die Forschung hat seit langem diskutiert, was 11QPs^{a} sein sollte. Ist sie eine private oder zumindest eine besondere Sammlung von Psalmen, die zu einem bestimmten Zweck ausgewählt worden ist (z.B. zum Privatgebrauch oder für das gemeinsame Studium)? Oder kann sich die poetische Sammlung mit den anderen Manuskripten messen, die den Psalter wie im masoretischen Text bezeugen, der uns am besten bekannt ist? Anders gesagt: Wurde 11QPs^{a} als eine autoritative, biblische Zusammenstellung von Psalmen angesehen, oder war sie in den Augen desjenigen, der die poetischen Stücke sammelte, eine zusätzliche Psalmensammlung? Es stellt sich die Frage: Worin unterscheiden sie sich? Solche Fragestellungen ergeben sich, weil die Anordnung und selbst der Inhalt der Psalmen auf der Schriftrolle völlig anders ist als in irgendeiner aus der Antike bekannten Version. Die 27 noch erhaltenen Kolumnen enthalten die folgenden Abschnitte in der angegebenen Reihenfolge (nach masoretischer Zählung; in manchen Fällen fehlen Verse, weil die Rolle beschädigt oder an dieser Stelle verloren gegangen ist, nicht weil sie in der vollständigen Rolle fehlen würden):

101,1–8
102, 1–2.18–29
103, 1
109, 21–31
105, 25–45
146, 9–10
148, 1–12
121, 1–8
122, 1–9
123, 1–2
124, 7–8
125, 1–5
126, 1–6
127, 1
128, 4–6
129, 1–8
130, 1–8
131, 1
132, 8–18
119,1–6.15–28.37–49.59–73.82–96.105–120.128–142.150–164.171–176
135, 1–9.17–21
136, 1–16.26b(?)
118, 1.15.16.8.9.29
145, 1–7.13–21
154 Bitte (Gebet) um Erlösung (vorher nur in der syrischen Übersetzung der Bibel bezeugt)
139, 8–24
137, 1.9
138, 1–8
Sir 51,13–20b.30
Lied an Zion
93,1–3
141, 5–10
133, 1–3
144, 1–7.15
Ps 155 (nur auf Syrisch bekannt)
142, 4–8
143, 1–8
149, 7–9
150, 1–6
Hymnus auf den Schöpfer

2 Sam 23,7	140, 1–5
Davids Lieddichtungen (das einzige Prosastück)	134, 1–3
	151

Mehrere Charakteristika der Psalmenrolle fallen im Vergleich mit dem vertrauten Psalter auf. Zunächst ist die Reihenfolge anders. Grob gesagt lautet sie: 101–103; 109; 105; 146; 121–132; 119; 135–136; 118; 145; 154; eine neue Komposition; 139; 137; 138; Sir 51; eine neue Komposition; 2 Sam 23,7; eine neue Komposition; 140; 134; 151. Die Reihenfolge einiger Partien stimmt ganz klar mit dem traditionellen Psalter (101–103; 121–132; 135–136; 142–143; 149–150) überein, aber die anderen weichen sehr stark von der masoretischen Anordnung ab. Solche Abweichungen kommen zu vielen kleinen Textvarianten hinzu. Sodann enthält 11QPs[a] neun Texte, die nicht im masoretischen Psalter vorhanden sind. Drei waren aus anderen Psalterversionen bekannt (Ps 151 und 154–155), zwei stammen aus anderen Büchern (2 Sam 23,7, von den letzten Worten Davids, und Sir 51), die vier übrigen Texte waren vorher nicht bezeugt (Bitte um Erlösung, Lied an Zion, Hymnus auf den Schöpfer und Davids Lieddichtungen). Alle neuen Werke stehen in der zweiten Hälfte der Rolle. Eines davon ist nicht einmal ein poetisches Stück – die Liste von Davids Schriften. Wie soll man diesen Sachverhalt beurteilen?

Folgendes sollte man sich in bezug auf die Psalmenrolle aus Höhle 11 klar machen. Erstens kommen alle in ihr bewahrten Psalmen aus den letzten beiden der fünf Bücher, aus denen der Psalter zusammengesetzt ist (im Psalter umfaßt Buch I: Ps 1–41, Buch II: Ps 42–72, Buch III: Ps 73–89, Buch IV: Ps 90–106 und Buch V: Ps 107–150 [oder 151]). Die Psalmenrollen von Qumran zeigen im allgemeinen, daß die Reihenfolge in den ersten drei Büchern zur Zeit der Gemeinschaft sehr viel fester war als die Reihenfolge der Psalmen 90–150/151. Folglich ist der Unterschied in der Reihenfolge der Psalmenrolle aus Höhle 11 an sich kein entscheidendes Argument gegen ihren offiziellen oder autoritativen Charakter, weil alle diese Psalmen in Teilen des Psalters erscheinen, wo eine größere Schwankung in der Reihenfolge die Regel ist. Es könnte sein, daß die Psalmenrolle ein Zeuge unter vielen für die Tatsache ist, daß die letzten beiden Bücher des Psalters in unterschiedlichen Abschriften unterschiedliche Gestalt annahmen. Zweitens scheint es jetzt weitere Kopien dieses Variantentypus der Psalmenrolle zu geben – eine zweite aus Höhle 11 und eine weitere aus Höhle 4. Daher sollte man den Text aus Höhle 11 nicht als reine Eigenschöpfung verwerfen. Er steht in dieser Hinsicht nicht für sich allein.

Daß der abweichende Psalter jetzt in mehr als nur einer Abschrift zur Verfügung steht, macht wahrscheinlich, daß er in der Tat ein offizielles Buch der Psalmen darstellt. Es scheint, daß die Psalmenrolle uns in eine Zeit der Entwicklung des Psalters führt, in der die Bücher IV und V sich beträchtlich wandelten. Die Psalmenrolle von Höhle 11 und ähnliche Texte sind hervorragende Beispiele dafür, wie sehr einige Psalter von anderen in Reihenfolge und sogar Inhalt abweichen.

Konnte ein offizieller Psalter einen Prosaabschnitt wie „Davids Lieddichtungen" enthalten haben? Es überrascht sicherlich, ihn in der Abschrift aus Höhle 11 zu finden, aber man könnte sein Vorhandensein insofern erklären, als er ein Teil der schriftlichen Psalmensammlung war. In der Schriftrolle ist der Blick stärker als im masoretischen Psalter auf David gerichtet. Vielleicht diente das Textstück „Davids Lieddichtungen" als eine Art Hauptüberschrift, so wie viele der Psalmen Überschriften haben (einige tauchen in den Qumrantexten auf). Diese Überschriften sind keine poetischen Texte, genausowenig wie das Stück „Davids Lieddichtungen" poetisch ist.

Als Ergebnis zeigt sich: Die Schriftrollen belegen, daß eine einzige Gemeinschaft zwei verschiedene Versionen des Psalters in ihrem Besitz haben konnte. Dieser Umstand läßt es als möglich erscheinen, daß im Psalter vieles in der Mitte des 1. Jahrhunderts n.Chr. – zum Entstehungszeitpunkt der ersten Psalmenrolle von Höhle 11 – noch nicht abgeschlossen war. Die Abweichungen finden sich fast ausschließlich in den letzten beiden Büchern des Psalters, während die ersten drei sehr viel stärker fixiert gewesen zu sein scheinen. Es läßt sich nicht sagen, ob andere Gruppierungen des Judentums zu dieser Zeit abweichende Psalmenbücher besaßen, weil wir über keine Zeugnisse verfügen, die ihre Ansichten belegen könnten.

2.2 Daniel 4

Das Danielbuch stellt ein ganz anders geartetes Beispiel dar. Das Buch ist in Qumran sehr gut bezeugt, alle seine Abschriften belegen die in der masoretischen Texttradition gefundene Textart. Das ist insofern von Interesse, als das Danielbuch in den antiken Versionen in zwei oder noch mehr Formen erscheint. Der masoretische Text hat 12 Kapitel, während die Septuaginta diese und weitere Ergänzungen enthält: Susanna (manchmal als 13. Kapitel gezählt), das

Gebet Assarjas und das Lied der drei Jünglinge im Feuerofen (68 zwischen Dan 3,23 und 3,24 eingefügte Verse), Bel und der Drache (manchmal als 14. Kapitel gezählt). Keiner dieser zusätzlichen Abschnitte ist in einem Danielmanuskript aus Qumran oder in einem gesonderten Werk ans Licht gekommen. Ein oder zwei Texte scheinen Übereinstimmungen gehabt zu haben, aber keiner davon ist eine Abschrift von Susanna, Bel und der Drache oder dem Gebet/Lied in Ergänzung zu Kapitel 3. Sie sind nur in den griechischen Manuskripten bezeugt sowie in Übersetzungen, die vom griechischen Text abhängen.

Trotzdem waren die Danielerzählungen in Qumran von großem Interesse. Man hat acht Abschriften des Buches gefunden. Zu diesen sollte man auch einige Daniellegenden rechnen, einschließlich vier Texte aus Höhle 4: 4Q243–245, als Abschriften eines Pseudo-Danieltextes bestimmt, und 4Q246, der ebenso in den Bereich der Danielliteratur gehört. Alle vier fragmentarischen Manuskripte sind in aramäischer Sprache verfaßt, ebenso auch weite Teile Daniels im masoretischen Text (2,4b–7,28). Bereits 1956 sind Abschnitte von 4Q243–245 veröffentlicht worden, vieles von 4Q246 ist schon seit 1972 verfügbar.

Während diese Texte an und für sich interessant sind, stellt ein fünftes danielisches Werk seit seiner Veröffentlichung im Jahre 1956 ein Faszinosum für die Wissenschaft dar. Es wurde „Gebet des Nabonid“ (auch: Nabonaj) genannt:

> „Worte des Ge[be]ts, welches Nabonaj gebetet hat, König des L[andes von Ba]bel, der [Groß]könig, [als er geschlagen war] mit der bösen Entzündung auf Geheiß des [Höchst]en Go[ttes] in Teman. [,Ich, Nabonaj, bin mit der bösen Entzündung] geschlagen worden für sieben Jahre und.[......] war i[ch] gleich(/gesetzt) – –] meine Vergehen (?), ließ ihm einen Wahrsager und de[r (war) ein j]üdischer [Mann] vo[n – –] Gib bekannt und schreib, um Ehre zu erweisen und .[......]. dem Namen des [Höchsten] G[ottes – –] Geschlagen war ich mit der b[ösen] Entzündung [.....] in Teman [– –] sieben Jahre habe [ich] gebetet [vor allen] Göttern von Silber und Gold[– –] Holz, Stein, Ton, denn [ich war der Mein]ung, daß sie Götter [waren]“ (4Q242 Frg. 1 + 2)

Das Bild eines Juden, der direkt mit einem babylonischen König verhandelte und ihn zur Verehrung des wahren Gottes zwang, nachdem Gott den König bestraft hatte, erinnerte die Wissenschaftler natürlich an die Rolle, die Daniel in dem nach ihm benannten Buch spielt. Die Forscher haben sich auf Dan 4 konzentiert, wo Nebukadnezzar selbst über seine Erfahrung berichtet, wie ein Tier sieben

„Zeiten" lang von Babylon entfernt gelebt zu haben, bis er in seine königliche Position wieder eingesetzt worden ist.

Nebukadnezzar (605–562 v.Chr.) war der große neobabylonische Herrscher, dessen Truppen Juda und Jerusalem eroberten, den Tempel und die Stadt zerstörten, die davidische Dynastie beendeten und Tausende Juden ins Exil nach Osten führten. Er wurde der berühmteste und berüchtigtste babylonische Herrscher in der jüdischen Literatur. Das Buch Daniel erzählt mehrere Geschichten von ihm. Unter seinen Nachfolgern war Nabonid derjenige, der am längsten regierte (556–539 v.Chr.), ein sonderbarer Monarch, den die antiken Autoren widersprüchlich porträtierten. Eine seiner Taten, die die Aufmerksamkeit seiner Chronisten fand, war seine Abwesenheit von der Hauptstadt für sieben oder zehn Jahre, als er mit seinen Truppen in Teman in Arabien blieb. Niemand kennt die Gründe seiner Reise ganz genau. Nicht lange, nachdem er nach Babylon zurückgekehrt war, wurden die Stadt und das Reich von Cyrus, dem ersten Herrscher des persischen Reiches, erobert (539 v.Chr.).

Alle Belege stützen die Überzeugung, daß das Gebet Nabonids eine judaisierte Brechung der Geschichte von Nabonids seltsamem Aufenthalt in Teman ist. Sowohl die Namen des Königs als auch der Stadt erscheinen in dem kleinen Text, und die für seine Heilung verantwortliche Person war ein Jude. Die Wissenschaftler haben lange bezweifelt, daß Dan 4 eine weitere jüdische Version des Aufenthaltes von Nabonid in Teman ist. Zwischen dem Ereignis und der Form, die es in Dan 4 angenommen hat, fanden jedoch bedeutende Veränderungen statt. Denn zum einen geht es durch die Namensveränderung des Königs in *Nebukadnezzar* um einen sehr viel berühmteren Monarchen als Nabonid, und der Grund seiner Entfernung von Babylon ist nunmehr ein ganz anderer. Die Änderung eines königlichen Namens spiegelt ein sehr weit verbreitetes Merkmal volkstümlicher Erzählung wider: Man neigt dazu, einem bekannteren Individuum die Charakterzüge oder Erzählungen beizulegen, die mit weniger bekannten Menschen verbunden sind. Sowohl das Gebet des Nabonid als auch Dan 4 bieten eine theologische Begründung für den Aufenthalt des Königs in Teman: Er erfolgte auf Gottes Geheiß hin. Dennoch schildern die zwei Texte die Zeit seiner Abwesenheit von Babylon auf sehr unterschiedliche Weise.

Das Gebet des Nabonid legt folgende Entwicklung nahe. Historische Quellen berichten, daß der König Nabonid von Babylon eine Reihe von Jahren von seiner Hauptstadt abwesend war (die Quellen erwähnen „sieben“ oder „zehn“ Jahre). Seine Gegner sahen das Verhalten des Königs als Vergehen gegen den Gott Marduk an und betrachteten den Verlust seines Königreiches als Strafe Marduks an ihm an. Nabonids umstrittene Verhaltensweise wurde alsbald berühmt und diente als Auslöser volkstümlicher und populärer theologischer Adaptionen durch unterdrückte Völker wie die der Juden. Das Gebet des Nabonid spiegelt dieses Entwicklungsstadium der Geschichte wider. Als diese Version der Geschichte geformt wurde, war sie noch an den letzten neobabylonischen König gebunden. Der in ihr genannte Gott war schon die von den Juden verehrte Gottheit. Der Ruhm des Nabonid verblaßte jedoch bald, und er wurde von den Juden vergessen, die mehr Grund hatten, sich an *Nebukadnezzar* und das zu erinnern, was er Juda und Jerusalem angetan hatte. Die anpassungsfähige Erzählung über den weniger geläufigen Nabonid in Teman wurde in Verbindung mit dem bekannteren *Nebukadnezzar* gebracht. Dieses Stadium wird durch Dan 4 repräsentiert. Das Gebet des Nabonid stellt also sehr wohl eine frühere Version der Erzählung dar, die schließlich in Dan 4 ihren Ort fand. Die biblische Version der Legende würde von daher eine Reihe von späteren Veränderungen enthalten. Vieles dieser Rekonstruktion bleibt hypothetisch, aber sie bietet eine plausible Erklärung dafür, wie die Erzählung in Dan 4 entstanden ist.

3. Ein Kanon der Schrift

Im folgenden geht es darum, was die Qumrantexte über den Prozeß zu erkennen geben, den unterschiedliche jüdische Gruppierungen bei der Bestimmung der Bücher durchliefen, die ihren Schriftenkanon konstituieren sollten.

3.1 Befunde außerhalb Qumrans

Kein auch nur ungefähr mit den Schriftrollen vom Toten Meer zeitgleicher jüdischer Text gebraucht das Wort *Kanon* im Sinne einer offiziellen, feststehenden Liste von Büchern, die einer Gemeinschaft als grundlegende Autorität dienten. Später benutzten die Christen ab dem Anfang des 4. Jahrhunderts n.Chr. den griechischen Ausdruck *kanon* in diesem Sinne. Obwohl der Begriff *Kanon* nicht früher gebraucht wurde, gibt es gute Gründe für die Annahme, daß die meisten oder alle Juden einige Bücher als von Gott geoffenbart und von daher auf einzigartige Weise als autoritativ betrachteten. Es läßt sich nicht sagen, welche Bücher dies um 100 v.Chr. gewesen sein könnten, aber eine bedeutende Zahl von Texten wurde als kanonisch angesehen. Unsere Kenntnis dessen geht nur auf eine kleine Reihe von Texten zurück, die fast alle erhaltenen Belege über die Entwicklung einer Bibel in jüdischen Kreisen abdecken.

3.1.1 Der Sirach-Prolog (Weisheit des Jesus ben Sira)

Das weisheitliche Buch Sirach wurde ungefähr 190 oder 180 v.Chr. auf Hebräisch geschrieben. Der Enkel des Verfassers übersetzte das Werk von Jesus ben Sira nicht viel später als 132 v.Chr. ins Griechische. Die übersetzte Form des Buches ist Teil der Apokryphen. Das ursprüngliche Werk vermittelt einige Belege dessen, was Jesus ben Sira als autoritativ betrachtete. Er gebietet Verehrung gegenüber dem Gesetz des Höchsten und das Studium der Weisheit, Prophezeiungen, Gleichnisse, Sprichworte und dergleichen (39,1). Viel wichtiger ist jedoch, daß der Weise ein langes Gedicht zum Lobe berühmter Männer aus biblischer Zeit komponierte (Kap. 44–50). Die Reihenfolge, in der er die Alten lobt, läßt die Quellen erkennen, auf die er sich bezog, und die Reihenfolge, in der er sie vorfand: Er schöpfte aus den fünf Büchern des Mose, Josua, Richter, 1–2 Samuel, 1–2 Könige (er hat auch einiges Parallelmaterial aus den Chronikbüchern und aus Jesaja), Jeremia, Ezechiel (Sir 49,9 erwähnt vielleicht Hiob, aber der Text ist problematisch), aus dem Zwölfprophetenbuch, Esra und Nehemia. Streicht man die Chronikbücher (und wahrscheinlich Hiob) aus dieser Liste, stimmt sie mit der Reihenfolge der Bücher in der hebräischen Bibel überein. Der einzige Unterschied besteht darin, daß einige Bücher fehlen, die später als kanonisch angesehen wurden (z.B. Rut, Hohelied, Ester). Da die berühmten Helden von dem Verfasser verehrte Vorbilder sind, muß er den Büchern, in denen er Berichte über deren Heldentaten und Frömmigkeit fand, eine bestimmte Autorität beigemessen haben.

Die ersten beiden Abschnitte im Prolog der Übersetzung des Enkels enthalten drei Aufzählungen von Büchern, in denen sich große Lehren finden, die eines sorgfältigen Studiums wert sind.

„Vieles und Großes ist uns durch das Gesetz, die Propheten und die anderen Schriften, die ihnen folgen, geschenkt worden. Dafür ist Israel zu loben wegen seiner Bildung und Weisheit. Doch soll jeder, der sie zu lesen versteht, nicht nur sich selbst daran bilden, sondern die Gelehrten sollen auch imstande sein, andere durch Wort und Schrift zu fördern.

So befaßte sich mein Großvater Jesus sorgfältig mit dem Gesetz, den

Propheten und den anderen Schriften, die von den Vätern überkommen sind. Er verschaffte sich eine gründliche Kenntnis von ihnen und fühlte sich dann gedrängt, auch selbst etwas zu schreiben, um dadurch Bildung und Weisheit zu fördern. Wer es sich mit Liebe aneignet, wird es in einem gesetzestreuen Leben noch vermehren. Ihr seid nun aufgefordert, mit Wohlwollen und Aufmerksamkeit zu lesen. Doch mögt ihr Nachsicht üben, wenn wir vielleicht einige der schwer zu übersetzenden Ausdrücke unbefriedigend wiedergegeben haben. Es ist ja nicht gleich, ob man etwas in der hebräischen Grundsprache liest oder ob es in eine andere Sprache übertragen wird. Nicht nur dieses Buch, sondern auch das Gesetz, die Propheten und die übrigen Schriften weisen keinen geringen Unterschied auf, wenn man sie in der Grundsprache liest."

Im späten 2. Jahrhundert v.Chr. kennt der Enkel eine dreifache Unterteilung der autoritativen Quelle der Weisheit und Unterweisung, die er durch leicht voneinander verschiedene Formulierungen charakterisiert: (1.) „das Gesetz, die Propheten und die anderen", (2.) „dem Gesetz, den Propheten und den anderen Schriften" und (3.) „das Gesetz, die Propheten und die übrigen Schriften". Während die ersten beiden Kategorien vertraut und klar sind (obwohl nicht gesagt wird, welche Bücher speziell dazu gehören), ist die dritte bemerkenswert unpräzise („die anderen", „die anderen Schriften", „die übrigen Schriften"). Der zuletzt zitierte Satz deutet an, daß der Übersetzer das Werk seines Großvaters auf die gleiche Ebene wie die drei angenommenen Kategorien hob („Nicht nur dieses Buch, sondern auch das Gesetz ..."). Derselbe Satz deutet übrigens auch an, daß griechische Übersetzungen all dieser Bücher, einschließlich der des Großvaters, damals zur Verfügung standen.

3.1.2 2 Makk 2,13–15

Ein weiteres apokryphes Buch, 2 Makkabäer, trägt zu der Antwort auf die Frage bei, was als autoritative Literatur angesehen wurde. Im zweiten Brief, der am Anfang des Buches (nicht viel später als 100 v.Chr.) erscheint, schreiben die Bewohner Judas an einen gewissen Aristobul und die ägyptischen Juden (nachdem biblische Episoden erwähnt wurden, in denen Feuer vom Himmel fiel):

> „Das gleiche wird auch in den Schriften und in den Erinnerungen Nehemias erzählt; dort steht auch, wie er eine Bücherei anlegte und die Bücher der Könige und der Propheten und die (Lieder) Davids sammelte, auch königliche Urkunden über Weihegaben. Genauso hat auch Judas alle Bücher wieder gesammelt, die in dem Krieg, den wir führen mußten, zerstreut worden waren. Sie befinden sich heute bei uns. Sollten euch einige davon fehlen, so laßt sie durch Boten holen!"

Nach der Sicht des Verfassers sammelte Nehemia in seiner Zeit (Mitte des 5. Jahrhunderts v.Chr.) Bücher, dasselbe tat auch Juda in seinen Tagen (etwa 166–161 v.Chr.). Was diese Sammlung bedeutete, wird nicht gesagt, aber Nehemia wird es als Verdienst zugeschrieben, daß er eine Sammlung bestimmter Arten von Büchern zusammenstellte: „die Bücher der Könige und der Propheten und die (Lieder) Davids sammelte, auch königliche Urkunden über Weihegaben". Es ist verlockend, in diesen Gruppierungen die geschichtlichen und prophetischen Bücher (Josua, Richter, 1–2 Samuel, 1–2 Könige und die Propheten), die Psalmen und das Buch Esra (das königliche Briefe enthält, die mit Tempelweihgaben zu tun haben) zu erkennen. Der Verfasser bleibt an diesem Punkt jedoch undeutlich.

3.1.3 Philon, *De vita contemplativa* 25

Philon war ein jüdischer Philosoph, der etwa 20 v.Chr. bis ca. 50 n.Chr. in Alexandria lebte. In seinem Traktat *De vita contemplativa* beschreibt er eine jüdische Gruppierung in Ägypten, die man die „Therapeuten" nennt. Sie sind für die Qumranforschung von besonderem Interesse, weil sie eine Reihe von Charakterzügen mit den Essenern teilen. Philon sagt über sie:

> „In jedem Haus gibt es ein geheiligtes Gemach, das den Namen Heiligtum oder Klausur trägt. In ihm verweilen sie ganz allein und werden in die Mysterien des heiligen Lebens eingeführt. Sie nehmen nichts mit hinein, weder Trank noch Speise noch sonst etwas, das für die Bedürfnisse des Leibes notwendig ist, wohl aber die Gesetze und Orakel, die von den Propheten verkündet wurden, sowie Psalmen und das andere, wodurch zugleich Wissen und Frömmigkeit gefördert und vollendet werden."

Philon scheint mit den von dem Enkel von Jesus ben Sira erwähnten Kategorien vertraut zu sein: Philons „Gesetze" und „Orakel" klingen ganz nach der Wendung „Gesetz und Propheten" des Enkels von ben Sira, während die „Psalmen und das andere" der sogar noch weniger spezifischen Wendung „die anderen" entsprechen könnte. Daß „Psalmen" vor „das andere" genannt werden, deutet vielleicht an, daß der Psalter als das wichtigste oder zumindest als das erste der nichtgesetzlichen, nichtprophetischen Werke betrachtet wurde.

3.1.4 Lk 24,44

In einem Abschnitt des dritten Evangeliums, der bei den anderen Synoptikern keine Parallele hat, schildert der Verfasser einige Erscheinungsszenen, in denen der auferweckte Jesus seinen elf Jüngern, den Reisenden auf dem Weg nach Emmaus und anderen erscheint. In der Emmaus-Geschichte erklärte er seinen Jüngern, nachdem er sie davon überzeugen konnte, daß er kein Geist sei: „Das sind die Worte, die ich zu euch gesagt habe, als ich noch bei euch war: Alles muß in Erfüllung gehen, was im Gesetz des Mose, bei den Propheten und in den Psalmen über mich gesagt ist." Jesu Absicht besteht darin zu lehren, daß alle Schriften über das Leiden des Messias, seinen Tod und seine Auferstehung sprechen. In diesem Zusammenhang heißt es: „Darauf öffnete er ihnen die Augen für das Verständnis der Schriften." (V. 45) Er konnte ihre Aufmerksamkeit auf alle Schriften lenken, indem er drei Kategorien nannte: das Gesetz des Mose, die Propheten und die Psalmen. Es kann sein, daß der Ausdruck *Psalmen* mehr als ein Buch dieses Namens umfaßte, obwohl es sich nicht beweisen läßt, daß der Verfasser des Lukasevangeliums ihn in diesem umfassenderen Sinne verstand.

3.1.5 Mt 23,35

In Mt 23,35 spielt Jesus auf die nicht endende Geschichte des Martyriums der Gerechten an. Der Text lautet: „So wird all das unschuldige Blut über euch kommen, das auf Erden vergossen worden ist, vom Blut Abels, des Gerechten, bis zum Blut des Zacharias, Barachias' Sohn, den ihr im Vorhof zwischen dem Tempelgebäude und dem Altar ermordet habt." Man hat in dieser Anspielung meist einen Hinweis auf die Kanonsentwicklung sehen wollen. Wenn nämlich Abel als erster Blutzeuge genannt wird und Zacharias als letzter, dann könnte das so verstanden werden, als sei hier bereits der gesamte Kanon gemeint, so daß das erste Buch (Genesis) und die beiden letzten Bücher (1–2 Chronik) der hebräischen Bibel ihren heute gültigen Platz in der offiziellen Liste des Kanons bereits im 1. Jahrhundert n.Chr. eingenommen hätten, als Matthäus sein Evangelium schrieb. Abels Tod ist in Gen 4,8 aufgezeichnet, während der des Zacharias, Sohn des Barachias, in 2 Chr 24,20–22 erzählt wird (die Bibel kennt kein Martyrium eines Zacharias, Sohn des Barachias; Zacharias [= Sacharia], Sohn des Bacharia, ist der Prophet, dessen Worte in dem Buch erscheinen, das seinen Namen trägt). Die Exegeten, die diesem Jesuswort Bedeutung für die Kanonsfrage beimessen wollen, verweisen darauf, daß Jesus Beispiele aus dem ersten Buch und den letzten Büchern der Bibel ausgewählt habe, um anzudeuten, daß sich ein solches Verhalten gegenüber den Gerechten durch die gesamte Bibel hindurchzieht. Dieses Argument ist einigermaßen einsichtig, da Jesus insbesondere deutlich macht, daß er bewußt aus Vorfällen vom Anfang und vom Ende gewählt habe („all das unschuldige Blut ..., vom Blut ..., bis zum Blut ...“). Wäre es ihm um Beispiele der frühesten und spätesten Zeitpunkte auf der biblischen *Zeitlinie* gegangen, hätte er nicht Zacharias gewählt, denn es gab entsprechende spätere Vorfälle (z.B. der Gedalja-Vorfall von 2 Kön 25,22–26). Aber auch wenn wir das zugeben, läßt die Aussage in Mt 23,35 nichts darüber erkennen, welche Bücher in einer solchen Liste zwischen Genesis und 2 Chr stehen müßten.

3.1.6 4 Esra 14,23–48

Das vierte Buch Esra wurde nach 70 n.Chr. verfaßt, also nach der Zerstörung Jerusalems und des Tempels durch die Römer. Das Buch enthält eine ausführliche Meditation über tiefgehende Fragen, die sich aufgrund der Zerstörung Jerusalems stellten. Nach der Sicht des Verfassers gingen in dem beklagenswerten Ereignis auch die Schriften verloren, so daß sie noch einmal offenbart werden mußten, wenn sich Israel der Anleitung durch sie erfreuen sollte. Esra, der mutmaßliche Held des Buches, betet, daß der Heilige Geist ihn inspirieren möge, um alles niederzuschreiben, was in Gottes Gesetz (er gebraucht das Wort in einem umfassenden Sinn für alle Schriften) aufgezeichnet gewesen war. Er bereitet für diese Aufgabe Materialien vor, nimmt ein stärkendes Getränk zu sich und diktiert ohne Pause – bei gelöstem Geist und gelöster Zunge – über einen Zeitraum von 40 Tagen 94 Bücher in die Feder von fünf Schreibern.

> „Als die vierzig Tage zu Ende waren, redete der Höchste mit mir und sagte: Die ersten vierundzwanzig Bücher, die du geschrieben hast, leg offen hin. Würdige und Unwürdige mögen sie lesen. Die letzten siebzig aber sollst du verwahren, um sie den Weisen aus deinem Volk zu übergeben. Denn in ihnen fließt die Quellader der Einsicht, die Quelle der Weisheit und der Strom des Wissens. Und ich tat so“. (4 Esr 14,45–48)

Mit diesen wenigen Worten wird viel angedeutet. Die Zahl 24 ist eine der Zählungen der Bücher der hebräischen Bibel (nach den 24 Buchstaben des griechischen Alphabets). Daher ist es sehr wahrscheinlich, daß der Verfasser sich auf die komplette hebräische Bibel bezieht, wenn er von den 24 Büchern spricht, die Esra zuerst geschrieben hat. Daß sie am Anfang übertragen wurden, gibt ihnen eine literarische Priorität, aber sie sind für eine allgemeine Leserschaft gedacht („Würdige und Unwürdige“) und nicht nur für die Gerechten. Welches sind dann die später geschriebenen, nur für einen exklusiven Kreis bestimmten 70 Bücher, die als Quelle der Einsicht, Weisheit und des Wissens beschrieben werden? Es hat den Anschein, als verleihe ihnen der Verfasser in einem gewissen Sinne einen höheren Status als den ersten 24 Büchern, also den biblischen Büchern. Vielleicht ist die Zahl 70 eine allgemeine Zahl, die die Überzeugung des Verfassers zum Ausdruck bringt, daß weit mehr Bücher inspiriert sind als die biblischen 24, daß aber eine besondere Sachkenntnis für ihre richtige Auslegung vonnöten ist. Auf jeden Fall beschränkte er die inspirierten Schriften nicht auf die in der hebräischen Bibel zu findenden 24 Bücher.

3.1.7 Josephus, *Contra Apionem* 1,37–43

Der Historiker schrieb seine Apologie *Contra Apionem* in den 90er Jahren des 1. Jahrhunderts n.Chr. Er verteidigte darin die antike Geschichtsschreibung seines Volkes und stellte diese der in sich widerspuchsvollen der Griechen gegenüber.

> „Denn bei uns gibt es keine Unzahl voneinander abweichender und sich gegenseitig widersprechender Bücher, sondern nur zweiundzwanzig, welche die gesamte Vergangenheit schildern und mit Recht als göttlich angesehen werden. Fünf derselben sind von Moyses; sie enthalten die Gesetze und die Geschichte von der Entstehung des Menschengeschlechtes bis zum Tode des Verfassers. Dieser Zeitraum erstreckt sich über beiläufig drei Jahrtausende. Vom Ableben des Moyses aber bis zur Regierung des Artaxerxes, der nach Xerxes über die Perser herrschte, haben die auf Moyses folgenden Propheten die Begebenheiten ihrer Zeit in dreizehn Büchern aufgezeichnet; die übrigen vier enthalten Lobgesänge auf Gott und Vorschriften für das Leben der Menschen. Auch von Artaxerxes an bis auf unsere Tage ist alles eingehend beschrieben; diese Bücher stehen aber nicht in gleichem Ansehen wie die früheren, weil es da an der genauen Aufeinanderfolge der Propheten mangelte.“ (I,38–41)

Die Zahl 22 ist eine weitere, ziemlich weit verbreitete Zählung der Bücher der vollständigen hebräischen Bibel (vielleicht beruht sie auf dem hebräischen Alphabet, das 22 Buchstaben hat). Die Bücher des Moses sind in der Beschreibung des Josephus – von Genesis bis Deuteronomium, dessen letztes Kapitel den „Tod des Verfassers“ schildert – leicht wiederzuerkennen. Die „Propheten“ sind nach herkömmlichem jüdischen Verständnis die vorderen, geschichtlichen wie die prophetischen Bücher im engeren Sinne (Josua bis

Könige, Jesaja bis Maleachi). Die Erwähnung des Artaxerxes als des Endes der prophetischen Sukzession legt unmittelbar nahe, daß Esra und Nehemia unter diese prophetischen Texte zu rechnen sind, da Artaxerxes der letzte in ihnen erwähnte persische Herrscher ist. Die dreizehn Bücher könnten die folgenden gewesen sein: Josua, Richter, 1 Samuel, 2 Samuel, 1 Könige, 2 Könige, Esra/Nehemia (*ein* Buch), Ester, Jesaja, Jeremia, Ezechiel, Daniel und die Zwölf Kleinen Propheten (*ein* Buch). Die „übrigen vier Bücher", die die „Lobgesänge auf Gott und Vorschriften" enthielten, schließen vermutlich die Psalmen und Sprüche ein, wahrscheinlich auch die Bücher Hiob und Prediger.

Die unter 3.1.1 bis 3.1.7 erwähnten Texte betreffen am unmittelbarsten die Geschichte des Kanons. Sie zeigen, daß es Brauch war, die heiligen Bücher in drei Kategorien zu unterteilen: Gesetz, Propheten und die übrigen, von denen die berühmtesten die Psalmen waren. Nur 4 Esra und Josephus nennen eine genauere Zahl von Büchern (die offensichtlich beide mit der entsprechenden Zahl der Buchstaben im Alphabet einhergehen), und nur Josephus gibt genügend Hinweise, die es dem Leser erlauben, praktisch alle seiner 22 Bücher zu benennen. Eine gewisse Unsicherheit bleibt allerdings darüber bestehen, auf welche Bücher sich die von Josephus angeführten Verfasser beziehen. Schließt einer von ihnen beispielsweise das Hohelied Salomos ein? Die Texte stimmen zu einem gewissen Grade über einen Kanonskern überein (Gesetz und Propheten mit Psalmen und vielleicht auch noch einige andere), aber eine Einigkeit über sämtliche Details eines Kanons ist aus den Quellen nicht ersichtlich. Nicht zu vergessen ist auch die Tatsache, daß das Judentum im Verlauf der Jahrhunderte, die von den oben zitierten Texte abgedeckt werden, aus unterschiedlichen Gruppierungen bestand. So waren etwa Pharisäer und Sadduzäer über den genauen Bestand ihrer heiligen Schriften uneins, und das gleiche dürfte auch bei anderen Gruppierungen der Fall gewesen sein. Wir wissen nicht, wann die Auseinandersetzungen in den jüdischen Gemeinden hinsichtlich des Kanons im allgemeinen beendet waren. Man hat behauptet, die sogenannte Synode von Jamnia – eine jüdische Akademie – habe um 90 n.Chr. darüber die abschließenden Entscheidungen getroffen. Die Kanonswissenschaftler haben diese Vorstellung jedoch abgelehnt und betont, daß sich die einzigen Kanonsdiskussionen unter den Führern von Jamnia darum drehten, ob ein oder zwei Bücher (z.B. Ester) tatsächlich als biblisch betrachtet werden sollten. Dafür, daß die Rabbinen von Jamnia einen Kanon definiert oder einen autoritativen Beschluß darüber gefaßt hätten, fehlen uns die Belege. Eine gewisse Unsicherheit blieb auch hinsichtlich solcher Bücher wie Ester und scheint hinsichtlich des Hohenliedes Salomos bis weit nach 100 n.Chr. bestanden zu haben.

3.2 Befunde aus Qumran

Die vor 1947 verfügbaren Texte werfen nur ein schwaches Licht auf das Wachstum eines Schriftenkanons, sie lassen zahlreiche Fragen der Kanonsbildung offen. War es vorstellbar, daß im letzten Jahrhundert v.Chr. und im ersten Jahrhundert n.Chr. ständig weitere Bücher zu den Schriften hinzugefügt werden konnten? Und wenn ja, hat man sie dann tatsächlich hinzugefügt? Oder bedeutete der Definitionsprozeß eines Kanons nur den Ausschluß einiger Bücher (wie etwa Sirach) aus einem allgemein akzeptierten festen Kern? Stimmten alle Juden mit dem überein, was die oben zitierten Texte sagen, oder spiegeln die Verfasser die Ansichten kleinerer Gruppen (auch private Meinungen) wider? Noch wichtiger ist für uns die Frage: Tragen die Texte von Qumran zur Klärung der dunklen Geschichte der Kanonsentwicklung bei? Auf die letzte Frage läßt sich erwidern: Sie tragen in mehreren Hinsichten dazu bei und lassen doch gleichzeitig neue Fragen aufkommen. Eine der Schriftrollen – „Einige Werke der Tora" (4QMMT) – nennt eine dreifache Unterteilung der Bücher, die uns jetzt bekannt vorkommen sollte: „... ins Buch Moses [und] in die Büch[er der Pro]pheten und in Davi[d(s) Psalmen)]" (C 9–10).

3.2.1 Kriterien

Zunächst müssen einige Kriterien festgelegt werden, aufgrund derer sich sagen läßt, ob die Leute von Qumran eine Schrift als biblisches Buch betrachteten. Keine der Schriftrollen sagt direkt etwas darüber aus, ob ein Dokument *kanonisch* ist oder nicht, da kein Wort dieser Bedeutung gebraucht wird. Ob es ein unserem Ausdruck *Bibel* entsprechendes Wort gab, ist fraglich. Uns bleibt also nichts anderes übrig, als uns auf die Zusammenstellung von Hinweisen auf die besondere *autoritative* Geltung von Schriften zu beschränken. Dabei ist vor allem zu überprüfen, ob eine Schrift *als Autorität* zitiert oder genannt und *wie* sie zitiert wird. Die Wendung „so spricht der Herr" beispielsweise wäre ein hilfreicher Hinweis. Des weiteren kann man fragen, wie ein in Frage kommendes Werk sich selbst darstellt. Wenn ein Qumrantext aus einem bestimmten Buch als einer Autorität zitiert und dieses Buch sich selbst als Offenbarung Gottes darstellt, dann ist dieses Buch sehr wahrscheinlich eine Schrift, die der qumranische Verfasser letztlich als autoritativ betrachtete. Ein weiteres Kriterium besteht darin, ob ein bestimmtes Buch Gegenstand der Kommentierung nach Art der *pescharim* wurde, d.h. derjenigen Schriften, deren Verfasser im prophetischen Text Gottes Plan für die letzten Tage erkennen. Schwerlich hätte jemand eine Schrift in der Weise des *peschers* kommentiert, die er lediglich für ein gutes, nicht aber für ein außergewöhnliches Buch hielt. Insbesondere sollte man nicht vergessen, daß die Kommentare die Frucht der göttlich inspirierten Auslegung des Lehrers der Gerechtigkeit enthalten könnten. Verhält es sich tatsächlich so, würden sie für sich eine bestimmte Autorität beansprucht haben.

3.2.2 Autoritative Bücher

Nach den oben dargelegten Kriterien war eine Reihe von Büchern in Qumran von höchster Autorität.

3.2.2.1 Bücher, die als Autoritäten zitiert werden

Im Schriftenkorpus von Qumran finden sich Zitate aus zahlreichen biblischen Büchern, wenngleich auch nicht aus allen. Schriftstellen werden zuweilen mit Formeln wie „Und wenn es heißt" eingeleitet. Man sollte sich jedoch bewußt sein, daß solche Einleitungen auch bei Büchern angewandt wurden, die nicht Teil der hebräischen Bibel geworden sind (siehe unten 3.2.2.2).

Ein rascher Überblick über die vollständiger erhaltenen Texte von Qumran ergibt ein grobes, aber offenbar zutreffendes Bild von den Büchern, die die größte Autorität beanspruchten. Die Gemeinderegel (1QS), die Damaskusschrift (CD), die Kriegsregel (1QM), das Florilegium (4QFlor), Testimonia (4QTestim) und der Melchisedek-Text (11QMelch) zitieren als Autoritäten folgende Bücher, die schließlich die hebräische Bibel konstituiert haben (die Bücher sind in der Reihe der Ordnung der hebräischen Bibeln aufgelistet; die Linien markieren die großen Unterteilungen: Gesetz, Propheten, Schriften):

Genesis	CD
Exodus	1QS, CD (2), 4QFlor
Levitikus	CD (4), 11QMelch (2)
Numeri	CD (4), 1QM, 4QTestim
Deuteronomium	CD (8), 4QTestim (2), 11QMelch

Josua	4QTestim
Richter	
1/2 Sam	CD (?), 4QFlor (2)
1/2 Kön	
Jesaja	1QS (2), CD (6), 1QM, 4QFlor, 1QMelch (3)
Jeremia	
Ezechiel	CD (3), 4QFlor
Hosea	CD (3)
Joel	
Amos	CD (2), 4QFlor
Obadja	
Jona	
Micha	CD (4)
Nahum	
Habakuk	
Zefania	
Haggai	
Sacharja	CD
Maleachi	4QFlor, 11QMelch (3)
Psalter	4QFlor (2), 11QMelch (3)
Sprüche	CD
Hiob	
Hohelied	
Ruth	
Klagelieder	
Kohelet	
Ester	
Daniel	4QFlor, 11QMelch
Esra	
Nehemia	
1/2 Chr	

Die Damaskusschrift macht am häufigsten von Abschnitten aus der Schrift Gebrauch, aber auch die anderen Texte enthalten genügend Beispiele, um diese Übersicht als repräsentativ ansehen zu können. Die Ergebnisse sind instruktiv: Alle Bücher des Gesetzes dienen als Schriftbeweise, auf Jesaja wird mehr als jedes andere Buch Bezug genommen, und andere prophetische Bücher (Ezechiel, Hosea, Amos, Micha, Sacharja und Maleachi) werden in einem ähnlichen Umfang herangezogen. Die geschichtlichen Bücher werden in solchen Zusammenhängen kaum gebraucht, während die kürzesten prophetischen Bücher und die meisten der „Schriften" (andere als der Psalter und Daniel zusammen mit den Sprüchen) überhaupt nicht als Quellen für Schriftbeweise dienen. Überraschenderweise wird Jeremia nicht als Autorität zitiert, obwohl die Damaskusschrift (Kol. VIII) ihn erwähnt. Die Tatsache, daß andere Bücher nicht in dieser Liste erscheinen, bedeutet nicht, daß sie unwichtig waren oder daß sich die Schreiber nicht auf sie beriefen. Sie bedeutet nur, daß sie nicht zur Unterstützung der Absichten zitiert wurden, die die Verfasser der Qumranschriften verfolgten. Aber die Tatsache, daß – mit Ausnahme eines Belegs aus den Sprüchen – von den poetischen Schriften nur die Psalmen (sie sind das beliebteste biblische Buch in Qumran) sowie Daniel (welches dort ebenfalls wohl bekannt ist) als Belegtexte dienen, legt die Vermutung nahe, daß ein Verfasser viel eher „das Gesetz und die Propheten" als die „Schriften" heranzog, wenn er eine starke Stütze für sein Argument finden wollte.

Einige der die Zitate kennzeichnenden Einleitungsformeln sollen hier erwähnt werden. Die Damaskusschrift zitiert (in Kol. III) Dtn 9,23 mit den Worten: „er sprach zu ihnen". In der folgenden Zeile wird das „er" mit „ihrem Schöpfer" gleichgesetzt. In VI,13 zitiert die Damaskusschrift aus Mal 1,10 und leitet durch „wie es Gott gesagt hat" ein. Dasselbe Werk (XIX,11–12) führt auch einen Abschnitt aus Ezechiel an, der mit der Wendung „was [Er] durch Ezechiel gesagt hat" eingeführt wird, so daß mit dem „Er" offensichtlich Gott gemeint ist. CD VIII,9–10 führt Worte aus Dtn 32,33 mit der Wendung „über die Gott gesagt hat" an. In einem an Gott gerichteten Gedicht betrachtet der Verfasser der Kriegsregel (Kol. XI) Num 24,17–19 und Jes 31,8 als seine Offenbarung.

Mehrere biblische Bücher in Qumran waren Gegenstand von Kommentaren: Jesaja (6), Psalmen (3), Hosea (2), Micha (2), Zefanja (2), Nahum (1) und Habakuk (1). Von daher könnte man Zefanja und Habakuk in die Liste der Werke aufnehmen, deren Texte in Qumran eindeutige Autoritäten waren.

Mindestens für die Bücher, die in Qumran als Autoritäten dienten, läßt sich sagen, daß sie sich selbst ausdrücklich als göttliche Offenbarung darstellen (z.B. die prophetischen Bücher) oder wesentliche Textabschnitte als Worte Gottes kennzeichnen (die Gesetzesbücher, die historischen Bücher).

Unter Anwendung anderer Kriterien ließen sich vielleicht noch weitere Bücher in die Liste aufnehmen. So waren beispielsweise einige Forscher der Auffassung, daß die Chronikbücher in Qumran wahrscheinlich als biblische Bücher betrachtet wurden, weil die Gruppe die Aufteilung der Priester in 24 Wachen akzeptierte, wie das in 1 Chr 24,7–18 festgesetzt wird. Diese Schlußfolgerung verbietet sich jedoch, weil die 24 Dienstwachen zu dieser Zeit sicher bereits Tradition geworden waren. Des weiteren verweist die Kriegsregel (1QM II,2) auf 26 Wachen und nicht auf 24.

3.2.2.2 Andere autoritative Bücher

Zahlreiche Bücher, die schließlich als biblisch betrachtet wurden, haben sich als autoritative Bücher in Qumran herausgestellt, einige andere wiederum nicht. Darüber hinaus gibt es unter den Schriften von Qumran andere Werke, die wahrscheinlich ebenfalls als geoffenbart und darum als autoritativ galten. Im folgenden werden Belege für die These genannt, daß nach den oben aufgeführten Kriterien auch solche Werke wie das Erste Henochbuch, das Jubiläenbuch und die Tempelrolle unter die biblischen Bücher zu zählen sind, die in der Qumrangemeinschaft bewahrt worden sind.

1. *Das Jubiläenbuch.* In fünf Qumranhöhlen sind Fragmente von 15 oder vielleicht 16 Abschriften des Jubiläenbuches gefunden worden. Das ist an sich ein aussagekräftiger Hinweis darauf, wie wichtig das Buch in der Gemeinschaft war. Nach der Anzahl von 15 oder 16 Abschriften steht es unmittelbar nach Psalmen, Deuteronomium, Jesaja und Exodus und zählt, an das Buch Genesis gebunden (wenn die Zahl 15 stimmt), auch zu den biblischen Büchern. Hinzu kommt, daß sich das Jubiläenbuch selbst offenkundig als göttliche Offenbarung ausgibt. Sein Entstehungskontext ist nach seinem Selbstzeugnis der Berg Sinai. Gott ruft Mose am 16. Tag des dritten Monats auf den Berg (vgl. Ex 19,1) und skizziert dort Israels Zukunft. Das Buch setzt sich zusammen aus entweder direkt offenbarten Worten Gottes (Kap. 1) oder der Botschaft Gottes, die er einem Gegenwartsengel auftrug, um sie Mose von den himmlischen Tafeln zu diktieren. Dem Leser wird also bei jedem Gebrauch des Jubiläenbuches der von diesem Buch selbst erhobene Anspruch auf Inspiration vor Augen geführt.

Das Jubiläenbuch wird in Qumran auch als Autorität zitiert. Die Damaskusschrift XVI,2–3 sagt: „Und die ausführliche Darlegung ihrer Zeiten für die Blindheit Israels von alledem, die ist genau festgelegt auf der Schriftrolle der *Einteilung der Zeiten nach ihren Jubiläen und ihren (Jahr-)Wochen.*“ Der kursiv gedruckte Titel ist der Name, der in einer Reihe von antiken Quellen dem Jubiläenbuch gegeben worden ist, einschließlich seiner selbst. Für den Verfasser der Damaskusschrift ist das Jubiläenbuch, das Offenbarungscharakter für sich behauptet, der Ort, wo genaue Vorhersagen über die geschichtlichen Zeiten zu finden sind. Daß das Wort *perusch* („die genaue Bestimmung") gebraucht wird, ist wahrscheinlich ebenfalls von Bedeutung, denn an anderen Stellen wird es mit biblischen Schriften in Verbindung gebracht. Der Ausdruck *perusch* ist in der ersten Zeile derselben Kolumne in Verbindung mit dem Mosegesetz gebraucht.

Die Damaskusschrift bezieht sich wahrscheinlich noch an einem weiteren Punkt auf das Jubliäenbuch. In der zehnten Kolumne werden die Altersgrenzen für Richter zwischen 25 und 60 Jahren definiert. „Aber es soll sich keiner mehr hinstellen von einem Sechzigjährigen und darüber, um die Gemeinde zu richten, denn durch die Treulosigkeit des Menschen wurden verringert seine Tage und durch Gottes Zornglut gegen die Bewohner der Erde hat Er angesagt, fortzunehmen ihren Verstand, bevor sie vollenden ihre Tage" (X,7–10). Der Verfasser hat hier wohl Jub 23,11 im Kopf gehabt, auch wenn er es nicht genau zitiert.

Eine weitere mögliche Bezugnahme auf das Jubiläenbuch als einer Autorität ist vor einiger Zeit ans Tageslicht gekommen. Der Text 4Q228 gebraucht stellenweise eine Sprache, die charakteristisch für das Jubiläenbuch ist: „denn dies ist die Weise, in der es in der Einteilung der Zeiten geschrieben steht". An einer anderen Stelle hat das Fragment zwei weitere Bezugnahmen auf die „Einteilung der Zeiten", von denen beide auch Anspielungen auf das Jubiläenbuch sein können.

Zusammenfassend: Das Jubiläenbuch ist in Qumran mit Ausnahme von fünf biblischen Büchern auf mehr Abschriften zu finden als alle anderen. Es stellt sich selbst als göttlich geoffenbart dar, und möglicherweise wird auf das Jubliäenbuch als autoritativer Text an drei Stellen in der Qumranliteratur Bezug genommen. Außerdem hat man mehrere andere Texte „Pseudo-Jubliäen" genannt, weil sie in Sprache und Vorstellungswelt dem Jubliäenbuch ähnlich sind (4Q225–227). Das Jubiläenbuch hat also alle Eigenschaften, die in Qumran ein Buch als autoritativ auszeichnen, bis auf die Tatsache, daß es keinem Kommentar zugrunde gelegt wurde. Später wurde das Buch für einige christliche Gruppierungen – so für die Abessinische Kirche von Äthiopien – kanonisch. Die hohe Wertschätzung, die es in Äthiopien genoß, sicherte seine Erhaltung, nachdem das hebräische Original und die auf ihr beruhende griechische Übersetzung verloren waren. Ein komplizierender Faktor in der Erörterung des kanonischen Status in Qumran besteht darin, daß nach einem neu veröffentlichten Text, 4Q252, die Chronologie des Jubiläenbuches über die Sintflut nicht in allen relevanten Dokumenten von Qumran akzeptiert wurde. Überdies setzen einige kalendarische Texte den vom Jubiläenbuch abgelehnten schematischen Mondkalender fort. Es bestand in Qumran also keine allgemeine Übereinstimmung über alle Details, auch wenn die meisten Indikatoren zeigen, daß das Jubiläenbuch eine hochgeachtete Quelle war.

2. *Das Erste Henochbuch.* Wie bereits weiter oben (Kap. 2 Abschn. 2.2.1) in dem Überblick über die in den Höhlen gefundenen Texte erwähnt, ist vieles des aus fünf Büchern bestehenden Ersten Henochbuches in Höhle 4 aufgetaucht. Von dem zweiten Buch, den Bilderreden des Henoch, ist jedoch bis heute keine Spur gefunden worden. Hingegen dürfte das Gigantenbuch mit den übrigen Büchern der Henoch-Sammlung verwandt sein und sogar vielleicht auf derselben Rolle wie mehrere von ihnen abgeschrieben worden sein. Sieben Manuskripte enthalten Teile von drei Büchern aus Henoch, vier weitere bewahren Abschnitte des Astronomischen Buches und vielleicht nicht weniger als neun (jeweils eines aus den Höhlen 1, 2 und 6 sowie sechs aus Höhle 4) bieten das Gigantenbuch. Wenn man all diese Texte als Teil einer großen Komposition betrachtet, beläuft sich die Zahl der Abschriften auf 20 – eine sehr hohe Zahl für ein Werk in Qumran. Auch dieses so reichlich in den Höhlen vertretene Werk beansprucht durchgängig, geoffenbart zu sein. Henoch berichtet häufig, daß der Inhalt seiner Schriften sich von göttlichen Engeln geoffenbarten Visionen oder Gott selbst verdankt. Manche Kenntnisse des Henoch stammen, analog dem Jubiläenbuch, von den himmlischen Tafeln.

Die Qumranliteratur scheint das uns unter dem Namen Erstes Henochbuch bekannte Werk als inspirierte oder offenbarte Quelle selbst nicht namentlich zu nennen, es sei denn, man dürfte Jub 4,17–24 als einen solchen Hinweis verstehen. Der Verfasser der Jubiläen kannte offensichtlich die Bücher des Henoch, da er ihren Inhalt zusammenfassend referiert. Aber darüber hinaus und damit zusammenhängend diente das Henochbuch noch in anderer Weise als einflußreiche Quelle. So machen das Jubiläenbuch und eine Reihe von Qumrantexten von der sogenannten Wächter-Geschichte Gebrauch, die ihren Ursprung in 1 Hen 1–36 hat, einem Abschnitt, den man von daher zu Recht als Buch der Wächter bezeichnet. Der Text deutet Gen 6,1–4 dahingehend, daß einige von Gottes guten Engeln (= die Söhne Gottes) ihr natürliches himmlisches Heim verließen und auf die Erde hinabstiegen – entweder weil sie Frauen begehrten (= die Menschentöchter) oder weil sie Gutes tun wollten, aber davon abkamen, nachdem ihr Blick auf die Frauen gefallen war. Die aus den unnatürlichen Ehen zwischen den Engeln und Frauen hervorgegangenen Kinder waren Riesen, deren Gewalttätigkeit die Erde verwüstete und schließlich zum Kannibalismus führte. Um das so entstandene schreckliche Übel zu bestrafen, sandte Gott die Sintflut. Diese Geschichte, die in unterschiedlichen Formen in der Henoch-Literatur auftaucht, wird im Jubiläenbuch wiedergegeben und findet sich auch in einer Reihe von Qumrantexten wie der Damaskusschrift und dem Genesis-Apokryphon. Sie diente mehr als die Adam-und-Eva-Geschichte als übliche Erklärung für die Mächtigkeit des Bösen auf Erden. Die weitverbreitete Akzeptanz der Wächter-Geschichte in Qumran bezeugt die Autorität des Ersten Henochbuches. Außerdem diente der Gebrauch des schematischen Sonnen- und Mondkalenders durch das Erste Henochbuch als Modell für die kalendarischen Texte von Qumran. Für eine Reihe von frühen Christen wurde das Erste Henochbuch zum kanonischen Buch, so auch für den Verfasser des neutestamentlichen Judasbriefes, der 1 Hen 1,9 als authentische Worte des Siebten nach Adam zitiert (siehe Jud 14–15).

3. *Die Tempelrolle.* Die Tempelrolle ist ein anders geartetes Beispiel. Sie ist in geringerer Anzahl von Abschriften bezeugt als das Jubiläenbuch oder die unterschiedlichen Teile von 1 Hen: zwei Abschriften aus Höhle 11 (eine davon bewahrt einen hohen Prozentsatz des Originaltextes, die andere ist sehr fragmentarisch) und möglicherweise eine fragmentarische Abschrift aus Höhle 4. Trotzdem erhebt der Text auf eindrückliche Weise einen machtvollen Anspruch auf seine eigene Inspiration: Sein Inhalt wird nämlich als direkte Rede Gottes an Moses auf dem Sinai wiedergegeben. Eben das gilt natürlich für das meiste des biblischen Materials in dem langen Abschnitt Ex 19–Num 10, wo es um die Sinai-Gesetzgebung geht. Aber die Tempelrolle geht stellenweise über die biblischen Verfasser hinaus, indem sie ihrem Inhalt die Form von Worten Gottes verleiht. Teilweise verändert der Verfasser das, was in der Bibel in der dritten Person steht (Moses überbringt die Vorschriften Gottes dem Volk), in eine direkte Anrede in der ersten Person durch den Herrn an Mose. Eines von mehreren Beispielen findet sich in Kol. LVI, die das Königsgesetz von Dtn 17,14–20 wiedergibt. Man vergleiche die folgenden Zeilen in den beiden Werken:

Dtn 17,14–15a: „Wenn du in das Land, das *der Herr, dein Gott*, dir gibt, hineingezogen bist, es in Besitz genommen hast, in ihm wohnst und dann sagst: Ich will einen König über mich einsetzen wie alle Völker in meiner Nachbarschaft!, dann darfst du einen König über dich einsetzen, doch nur einen, den *der Herr, dein Gott*, auswählt.“

11QTR LVI,12–14: „Wenn du in das Land kommst, das *ich* dir gebe, und du nimmst es in Besitz und läßt dich nieder in ihm, und du sagst: ‚Ich w{ill} über mich einen König einsetzen wie alle die Völker rings um mich herum', dann setze über dich einen König ein, {den *ich* erwählen werde}."

In der Tempelrolle, die Teile aus Exodus, Levitikus, Numeri und insbesondere Deuteronomium umarbeitet und zuweilen auch zitiert, ist der Anspruch, Offenbarung zu sein, also offenkundig.

Bezieht sich irgendein Qumrantext auf die Tempelrolle als Autorität? Die Antwort auf diese Frage ist umstritten. Kein anderes Werk aus den Höhlen nimmt nämlich zur Unterstützung eines Arguments erkennbar Bezug auf die Tempelrolle. Inhalte der Rolle – z.B. ihr Kalender und ihre Lehre über die Kreuzigung – spiegeln sich lediglich anderswo wider, wobei die Verfasser der anderen Schriften die Rolle nicht mit einem erkennbaren Titel als ihre autoritative Quelle benennen. Dennoch ist es schwer vorstellbar, daß ein Text, der sich den Lesern als Gottes eigene Rede an Mose präsentiert und dessen Inhalt in Qumran Autorität war, nicht selbst als ein autoritatives Werk angesehen wurde. Dafür, daß eine spätere jüdische Gruppierung die Tempelrolle als eine kanonische Schrift ansah, gibt es keinen Beleg.

Die Qumranliteratur ist das einzige Beispiel einer jüdischen Bibliothek der ersten Jahrhunderte v.Chr. und dem ersten Jahrhundert n.Chr., in der wir ein „kanonisches" Bewußtsein untersuchen können. Die Texte belegen, daß das Gesetz und die Propheten dort in hohen Ehren standen, ebenso aber auch die Psalmen und das Danielbuch. Sie lassen jedoch kaum etwas davon erkennen, daß auch weitere Bücher der späteren Kategorie der „Schriften" ein entsprechendes Ansehen genossen hätten. Ferner zeigen sie, daß andere Bücher ebenfalls als autoritativ galten: so das Jubiläenbuch und insbesondere Teile des Ersten Henochbuches, aber auch die Tempelrolle und wahrscheinlich andere Schriften wie die Kommentare. Das alles erweckt den Eindruck, als hätten die Leute von Qumran über keine abgeschlossene, genau definierte Liste von Büchern verfügt, die eine Bibel konstituierten. Oder genauer gesagt: Die Bewohner von Qumran schlossen in ihre Kategorie autoritativer Bücher auch mehrere Werke ein, die niemals Teil der hebräischen Bibel geworden sind. Die Gemeinschaft glaubte sicher, daß zu ihrer Zeit die Offenbarung fortschreiten würde; ihr Lehrer galt schließlich als inspiriert. So hat sie vielleicht eine Sichtweise gehabt, die der in 4 Esr 14 zum Ausdruck kommenden umfassenderen Sichtweise über die offenbarten Schriften in etwa entsprach.

Bibliographische Angaben

Eugene Ulrich von der *University of Notre Dame*, Herausgeber zahlreicher biblischer Schriftrollen von Qumran, hat einige Informationen beigesteuert, die in dieses Kapitel eingeflossen sind.

Zu dem Material von Emanuel Tov siehe sein Buch Der Text der Hebräischen Bibel. Handbuch der Textkritik, Übers. aus dem Englischen von H.-J. Fabry unter Mitarbeit von E. Ballhorn u.a., Stuttgart/Berlin/Köln 1997, bes. S. 264–270 (über Jeremia), S. 95–97 (zur Klassifizierung der biblischen Manuskripte von Qumran) und S. 283–285 (zu dem zusätzlichen Abschnitt in 1 Sam 10). Im persönlichen Gespräch teilte mir Tov neue, oben bereits eingearbeitete Prozentzahlen zur Klassifizierung der biblischen Manuskritpe von Qumran mit; sie werden in der zweiten Auflage seines Buches erscheinen.

Frank Moore Cross erklärt seine Lokaltext-Theorie in dem Aufsatz The Evolution of a Theory of Local Texts, in: Qumran and the History of the Biblical Text, ed. by F. M. Cross/S. Talmon, Cambridge (Harvard University Press) 1976, S. 306–320.

Die Analyse der Psalmenrolle von Höhle 11 (und verwandter Texte) basiert auf P. W. Flint, The Dead Sea Psalms and the Book of Psalms, Leiden/New York 1997 (StTDJ 17).

Die Zitate aus Philon und Josephus stammen aus den Ausgaben: Philon von Alexandria, Über das betrachtende Leben, übers. von Karl Bormann, Die Werke in deutscher Übersetzung Bd. VII, Berlin 1964, sowie: Flavius Josephus, Kleinere Werke, übers. von H. Clementz, Wiesbaden [2]1995, und: Des Flavius Josephus Jüdische Altertümer, übers. H. Clementz, Wiesbaden [12]1994.

Psalm 151 wurde zitiert nach Poetische Schriften, Adam Simon van der Woude, Die fünf syrischen Psalmen (einschließlich Psalm 151), Gütersloh 1974 (JSHRZ IV).

Das Zitat aus 4 Esra entstammt Josef Schreiner, Apokalypsen. Das 4. Buch Esra, Gütersloh 1991 (JSHRZ V/4).

Kapitel 6

Die Schriftrollen und das Neue Testament

1. Einführung

Einige der hitzigsten Kontroversen über die Schriftrollen haben mit ihrer möglichen Beziehung zum Neuen Testament, zum Urchristentum und zu Jesus selbst zu tun. Von den ersten Diskussionen bis heute haben einige Wissenschaftler entweder außerordentlich enge Parallelen zwischen den Schriftrollen und den neutestamentlichen Büchern ausgemacht oder gar die Leute von Qumran als Christen identifiziert. Die meisten Forscher stimmen aber darin überein, daß solche Behauptungen viel zu weit gehen – es gibt ebenso offenkundige Unterschiede zwischen den beiden Gruppen wie zwischen den von ihnen hervorgebrachten Literaturen. In diesem Kapitel gehe ich auf die verschiedenen Belege ein. Gleich vorweg sei gesagt: Die Schriftrollen nennen Jesus oder eine andere Gestalt des Neuen Testaments nirgends. Falls irgendwelche Gestalten des Neuen Testaments in den Texten vorkämen, wären sie hinter symbolischen Namen verborgen. Es ist auch höchst unwahrscheinlich, daß ein Teil irgendeines neutestamentlichen Buches oder urchristlichen Textes unter den unzähligen Stückchen aus den elf Höhlen zu finden ist (darauf wird unten in Abschn. 2.1.2.1 eingegangen). Sämtliche Beziehungen zwischen den Schriftrollen von Qumran und dem Neuen Testament sind also indirekter Natur. Es ist durchaus möglich, daß einige essenische Werke die urchristlichen Schriftsteller beeinflußt haben und daß die Leute von Qumran und eine oder mehrere im Neuen Testament erwähnte Gestalten irgendeinen Kontakt zueinander hatten. Zu einem weitaus größeren Teil bestehen die Verbindungen zwischen ihnen jedoch im Bereich der Vorstellung und den entsprechenden Lebensweisen. Die Mitglieder beider Bewegungen waren jedenfalls voneinander unterscheidbar, wie ihre jeweilige Literatur beweist. Um nur einen Gegensatz zu nennen: Das Neue Testament konzentriert sich auf Jesus, den Christus, während die Schriftrollen seine Person nirgends erwähnen.

Einer der berühmtesten und einflußreichsten unter den frühen

Autoren zu Qumran war der französische Gelehrte André Dupont-Sommer. Seine Studien zu den ersten veröffentlichten Qumrantexten veranlaßten ihn, eine beachtliche Reihe von Parallelen zwischen dem Lehrer der Gerechtigkeit – dem Gründer und ursprünglichen Führer der Qumrangruppe – und Jesus zu behaupten (man beachte, welche Pronomina in der folgenden Übersetzung seines Buches in Großschreibung erscheinen):

„Der galiläische Meister, wie Er uns in den Schriften des Neuen Testaments dargestellt wird, erscheint in vielen Hinsichten als überraschende Wiedergeburt des Meisters der Gerechtigkeit [= des Lehrers der Gerechtigkeit]. Wie letzterer predigte Er Buße, Armut, Demut, Nächstenliebe, Keuschheit. Ihm gleich schrieb Er die Einhaltung des Gesetzes des Mose, des ganzen Gesetzes, vor, aber des dank Seiner eigenen Offenbarungen abgeschlossenen und erfüllten Gesetzes. Ihm gleich war Er der Erwählte und der Messias Gottes, der messianische Versöhner der Welt. Ihm gleich wurde Er Objekt der Feindseligkeit der Priester, der Partei der Sadduzäer. Ihm gleich wurde Er verurteilt und zu Tode gebracht. Ihm gleich verkündigte Er das Gericht über Jerusalem, das von den Römern dafür erobert und zerstört wurde, daß sie Ihn zu Tode brachten. Ihm gleich wird Er am Ende der Zeiten der oberste Richter sein. Ihm gleich gründete Er eine Kirche, deren Anhänger glühend Seine Wiederkunft in Herrlichkeit erwarteten."

Obwohl einige seiner Behauptungen auf groben Fehllesungen beruhten, erreichten die Veröffentlichungen Dupont-Sommers und seine Übersetzungen der Schriftrollen ein breites Publikum sowohl bei Experten innerhalb als auch bei interessierten Beobachtern außerhalb des Faches. Zu den letzteren gehörte auch Edmund Wilson, der den viel gelesenen Artikel „Die Schriftrollen vom Toten Meer" in dem Magazin *The New Yorker* veröffentlichte. Nach Wilson kann die Beziehung der Essener von Qumran zu Jesus und den ersten Christen als „sukzessive Phasen einer Bewegung" beschrieben werden. Mit großem rhetorischem Pathos erklärte er zu Qumran: „Das Kloster, dieser standhafte Bau, zwischen den bitteren Wassern und steilen Felsabhängen, mit seinem Ofen und seinen Tintenfässern, seiner Mühle und seiner Senkgrube, seinem Ensemble heiliger Quellen und schmuckloser Gräber seiner Toten ist vielleicht mehr als Betlehem oder Nazaret die Wiege des Christentums." Er nahm spätere Vorwürfe vorweg, indem er beklagte, daß jüdische und christliche Wissenschaftler nur zögerlich das volle Ausmaß dessen zugäben, was die Schriftrollen bedeuteten, denn diese würden ihre eifersüchtig gehüteten religiösen Voraussetzungen in Frage stellen. Jüdische Wissenschaftler, so betonte Wilson mit Nachdruck, waren zu sehr bestrebt, die Autorität des masoretischen Textes zu bewahren, und kaum bereit einzugestehen, daß das Christentum eine natürliche Entwicklung aus irgendeiner Art von Judentum war. Und die Christen fürchteten natürlich, daß die Einzigartigkeit Christi außer Kraft gesetzt werden könnte. In einem oft zitierten Absatz schloß Wilson: „Es könnte einen immensen Vorteil für den kulturellen und sozialen Austausch – d.h. für die Zivilisation – bedeuten, den Aufstieg des Christentums schließlich allgemein einfach als eine Episode der Menschheitsgeschichte zu verstehen und es nicht als Dogma und göttliche Offenbarung zu propagieren. Das Studium der Schriftrollen vom Toten Meer – mit der jetzt eingeschlagenen Richtung – kann, so möchte man meinen, nicht Fehl gehen, dazu beizutragen." Weder ist unmittelbar ersichtlich, wie genau sich solche weitreichenden Schlußfolgerungen aus dem begrenzten Material der Schriftrollen ergeben, noch ist offensichtlich etwas von dem von Wilson ins Auge gefaßten großen Nutzen für den „sozialen und kulturellen Austausch" sichtbar geworden.

Noch heute rücken manche Wissenschaftler das Christentum und die Schriftrollen in eine viel größere Nähe zueinander als die breite Forschungsmeinung dies erlaubt. Sie konnten nur wenige – falls überhaupt – überzeugen; im allgemeinen werden sie von den Medien ernster genommen als von ihren Kollegen. Häufig weisen sie die paläographischen und archäologischen Beweise zurück, die dazu gedient haben, die Schriftrollen in frühere Zeiten zu datieren, als dies ihre Hypothesen erfordern. Ein gegenwärtiges Beispiel ist Robert Eisenman, der eine „zadokidische" Bewegung postuliert hat, die über Jahrhunderte hinweg existiert und Esra, Judas Makkabäus, Johannes den Täufer, Jesus und seinen Bruder Jakobus eingeschlossen habe; erst im 1. Jahrhundert n.Chr. sei sie zur Sekte geworden. Ein weiteres Beispiel ist Barbara Thiering, die Johannes den Täufer als den Lehrer der Gerechtigkeit und Jesus als den Frevelpriester der Qumrantexte identifiziert hat. Sie will auch herausgefunden haben, daß die Evangelien und die Apostelgeschichte *pescher*-ähnliche Dokumente seien, die auf unterschiedlichen Sinnebenen gelesen werden könnten: auf einer stark vereinfachten Wortsinnebene (das hat offensichtlich fast jeder in den letzten 1900 Jahren getan) und auf einer anderen, tieferen Sinnebene, die sie letztlich entschlüsselt hat.

Während eine Reihe von Autoren strittige Schlußfolgerungen über das Verhältnis von Qumran zum Christentum gezogen hat, haben sich die meisten Wissenschaftler still und geduldig der Arbeit gewidmet, die Berührungspunkte und Unterschiede zwischen den zwei Literaturen genau herauszuarbeiten, und die Frage gestellt, wie man ihre Wechselbeziehungen erklären könnte. Die Ergebnisse ihrer Arbeit erscheinen in beinahe allen Einführungen zu den Schriftrollen der letzten vier Jahrzehnte. Millar Burrows von der Yale-Universität, einer der ersten, der die Schriftrollen zu sehen bekam, behandelte die Ähnlichkeiten zwischen Johannes dem Täufer und den Qumranleuten, zwischen Jesus und dem Lehrer und zwischen den von beiden verkündigten Botschaften. Er war der Ansicht, daß die Ähnlichkeiten vor allem in solchen Angelegenheiten wie der Gemeinschaftsstruktur (zwölf Nichtpriester im Rat der Leute von Qumran gehen mit den zwölf Aposteln parallel), den Formen des Gottesdienstes (Taufe, Mähler), der Lebensweisen (Gütergemeinschaft), der Lehre (Dualismus zwischen Licht und Finsternis, Rechtfertigung durch Gnade) und der Auslegung der Schrift (ohne feste Vorstellung dessen, was die Bibel konstituierte) begründet sind. Nach langen und intensiven Studien schloß er: „Was mich angeht, so muß ich darüber hinaus gehen und bekennen, daß nach siebenjährigem Studium der Schriftrollen vom Toten Meer mein Verständnis des Neuen Testaments nicht wesentlich beeinflußt worden ist. Dessen jüdischer Hintergrund ist deutlicher und ich verstehe ihn besser, aber sein Inhalt hat sich weder verändert noch bedeutend geklärt."

In den von Burrows genannten verwandten Gebiete (und einigen anderen parallelen Themen wie der Eschatologie) sehen die Wissenschaftler nach wie vor die größten Ähnlichkeiten zwischen den zwei Gemeinschaften und ihren Schriften. Die einfache Tatsache, daß eine Reihe von wesentlichen Parallelen zwischen ihnen aufgelistet werden kann, zeigt – wenn das überhaupt der Diskussion bedarf –, daß das Christentum in vielerlei Hinsicht aus dem Judentum hervorgegangen ist und sich im Entstehen seiner eigenen Lebensweise und seiner Lehren viel vom jüdischen Erbe entliehen hat. So hat Krister Stendahl, früherer Dekan der *Divinity School* von Harvard, einmal formuliert: „Es stimmt, daß die Schriftrollen den Hintergrund des Christentums erweitern, aber sie erweitern ihn so sehr, daß wir an einem Punkt anlangen, wo die Bedeutung von Ähnlichkeiten das Christentum definitiv vor falschen populären Originalitätsbehauptungen bewahrt und uns zu einem neuen Begreifen seiner wahren Begründung in Person und Wirken seines Messias zurückführt."

Ein Überblick über die Qumranforschung und die neutestamentliche Exegese zeigt, daß die meisten Forscher eine Mittelposition eingenommen haben: Obwohl die beiden Literaturen und Gemeinschaften große Unterschiede aufweisen, waren sie sich im theologischen Vokabular, in einigen wichtigen Lehrsätzen und mehreren organisatorischen und liturgischen Praktiken bemerkenswert gleich. Man kann die Parallelen unterschiedlich erklären, aber zumindest feststellen, daß die Leute von Qumran und die frühen Christen, die sich beide als Mitglieder eines neuen Bundes (2 Kor 3,6; CD XX,12) betrachteten, Kinder der gemeinsamen elterlichen Tradition des Judentums waren.

2. Ähnlichkeiten zwischen den Schriftrollen und dem Neuen Testament

Im folgenden geht es um Textbeispiele, an denen sich die Verwandtschaft zwischen einigen Aspekten der neutestamentlichen und der Qumranliteratur zeigen läßt. Zur Vereinfachung ordne ich das Material unter sechs Überschriften ein. Man sollte jedoch beachten, daß die Auflistung von Parallelen noch keine Erklärung ihrer Entstehung ist. Selbst wenn sich zeigen ließe, daß das frühe Christentum und das Essenertum denselben Wesenszug teilten, so wäre man trotzdem noch nicht sicher, daß das Christentum diesen Wesenszug vom Essenertum übernommen hat und auch nicht daß ihn etwa die Christen von den Mitgliedern der Qumrangemeinschaft übernommen haben. Wenn man trotzdem eine große Zahl von Fällen herausarbeiten könnte, in denen die frühen Christen mit den Bewohnern von Qumran oder den Essenern im allgemeinen übereinstimmten und sich in diesen Punkten von anderen jüdischen Gruppierungen unterschieden, wäre man einen großen Schritt einer Erklärung des Typs von Judentum nähergekommen, das Jesus und seine ersten Anhänger am meisten prägte.

2.1 Sprache und Text

Man muß sich ins Gedächtnis rufen, daß vor dem Auftauchen der Schriftrollen vom Toten Meer hebräische oder aramäische Literatur aus den letzten Jahrhunderten v.Chr. und dem ersten Jahrhundert n.Chr. kaum vorhanden war. Fast alle Bücher der hebräischen Bibel waren natürlich viel älter (obwohl sie nur als mittelalterliche Abschriften zur Verfügung standen), während die umfangreiche rabbinische Literatur bis in eine viel spätere Zeit hinein nicht aufgezeichnet gewesen war. Was aus der Zeit zwischen diesen beiden Korpora hebräischer und aramäischer Texte erhalten war, waren eigentlich nur einige wenige Inschriften. Seit 1947 hat sich das Bild dramatisch gewandelt. Nun steht der Wissenschaft ein umfangreiches Korpus hebräischer und aramäischer Manuskripte – aus Qumran und anderswo – zur Verfügung, das wertvolle Informationen über die geschriebenen und sogar gesprochenen Sprachen Palästinas der in Frage kommenden Jahrhunderte liefert.

2.1.1 Die Sprache

Das gesamte Neue Testament ist auf Griechisch geschrieben (ein paar aramäische Wörter wie in Mk 5,41 sind gelegentlich in griechische Schriftzeichen transkribiert worden: *talita kum*), aber Jesus selbst sprach Aramäisch und vielleicht Hebräisch, und alle ersten Jünger waren semitischsprachige Juden aus Galiläa oder Judäa. Die früheste Verkündigung der Anhänger Jesu und die von Jesus selbst bewahrten Worte sind also nicht in ihrer ursprünglichen Sprache überliefert, sondern nur in bearbeiteten Übersetzungen. Natürlich wäre es bei der Interpretation der Evangelien oft von Nutzen zu wissen, wie die ursprünglichen Worte und Sätze gelautet haben. Leider verfügen wir über nichts, was diesem Ideal nahekäme, aber die semitischen Originale einer Reihe neutestamentlicher Begriffe und Wendungen (manchmal mit speziellen Bedeutungen) sind jetzt zum ersten Mal in den Schriftrollen bezeugt.

2.1.1.1 Die Vielen

Ein oft angeführtes Beispiel ist der Ausdruck „die Vielen/die Mehrheit" – ein allgemeiner Begriff, der für ganze Gruppen von Gläubigen in mehreren neutestamentlichen Abschnitten eine besondere Bestimmung erhielt. Es kann sein, daß in den Einsetzungsworten Jesu, wie sie von Matthäus und Markus wiedergegeben werden, der Ausdruck mit Hinweis auf den Jüngerkreis gebraucht wird, während in dem Parallelabschnitt des Lukas die Notwendigkeit zu spüren ist, die Bedeutung für die Leser zu klären.

Mt 26,27–28	*Mk 14,23–24*	*Lk 22,20*
Dann nahm er den Kelch, sprach das Dankgebet und reichte ihn den Jüngern mit den	Dann nahm er den Kelch, sprach das Dankgebet, reichte ihn den Jüngern, und sie tranken alle dar-	Ebenso nahm er nach dem Mahl den Kelch und sagte: Dieser Kelch ist der Neue Bund in meinem Blut, das

Worten: Trinkt alle daraus; das ist mein Blut, das Blut des Bundes, das *für viele* vergossen wird zur Vergebung der Sünden.	aus. Und er sagte zu ihnen: Das ist mein Blut, das Blut des Bundes, das *für viele* vergossen wird.	*für euch* vergossen wird.

Es könnte sein – obwohl das kaum sicher ist –, daß Jesus mit den „Vielen" auf seine Jünger Bezug genommen hat und daß Lukas, der diese Intention vermutete, den Ausdruck mit „euch" wiedergab. Klarer erscheint der Sachverhalt im Zweiten Brief des Paulus an die Korinther. Dort schreibt er an die Kirche, die ihm ein Wechselbad der Gefühle bereitete: „Wenn aber einer Betrübnis verursacht hat, hat er nicht mich betrübt, sondern mehr oder weniger – um nicht zu übertreiben – euch alle. Die Strafe, die dem Schuldigen von der Mehrheit [*tōn pleionōn*] auferlegt wurde, soll genügen" (2 Kor 2,5–6; siehe auch als mögliches synonymes Wort Apg 6,2.5; 15,12.30).

In Qumran wird die Vollmitgliedschaft durch das Wort bestimmt, das hinter der paulinischen Wendung „die Vielen/die Mehrheit" steht. Die Gemeinderegel legt die Regeln fest, wer und wann jemand während der Sitzungen der Vollmitglieder sprechen darf: „Und in der Sitzung der Vollmitglieder [*ha răbbim* = die Vielen] bringe keiner irgendetwas vor, was nicht Sache der Vollmitglieder [*ha răbbim*] ist, und wenn es der Aufseher über die Vollmitglieder ist [*ha răbbim*]" (1QS VI,11–12). Das Wort erscheint in diesem Sinne in den Kolumnen VI–VIII sechsundzwanzigmal, einmal in Kolumne IX und dreimal in der Damaskusschrift. In einigen dieser Stellen hat „die Vielen" eine klare juridische Funktion, so wie das im Zweiten Korintherbrief der Fall ist: „Auch bringe einer nicht gegen seinen Nächsten eine Sache vor die Vollmitglieder (*răbbim*) ohne (vorherige) Zurechtweisung vor Zeugen" (1QS VI,1).

2.1.1.2 Der Aufseher

Das hebräische Wort, das als „der Aufseher" *(ha mebaqqer)* wiedergegeben wird, kommt vielleicht ebenfalls in Frage. Es ist das Übersetzungsäquivalent zu *episkopos* (Bischof/Aufseher) im Neuen Testament (Phil 1,1; 1 Tim 3,1–7; Tit 1,7–9) und bezieht sich auf eine Person, die vergleichbare Aufsichtspflichten in der Qumrangemeinschaft hat. Dort ist es vielleicht derjenige, der die Aspiranten zu Beginn ihrer Probezeit prüft (1QS VI,13–15), obwohl hier ein anderes Wort dafür gebraucht wird. Von ihm heißt es, daß er (wörtlich) „über den Vollmitgliedern" ist (1QS VI,12). Vieles der Kolumne IX behandelt seine Qualifikationen, unter denen die Fähigkeit zum Lehren und tugendhafte persönliche Qualitäten hervorgehoben werden, wie wir sie in den Bischofsspiegeln im 1 Timotheus- und im Titusbrief finden.

2.1.1.3 Andere Beispiele

Neben den oben aufgeführten terminologischen Ähnlichkeiten lassen die Schriftrollen das semitische Original auch für andere Ausdrücke an einigen Stellen im Neuen Testament erkennen. Joseph Fitzmyer, ein Neutestamentler und Qumranspezialist, hat eine Reihe von paulinischen Ausdrücken aufgelistet, die in diese Kategorie fallen. Unter ihnen sind: „die Gerechtigkeit Gottes", „Werke des Gesetzes", „die Kirche Gottes" und „Söhne des Lichts". Auch wenn es ohne die Schriftrollen nicht schwierig wäre, für die griechischen Wendungen die hebräischen oder aramäischen Entsprechungen zu ermitteln, zeigen sie nun mit Sicherheit, daß diese Ausdrücke zur Abfassungszeit der neutestamentlichen Bücher in den semitischen Sprachen in Gebrauch waren.

2.1.2 Der Text

2.1.2.1 Neutestamentliche Papyri in Höhle 7?

Der spanische Jesuit José O'Callaghan verursachte in den 70er Jahren großes Aufsehen, indem er behauptete, daß die Höhle 7 von Qumran, in der griechische Fragmente gefunden wurden, mehrere Stückchen mit Teilen von Texten aus Markus, Apostelgeschichte, Römer, 1 Timotheus, Jakobus und 2 Petrus enthielte. Wenn er seine These beweisen könnte, müßten die Wissenschaftler die vorherrschende Theorie über die Bewohner von Qumran gänzlich revidieren, zumindest jedoch hinsichtlich der späteren Besiedlungsphasen. Falls sich Abschriften neutestamentlicher Bücher in den Höhlen befanden, könnte man annehmen, daß sich Christen in Qumran aufhielten. Wenn O'Callaghan recht hätte, müßten die Neutestamentler auch ihre Datierung von Büchern wie dem Zweiten Petrusbrief drastisch revidieren, von dem man oft annimmt, daß er das späteste Buch des Neuen Testaments ist. Während einige Neutestamentler diesen Brief in das frühe 2. Jahrhundert datieren, würde O'Callaghans These implizieren, daß er vor der Zerstörung der Qumrangemeinschaft 68 oder 70 n.Chr. verfaßt worden ist. Wie sich jedoch herausstellt, hat sich seine neue Ansicht nicht durchsetzen können. O'Callaghans Identifizierung eines dieser Papyri (7Q5) ist nur auf geringe Akzeptanz gestoßen; die von ihm identifizierten Texte sind sehr klein und bei keinem Fragment stimmt jeder Buchstabe auf irgendeinem Fragment genau mit den neutestamentlichen Textabschnitten überein, die es enthalten soll. Es ist daher völlig unwahrscheinlich, daß es sich bei irgendeinem in einer der elf Höhlen in Qumran gefundenen Text um einen neutestamentlichen Text (oder andere frühe christliche Texte) handelt.

2.1.2.2 Qumranische Wörter und Ausdrücke im Neuen Testament
Während praktisch niemand, der an den Schriftrollen arbeitet, glaubt, daß Abschriften neutestamentlicher Bücher in Qumran ans Tageslicht getreten sind, halten es viele für wahrscheinlich, daß Teile einiger neutestamentlicher Bücher vermutlich auf Quellen aus Qumran (oder allgemeiner auf essenischen Quellen) beruhen, die vielleicht redigiert und in ihren jetzigen Zusammenhang gebracht worden sind. Der Abschnitt, der die größte Aufmerksamkeit in dieser Hinsicht gefunden hat, ist 2 Kor 6,14–7,1.

„Beugt euch nicht mit Ungläubigen unter das gleiche Joch! Was haben denn Gerechtigkeit und Gesetzeswidrigkeit miteinander zu tun? Was haben Licht und Finsternis gemeinsam? Was für ein Einklang herrscht zwischen Christus und Beliar? Was hat ein Gläubiger mit einem Ungläubigen gemeinsam? Wie verträgt sich der Tempel Gottes mit Götzenbildern? Wir sind doch der Tempel des lebendigen Gottes; denn Gott hat gesprochen:

Ich will unter ihnen wohnen und mit ihnen gehen.
Ich werde ihr Gott sein,
und sie werden mein Volk sein.
Zieht darum weg aus ihrer Mitte,
und sondert euch ab, spricht der Herr,
und faßt nichts Unreines an.
Dann will ich euch aufnehmen
und euer Vater sein,
und ihr sollt meine Söhne und Töchter sein,
spricht der Herr,
der Herrscher über die ganze Schöpfung.

Das sind die Verheißungen, die wir haben, liebe Brüder. Reinigen wir uns also von aller Unreinheit des Leibes und des Geistes, und streben wir in Gottesfurcht nach vollkommener Heiligung."

Diese sechs Verse enthalten verschiedene Worte und Wendungen, die an qumranische Formulierungen anklingen: kein Umgang zwischen Gerechten und Frevlern, der Dualismus von Licht und

Finsternis ohne Grauzone; der Name Beliar = Belial für den Bösen, der in einer großen Vielzahl von Qumrantexten sehr verbreitet ist (die einzige Belegstelle im Neuen Testament). Hier ermahnt Paulus die Korinther auch zur Reinheit, die zur Heiligkeit in Beziehung gebracht wird; Reinheit war natürlich ein zentrales Anliegen in Qumran. Man kann nicht beweisen, daß Paulus diese Worte aus einem essenischen oder sogar aus einem Buch von Qumran entnahm, aber im Falle von 2 Kor 6,14–7,1 gebraucht er eine Sprache, die aus den Qumrantexten bestens bekannt ist.

2.1.2.3 Die Bergpredigt

Ein weiterer Abschnitt, der mehrere Worte und Wendungen bietet, die qumranisch klingen, ist die Bergpredigt in Mt 5–7. Einer dieser Ausdrücke ist „arm im Geiste" (Mt 5,3; 1QM XIV,7). Unter den von der Bergpredigt geforderten Haltungen sind das Schwurverbot (Mt 5,33–37), das nach Josephus (Ant. XV,371) ein essenischer Wesenszug war, außerdem die Verpflichtung, die andere Wange hinzuhalten (Mt 5,38–39; 1QS X,17–18). Darüber hinaus erinnern die Antithesen der Bergpredigt („ihr habt gehört, daß gesagt ist ..., ich aber sage euch ...") daran, wie in dem kürzlich veröffentlichten halachischen „Brief" („Einige Werke der Tora" = 4QMMT) die Differenzen zwischen der Sekte und ihren Gegnern eingeführt werden: „Ihr wißt ... wir meinen/sagen".

2.2 Gestalten

Lange Zeit war man fasziniert von der Vorstellung, daß Gestalten, die im Neuen Testament in Erscheinung treten, etwas mit Qumran zu tun haben könnten. Es ist sogar behauptet worden, daß sich Gestalten des Neuen Testaments hinter solchen Beinamen wie ‚Lehrer der Gerechtigkeit' und ‚Lügenpriester' verbergen. Diese Theorien haben jedoch nicht viele Anhänger gefunden. Gibt es einen Grund für die Vermutung, daß einige neutestamentliche Gestalten zu Qumran Kontakt hatten, auch wenn sie nicht mit ihrem Namen oder Titel genannt sind?

2.2.1 Johannes der Täufer

Von Anfang an haben Wissenschaftler in vergleichenden Studien die Ähnlichkeiten zwischen Johannes dem Täufer und seinen Lehren einerseits und den Bewohnern von Qumran und ihren Lehren andererseits unterstrichen. Johannes erschien aus verschiedenen Gründen als Kandidat für mögliche Kontakte zu Qumran besonders geeignet. Erstens war sein Vater ein Priester (Lk 1,5.8–23), und als er geboren wurde, sagte sein Vater über ihn:

> „Und du, Kind, wirst Prophet des Höchsten heißen;
> denn du wirst dem Herrn vorangehen und ihm den Weg bereiten.
> Du wirst sein Volk mit der Erfahrung des Heils beschenken
> in der Vergebung der Sünden.
> Durch die barmherzige Liebe unseres Gottes
> wird uns besuchen das aufstrahlende Licht aus der Höhe,
> um allen zu leuchten, die in Finsternis sitzen und im Schatten des Todes" (Lk 1,76–79)

Unmittelbar danach fügt Lukas hinzu: „Das Kind wuchs heran, und sein Geist wurde stark. Und Johannes lebte in der Wüste bis zu dem Tag, an dem er den Auftrag erhielt, in Israel aufzutreten" (Lk 1,80). Johannes war also in der Wüste, ehe er sein Wirken begann, und dort erging das Wort Gottes an ihn im fünfzehnten Jahr der Regierung des Kaisers Tiberius (Lk 3,1–2).

Die Synoptiker führen das öffentliche Auftreten des Täufers jeweils ähnlich ein, indem sie sein Tun als Ruf zur Umkehr charakterisieren (Mt 3,2; Mk 1,4; Lk 3,3 [hier heißt es „Verkündigung der Taufe zur Vergebung der Sünden"]). Sein Wirken diente einem umfassenderen Zweck im göttlichen Plan für die letzten Tage, da es die prophetischen Worte Jesajas erfüllte:

> „Eine Stimme ruft in der Wüste:
> Bereitet dem Herrn den Weg!
> Ebnet ihm die Straßen!
> Jede Schlucht soll aufgefüllt werden,
> jeder Berg und Hügel sich senken.
> Was krumm ist, soll gerade werden,
> was uneben ist, soll zum ebenen Weg werden.
> Und alle Menschen werden das Heil sehen, das von Gott kommt."
> (Lk 3,3–6 = Jes 40,4–5; siehe auch Mt 3,3; Mk 1,2–34, wo von beiden nur Jes 40,3 zitiert wird)

Die Verkündigung des Johannes war durch eine eschatologische Dringlichkeit charakterisiert, durch eine Notwendigkeit zur Umkehr, ehe der große Tag anbricht und der Herr kommt. Matthäus und Markus fügen eine Beschreibung der ungewöhnlichen Kleidung und Nahrung des Johannes an (Mt 3,4–5; Mk 1,6) und berichten, im Einklang mit Lukas, daß er im Jordan taufte (Mt 3,5–6; Mk 1,5; Lk 3,3 [hier sagt Lukas: „er zog in die Gegend am Jordan"]). Seine kraftvolle, unverblümte Botschaft wühlte die Menschen auf, und

Johannes zögerte nicht, sein Publikum mit dessen Sünden und ihren möglichen Folgen zu konfrontieren (Mt 3,7–10; Lk 3,7–14). Lukas berichtet, daß Johannes selbst Gegenstand des Interesses seiner Zuhörer wurde: „Das Volk war voller Erwartung, und alle überlegten im stillen, ob Johannes nicht vielleicht selbst der Messias sei" (3,15). Als Erwiderung verkündigte er das Kommen eines Größeren, der nicht wie Johannes mit Wasser, sondern mit heiligem Geist und mit Feuer taufen und zum Gericht kommen würde (Lk 3,16–18; siehe auch Mt 3,11–12; Mk 1,7–8; Joh 1,19–28). Johannes taufte schließlich Jesus in jener denkwürdigen Szene. Später wurde er inhaftiert und enthauptet.

Vieles von dem neutestamentlichen Bild des Johannes erinnert an die Gemeinschaft und an die Texte von Qumran. Johannes mag zu bestimmten Zeiten in örtlicher Nähe zu Qumran agiert haben. Das Johannesevangelium verortet seine Taufverkündigung „in Betanien, auf der anderen Seite des Jordan" (Joh 1,28) und „in Änon bei Salim, weil dort viel Wasser war" (3,23). Keiner dieser Orte ist sicher identifiziert worden, aber sie scheinen nördlich von Qumran gewesen zu sein. Trotzdem konnte sein Wirken in der Wüste nahe des Jordan ihn sehr wohl in die Gegend oder sogar nach Qumran selbst geführt haben. Die Johannestaufe zur Vergebung geht mit den Lehren von Qumran über die Waschungen im Wasser zur Reinigung und Heiligung (1QS III,4–5.9) einher. Die Gemeinderegel sagt: „Er komme nicht ins Wasser, um die Reinheit der Männer der [He]iligkeit zu berühren, denn sie werden nicht gereinigt, außer sie kehren um von ihrer Bosheit, denn Unreines (haftet) an allen Übertretern Seines Wortes." (1QS V,13–14) Wie hinlänglich bekannt, ist der Gebäudekomplex von Qumran mit zahlreichen Zisternen ausgestattet, von denen einige Treppenstufen hinunter ins Wasser führen – das zeigt, daß sie von den Mitgliedern der Gemeinschaft von Qumran zu regelmäßigen Ritualbädern gebraucht wurden. Die Johannestaufe und die Riten in Qumran unterschieden sich wahrscheinlich in verschiedener Hinsicht. Die Johannestaufe scheint beispielsweise nur einmalig für jeden Büßer stattgefunden zu haben. Die Lossprechungen von Qumran erfolgten fast sicher häufiger. Nichtsdestoweniger sind beide Arten von Waschungen – die des Johannes und die von Qumran – eng mit der Buße verbunden und richteten sich, anders als die Proselytentaufe, an Juden. Man sollte auch nicht vergessen, daß die Texte die Sendung sowohl der Gemeinschaft von Qumran als auch die des Täufers Johannes mit derselben biblischen Belegstelle begründen – nämlich mit Jes 40,3. Die

Gemeinderegel (1QS VIII,12–15) zitiert diesen Vers um anzuzeigen, daß die Gruppe glaubte, sie erfüllte die Worte des Propheten, indem sie buchstäblich in die Wüste ging, um dort durch das Studium der Tora des Mose den Weg des Herrn zu bereiten. Alle Evangelien bringen diese Bibelstelle in Bezug zur Sendung des Johannes als Vorläufer Jesu.

Die Reihe der Ähnlichkeiten zwischen der Sekte von Qumran und Johannes reicht kaum aus, um Johannes für einen Essener oder Qumrananhänger zu halten. Sie sind sicherlich anregend und haben zu übertriebenen Behauptungen über die Verbindung von Essenern und Johannes dem Täufer geführt. Falls Johannes jemals ein Mitglied der Qumrangemeinschaft gewesen sein oder Qumran besucht haben sollte, muß er sich später von Qumran getrennt haben, um seinen unabhängigen, einsamen Dienst zu versehen.

2.2.2 Andere

Von den Gestalten des Neuen Testaments kann nur Johannes der Täufer möglicherweise mit der Qumrangemeinschaft in Verbindung gestanden haben. Wenn wir aber das Wort ‚Gestalt' in einem weiteren Sinn verstehen und Gestalten des Alten Testaments einschließen, die im Neuen Testament eine Rolle spielen, so ließen sich Adam, Henoch, Noah, David und viele andere anführen. Eine weitere solche Gestalt, mit der sich verschiedene Texte von Qumran befassen, ist Melchisedek. Er spielt eine herausragende Rolle im Hebräerbrief als ein Priester, zu dessen Ordnung Jesus gehörte und der ihn in verschiedener Hinsicht präfigurierte. Die Genealogien in Matthäus und Lukas zeigen, daß Jesus kein Nachfahre des Stammes Levi war – des Stammes, aus dem die Priester kamen. Da es für seine Christologie wichtig war, daß Jesus ein makelloser Hoherpriester ist, greift der Autor des Hebräerbriefs ausführlich auf Traditionen über den rätselhaften Priester-König von Salem zurück, der nach Gen 14,18–20 Abram traf und den Erzvater segnete.

> „Dieser Melchisedek, König von Salem und Priester des höchsten Gottes; er, der dem Abraham, als dieser nach dem Sieg über die Könige zurückkam, entgegenging und ihn segnete und welchem Abraham den Zehnten von allem gab; er, dessen Name ‚König der Gerechtigkeit' bedeutet und der auch König von Salem ist, das heißt ‚König des Friedens'; er, der ohne Vater, ohne Mutter und ohne Stammbaum ist, ohne Anfang seiner Tage und ohne Ende seines Lebens, ein Abbild des Sohnes Gottes: dieser Melchisedek bleibt Priester für immer." (Hebr 7,1–3)

Indem er Gen 14,18–20 mit Ps 110,4 („Du bist Priester auf ewig nach der Ordnung Melchisedeks") kombinierte und daraus Schlußfolgerungen zog, schuf der Autor ein bemerkenswertes Portrait einer dunklen, geheimnisvollen Gestalt.

Ein Text aus Höhle 11, als 11QMelchisedek bezeichnet, liefert eine Art Parallele zu dem exponierten Status und den Charakteristika des Melchisedek im Hebräerbrief. In 11QMelchisedek tritt Melchisedek als ein Engel auf, der Freiheit verkündigt, richtet und die göttliche Vergeltung für das Böse übt. Sein übermenschlicher Status, sein himmlisches Wirken innerhalb des göttlichen Rates und seine Heilstaten für die Gerechten sind hier von besonderem Interesse, obwohl in 11QMelchisedek der Priester-König kaum so dargestellt wird wie im Brief an die Hebräer. Auch ein weiterer Text erwähnt möglicherweise Melchisedek: Die Sabbatopferlieder (4Q400–407; weitere Kopien stammen aus Höhle 11 und Masada) stellen ihn vielleicht als himmlischen Hohenpriester dar, so wie der Brief an die Hebräer Jesus darstellt. Es ist allerdings Vorsicht geboten, weil die entsprechenden Teile des Textes nur schlecht erhalten sind.

2.3 Lebensweise

Wie schon lange bekannt, betreffen einige der wirklich eindrucksvollen und überzeugenden Parallelen zwischen den Qumranmitgliedern und den Christen des Neuen Testaments den Bereich des Verhaltens bzw. der Lebensweise. Im folgenden werden einige Ähnlichkeiten vorgestellt.

2.3.1 Gütergemeinschaft

Nach der Beschreibung der Pfingstereignisse schrieb Lukas, der erste Kirchenhistoriker: „Und alle, die gläubig geworden waren, bildeten eine Gemeinschaft und hatten alles gemeinsam. Sie verkauften Hab und Gut und gaben davon allen, jedem so viel, wie er nötig hatte." (Apg 2,44–45). Apg 4,32 bietet eine programmatische Aussage: „Die Gemeinde der Gläubigen war ein Herz und eine Seele. Keiner nannte etwas von dem, was er hatte, sein Eigentum, sondern sie hatten alles gemeinsam." Später erzählt Lukas in Apg 5,1–11 von Hananias und Saphira, die ihr Land verkauften, aber der Gemeinschaft nur einen Bruchteil des Ertrags zur Verfügung stellten, allerdings so, als ob es sich um den ganzen Ertrag gehandelt hätte. Apg 5,4 zeigt, daß solche Gaben freiwillig waren und daß die Gütergemeinschaft nicht verpflichtend war. Das wird durch die Frage des Petrus deutlich: „Hätte es nicht dein Eigentum bleiben können, und konntest du nicht auch nach dem Verkauf frei über den Erlös verfügen?" Die von der Apostelgeschichte geschilderte Gütergemeinschaft der ersten Christen in Jerusalem scheint keine allgemein verbreitete Praxis in der Urkirche gewesen zu sein, da es nach Paulus den Anschein hat, daß Glieder der von ihm gegründeten Kirchen über privates Vermögen verfügten, mit dem sie die Bedürftigen unterstützen konnten (siehe z.B. 1 Kor 16,2).

Den Forschern ist die Ähnlichkeit dieser berühmten Praxis mit dem, was die Gemeinderegel, Josephus (Bell. II,122) und Plinius d.Ä. (Naturgeschichte V,73) über die Essener sagen, sofort aufgefallen. Die Gemeinderegel spielt mehrere Male auf die Übereignung von privatem Eigentum eines Mitglieds auf den Besitz der Gruppe an. Eine besondere Rolle spielt das Thema in dem Abschnitt, in dem die Aufnahmeverfahren von zukünftigen Mitgliedern beschrieben werden. Dem Neuling war es zunächst nicht erlaubt, an den reinen Mählern der Versammlung teilzunehmen, „und er darf auch nicht teilhaben am (rituell reinen) Besitz der Vollmitglieder" (1QS VI,17). Wenn er ein ganzes Jahr innerhalb der Gruppe verbracht hat und die Entscheidung gefallen ist, daß er bleiben kann, „dann bringe er auch seinen Besitz darin ein und seine Arbeit(serträge), (und zwar) zu Händen des Aufsehers über die Arbeit der Vollmitglieder. Und der schreibe es ihm gut auf ein Konto zu seiner Verfügung, aber er gebe es nicht für die Vollmitglieder aus." (1QS VI, 19–20) Wenn er die Prüfung für ein weiteres Jahr erfolgreich bestanden hat, „dann bringe er auch seinen Besitz darin ein". Die Erörterung dieser Praxis in Kap. 3 Abschn. 1.2.2.2 hat gezeigt, daß in Qumran auch der Zugriff auf persönlichen Besitz möglich war. Die sich in der Damaskusschrift widerspiegelnden Gemeinschaften hatten ebenso persönlichen Besitz, obwohl sie einen prozentualen Anteil ihres Monatseinkommens dem gemeinsamen Budget abtraten. Von daher erscheinen die Verhaltensweisen in Qumran und in der Jerusalemer Urkirche hinsichtlich des Teilens und Besitzes gleich.

2.3.2 Das Mahl

Die Evangelien stellen das letzte Mahl, das Jesus mit seinen engsten Jüngern teilte, auf zweierlei Weise dar. In den synoptischen Evangelien (Matthäus, Markus und Lukas) ist es ein Pessachmahl; von daher schließt es Brot und Wein und andere Merkmale einer festlichen Feier ein, obgleich es anläßlich dieser Gelegenheit von einer gewissen Traurigkeit gezeichnet war. Der singuläre Bericht des Johannesevangeliums verortet das letzte Mahl in die Nacht vor Pessach, erwähnt weder Brot noch Wein und stellt die Fußwaschung heraus. In der Pessachvariante des Mahles nehmen Brot und Wein eine sakramentale Bedeutung an:

„Während des Mahls nahm Jesus das Brot und sprach den Lobpreis; dann brach er das Brot, reichte es den Jüngern und sagte: Nehmt und eßt; das ist mein Leib. Dann nahm er den Kelch, sprach das Dankgebet und reichte ihn den Jüngern mit den Worten: Trinkt alle daraus; das ist mein Blut, das Blut des Bundes, das für viele vergossen wird zur Vergebung der Sünden. Ich sage euch: Von jetzt an werde ich nicht mehr von der Frucht des Weinstocks trinken, bis zu dem Tag, an dem ich mit euch von neuem davon trinke im Reich meines Vaters." (Mt 26,26–29 par. Mk 14,22–24; Lk 22,17–20)

Diese Worte verleihen Brot und Wein eine tiefe Bedeutung und stellen die Feier in den Zusammenhang der Erwartung des Tages, „an dem ich mit euch von neuem davon trinke im Reich meines Vaters".

Einige Qumrantexte sprechen von einem Mahl, und auch sie nehmen auf die wesentlichen Elemente von Brot und Wein Bezug. Die Gemeinderegel verweist auf die Mähler der Gemeinschaft: „Und wenn man den Tisch bereitet, um zu essen oder um (neuen) Wein zu trinken: Der Priester strecke seine Hand zuerst aus, um die Benediktion zu rezitieren über die Erstlingsabgabe des Brotes und (auch), um den (neuen) Wein zu trinken. Der Priester strecke seine Hand zuerst aus, um die Benediktion zu rezitieren über die Erstlingsabgabe des Brots und des (neuen) Weins!" (1QS VI,4–6). In den vorangehenden Kapiteln sind wir des öfteren auf das „reine Mahl" gestoßen. Die Gemeinderegel schreibt vor, daß nur denjenigen, die ein ganzes Jahr in der Gemeinschaft verbracht haben, es erlaubt sei, vom Mahl zu essen (VI,16–17), während es selbst diesen nicht erlaubt war, „das Getränk der Vollmitglieder" anzurühren, bis das zweite Jahr vorübergegangen war, d.h., bis sie die Vollmitgliedschaft erworben hatten (VI,20–21). Diejenigen, die sich der Verleumdung eines Nächsten schuldig machten, wurden ein Jahr von diesem Mahl ausgeschlossen (VII,16). Das Anliegen, den Zugang zum Mahl zu beschränken, erinnert an die Worte des Paulus an die Kirche von Korinth:

„Wer also unwürdig von dem Brot ißt und aus dem Kelch des Herrn trinkt, macht sich schuldig am Leib und am Blut des Herrn. Jeder soll sich selbst prüfen; erst dann soll er von dem Brot essen und aus dem Kelch trinken. Denn wer davon ißt und trinkt, ohne zu bedenken, daß es der Leib des Herrn ist, der zieht sich das Gericht zu, indem er ißt und trinkt. Deswegen sind unter euch viele schwach und krank, und nicht wenige sind schon entschlafen." (1 Kor 11,27–30)

Mit den Worten „ohne zu bedenken, daß es der Leib des Herrn ist", scheint Paulus „das Verständnis des Wesens und der Einheit der Gruppe, den Leib Christi" im Blick zu haben. Die Gemeinderegel zeigt dasselbe Anliegen, zu erfassen, was die Gruppe ist und was ihre Bedingungen hinsichtlich des Mahls sind.

Die ausführlichste Beschreibung eines Mahls in Qumran umfaßt einen großen Teil der zweiten Kolumne der Gemeinschaftsregel (1QSa), die ursprünglich Teil der Gemeinderegel gewesen oder wenigstens auf demselben Manuskript abgeschrieben worden ist, wie die Kopie aus der Höhle 1.

„[Die Sit]zung der Männer des Namens, der [zur Festversammlung] Berufenen, für den Rat der Einung, wenn sich [zusammenfin]det [... (12) ....] der Gesalbte mit ihnen.

Es komme [der Priester an der Sp]itze der ganzen Gemeinde Israels und [all seine Brüder, die Söhne] Aarons, die Priester, Festversammlungs-[Berufene], Männer des Namens, und sie setzen sich v[or ihn hin, ein jeder] entsprechend seiner Würde. Danach [kommt der Gesal]bte Israels und es setzen sich vor ihn hin die Häupter der Tausendschaften Israels, ei]n jeder entsprechend seiner Würde, gemäß seinem Rangposten in ihren Kriegslagern und auf ihren Kriegszügen. Und alle Häupter [der Sippen der Gemeind]e mit [ihren (?)] Wei[sen und ihren ......] setzen sich vor ihnen hin, ein jeder entsprechend seiner Würde.

[Und wenn sie zum Tisch] sich gemeinschaftlich verein[en zu Brot und Neu]wein, und es ist zubereitet der Tisch der Einung [, um zu essen und um den] Neuwein zu trink[en, strecke nie]mand seine Hand aus nach der Erstlingsgabe des Brotes und [dem Neuwein] vor dem Priester. Sonder[n er be]nedeie das Erstlingsbrot und den Neuwei[n und er strecke aus] seine Hand nach dem Brot zuvor, und dana[ch strec]ke der Gesalbte Israels seine Hand aus nach dem Brot, [und danach benedei]e die ganze Gemeinde der Einung, ein jeder nach seiner Würde. Und nach dieser Vorschrift verfahre [man] in bezug auf jeden [Po]sten, wenn sie [sich vers]ammeln zu (mindestens) zehn Männ[ern].

(Unterer Kolumnenrand)" (1QSa II,11–22)

Das Mahl ist im buchstäblichen Sinne ein messianisches, weil es in der Gegenwart des Messias Israels und seines priesterlichen Pendants (der in der Gemeinderegel Messias genannt wird) gegessen wird. Der Text unterstreicht, daß das Mahl nur für diejenigen gedacht ist, die rituell rein sind. Es ist auch ausdrücklich ein eschatologisches Mahl, wie dies die ersten Worte der Gemeinschaftsregel aussagen: „*Und dies ist die Ordnung für die ganze Gemeinde Israels am Ende der Tage*“ (1QSa I,1). Man könnte meinen, daß dieses in diesem Text beschriebene Fest ungewöhnlich ist und nur selten gefeiert wird; gleichwohl deuten die letzten Worte dieses Dokuments etwas anderes an: „Und nach dieser Vorschrift verfahre [man] in bezug auf jeden [Po]sten, wenn sie [sich vers]ammeln zu (mindestens) zehn Männ[ern]“ (II,21–22). Das mit *Sich-Versammeln* übersetzte Wort hat tatsächlich einen allgemeineren Sinn in der Bedeutung „Zubereitung“ (in der Übersetzung von Maier: „wenn sie sich versammeln“). Es wird gebraucht, um auf die Zubereitung des Mahles zu verweisen, die in den unmittelbar vorangehenden Zeilen beschrieben wird. Schiffman argumentiert, daß die Mähler in Qumran ihrem Wesen nach nicht kultisch waren: „Diese regelmäßig als Teil des gegenwärtigen Lebens der Sekte gehaltenen Mähler waren Vorwegnahmen des letzten messianischen Festbanketts mit den Sektenmitgliedern, das für das bald kommende Ende der Tage erwartet wird. Wiederum spiegelt das Leben der Sekte in dieser Welt ihre Träume für das kommende Zeitalter wider.“ Wie man das Mahl der Essener auch interpretiert, sein messianischer Charakter, die besondere Rolle von Brot und Wein, die Tatsache, daß es regelmäßig wiederholt wurde, und seine ausdrücklichen eschatologischen Assoziationen rufen Erinnerungen an die Elemente wach, die sich in den neutestamentlichen Abschnitten über das Herrenmahl finden.

2.3.3 Der Kalender

In den frühen 50er Jahren hat die französische Wissenschaftlerin Annie Jaubert mehrere Artikel verfaßt, in denen sie behauptet, der 364-Tage-Kalender der Qumranrollen löse ein altes Problem der Evangelienforschung. Die synoptischen Evangelien (Matthäus, Markus und Lukas) einerseits und Johannes andererseits beschreiben sehr ausführlich die letzten Tage von Jesu Wirken. Jene Tage waren offensichtlich ein wesentliches Element dessen, was die Autoren ihren Lesern vor Augen führen wollten, und die frühen Christen waren wahrscheinlich gut darüber informiert, was in jenen Tagen geschah. Allerdings zeigt sich bei genauer Lektüre, daß sich die Chronologien der Evangelien hinsichtlich der letzten Tage von Jesu Erdenleben unterscheiden. Die Synoptiker legen das letzte Mahl auf das Pessachfest, während Johannes es auf den Tag vor Pessach legt. Seine Datierung des letzten Mahles bringt es mit sich, daß Jesus zur Zeit der Schlachtung der Pessachlämmer gekreuzigt wurde. Wie konnten die frühen Christen dasselbe Ereignis verschiedenen Tagen zuordnen? Die Texte von Qumran deuten an, daß ihr Kalender nicht derselbe war, den man sonst im Judentum befolgte. Ihnen zufolge waren mindestens zwei Kalender gleichzeitig in Gebrauch. Die Existenz dieser beiden Kalender – des offiziellen Sonnen-Mond-Kalenders des Tempels und des 364-Tage-Sonnen-Kalenders der Gemeinschaft von Qumran – führte Jaubert auf die Möglichkeit zurück, daß Matthäus, Markus und Lukas die Tage nach einem (dem nach der Sonne) berechneten und Johannes nach dem offiziellen System (dem lunisolaren Kalender).

Diese Lösung ist ansprechend und bietet eine einfache Erklärung für eine verblüffende Diskrepanz, aber sie leidet unter der Tatsache, daß sich die beiden Kalender kaum so ausgleichen lassen, daß das synoptische Datum für das Mahl dasselbe im Qumrankalender gewesen wäre wie das von Jaubert angenommene in der lunisolaren Anordnung von Johannes. Es gibt auch keinen Hinweis darauf, daß Jesus oder frühe Christen der neutestamentlichen Zeit den Sonnenkalender von Qumran gebraucht hätten. Eine genaue Untersuchung des Johannesevangeliums macht schnell deutlich, daß es mit seiner Darstellungsweise der Ereignisse der Leidenswoche einen bestimmten Zweck verfolgt. Brot und Wein des gemeinschaftlichen Mahles Jesu hebt das Johannesevangelium nicht hervor; sie werden nicht einmal erwähnt. Dagegen werden die Fußwaschung und die gegenseitige Liebe betont. In seinem Sterben wird Jesus nach der johanneischen Chronologie als das Pessachlamm seines Volkes dargestellt.

2.4 Eschatologie

Sowohl die Leute von Qumran als auch die ersten Christen können insofern als eschatologische Gemeinschaften bezeichnet werden, als beide davon überzeugt waren, daß das Ende nahe war und ihre Glaubensüberzeugungen und gemeinschaftlichen Lebensweisen entsprechend danach ausrichteten. Verschiedene Themen sind unter dieser Gesamtüberschrift zu unterscheiden.

2.4.1 Messianismus

Die Leute von Qumran und die Christen des Neuen Testaments erwarteten die Ankunft des Messias/der Messiasse und teilten eine Reihe von Glaubensvorstellungen über das messianische Zeitalter. Die Hoffnungen der aufeinander folgenden Generationen, die um Qumran herum lebten, mögen sich bis zu einem gewissen Grade verändert haben, aber eine ganze Reihe von Texten zeigt, daß sie zwei Messiasse erwartet haben – einen aus Israel oder dem Haus Davids, den anderen aus der Linie Aarons, d.h. einen Priester (siehe Kap. 4 Abschn. 2.6). Bei der Erörterung der Qumranbelege für das messianische Mahl haben wir gesehen, daß die Gemeinschaftsregel (1QSa) von einem Messias aus Israel und seinem priesterlichen Verbündeten spricht. Eine ähnliche Glaubensvorstellung erscheint auch, wie schon erwähnt, in der Gemeinderegel: „Und keinerlei ‚Rat (Beschluß) der Torah' sollen sie verlassen, um zu wandeln in all der Verstocktheit ihres Herzens, und sie sollen anhand der alten Gesetze gerichtet werden, mit denen die Männer der Einung begonnen hatten, sich zu disziplinieren, bis zum Eintreffen eines Propheten und der Gesalbten Aarons und Israels." (IX,9–11). In diesem Satz ist der zuerst genannte der priesterliche – der Messias aus dem Haus Aarons – und der zweite der Laie – der Messias Israels. Einige Texte äußern sich zu den Rollen, die diese Gestalten spielen sollen. Die Damaskusschrift beispielsweise sagt, daß sie Sühne bewirken werden (XIV,19). Andere Texte bringen den Messias aus dem Haus Davids direkt mit den Verheißungen eines neuen Davididen in Jesaja 11 in Verbindung. Dort wird er mit Weisheit, gerechtem Gericht und dem Töten der Frevler in Verbindung gebracht (Jes 11,1–5).

Die allgemeinen Züge des neutestamentlichen Bildes Jesu ähneln dem. Sowohl Matthäus als auch Lukas führen seine Abstammung auf das Haus Davids zurück und durch das ganze Neue Testament hindurch wird ihm der Titel „Messias" (= Christus) verliehen. Zahlreiche Abschnitte sprechen auch davon, wie er die Vergebung der Sünden an sein sühnendes Werk bindet. Das Neue Testament kennt nur einen Messias, nicht zwei wie in Qumran. Ebenso spricht das Neue Testament vom zweimaligen Kommen Jesu – das eine in den Evangelien beschriebene und das andere am Ende der Zeiten, während die Menschen von Qumran zwei Messiasse erwarteten, die gemeinsam und offensichtlich auch zur selben Zeit, in naher Zukunft, kommen würden.

Obwohl sich die beiden Traditionen hinsichtlich der Zahl der Messiasse und der Frage unterscheiden, wer derjenige aus der Linie Davids sein würde, stimmen sie doch hinsichtlich der Annahme überein, daß das messianische Werk ein zweifaches sei – ein königliches und ein priesterliches. Jesu Abstammung von David dokumentiert seine königliche Bedeutung. Einer der Abschnitte, in denen königliche Terminologie gebraucht wird, ist Apg 2,29–31 (Petrus predigt an Pfingsten): „Brüder, ich darf freimütig zu euch über den Patriarchen David reden: Er starb und wurde begraben, und sein Grabmal ist bei uns erhalten bis auf den heutigen Tag. Da er ein Prophet war und wußte, daß Gott ihm den Eid geschworen hatte, einer von seinen Nachkommen werde auf seinem Thron sitzen, sagte er vorausschauend über die Auferstehung des Christus". Seine priesterliche Dimension kommt besonders im Hebräerbrief zum Ausdruck. Dort amtiert er, ein Priester nach der Ordnung Melchisedeks (und nicht aus der Linie Levis), als Hoherpriester des himmlischen Heiligtums. Beide Aspekte seiner Funktion – die königliche wie auch die priesterliche – erscheinen in Hebr 10,12–14: „Dieser aber hat nur ein einziges Opfer für die Sünden dargebracht und sich dann für immer zur Rechten Gottes gesetzt; seitdem wartet er, bis seine Feinde ihm als Schemel unter die Füße gelegt werden. Denn durch ein einziges Opfer hat er die, die geheiligt werden, für immer zur Vollendung geführt." Es ist festzuhalten, daß die Essener von Qumran (und andere Essener) zwei Messiasse erwarteten, einen, der den königlichen Dienst, und einen anderen, der den priesterlichen Dienst vollziehen würde, während die neutestamentlichen Anhänger Jesu *eines* Messias gedachten und ebenso nur einen Messias erwarteten, der sowohl die königlichen als auch die kultischen Funktionen ausüben würde.

Die grundsätzlichen Ähnlichkeiten zeigen, daß die beiden Gemeinschaften mit verwandten messianischen Glaubensvorstellungen umgingen. Von daher ist es nicht überraschend, daß beide in Abhängigkeit vom Alten Testament einige gleiche oder ähnliche Titel für den oder die Messiasse benutzten. Natürlich gebrauchen beide den Ausdruck *Messias*. In Qumran nennen einige Texte (z.B. das Florilegium) den politischen Messias „den Sproß Davids" (aus Jes 11,1; Jer 23,5; 33,15 entnommen). Das Neue Testament verwendet nicht genau dieselbe Entsprechung, spricht aber von Jesus als der „Wurzel Davids" (Offb 5,5; 22,16). Einen weiteren im Neuen Testament Jesus verliehenen Titel hat man nun das erste Mal in Qumran in seiner semitischen Form belegt gefunden. In Lk 1,32–33 kündigt der der Maria erscheinende Engel, der ihr die Geburt eines wunderbaren Kindes kundtut, an: „Er wird groß sein und Sohn des Höchsten genannt werden. Gott, der Herr, wird ihm den Thron seines Vaters David geben. Er wird über das Haus Jakob in Ewigkeit herrschen, und seine Herrschaft wird kein Ende haben." Das Kind wird auch „heilig und Sohn Gottes genannt werden" (Lk 1,35). Eine eindrucksvolle Parallele zu einigen dieser Titel stammt aus einem Qumrandokument (4Q246), aus dem der entsprechende Teil nach der Übersetzung von Johann Maier folgendermaßen lautet:

„[– –] groß zu sein auf der Erde [– – werden t]un und allesamt werden sie dienen [ihm – – ,..., gr]oß(er)' wird er genannt, und mit seinem Namen/ Beinamen wird (auch) bezeichnet

(Unterer Kolumnenrand)

(Oberer Kolumnenrand)

sein(en) Sohn, da er (der König) ‚Gott' genannt wird und man ihn als ‚Sohn des Höchsten' benennen wird. ... Seine Herrschaft wird eine ewige Herrschaft sein".

Die Parallele ist nicht einfach deswegen abzutun, weil *ein* Titel in *zwei* verschiedenen Texten zu Tage tritt; ganz im Gegenteil weisen die gesamten Zusammenhänge erstaunliche Ähnlichkeiten auf: Die in Frage kommende Gestalt wird groß sein, Sohn Gottes (ein im Alten Testament zu findender Titel), Sohn des Höchsten (ein neuer Titel) sein und sein Reich wird ewig währen. Über die Gestalt, der die Titel in 4Q246 zugeschrieben werden, sind sich die Wissenschaftler uneins: Werden sie einer messianischen Gestalt beigelegt, oder werden sie von einem bösen Herrscher in Anspruch genommen, der sie offensichtlich nicht verdient? Letzteres ist wahrscheinlicher.

Schließlich muß ich auf 4Q285 zu sprechen kommen, den Text über dem sogenannten durchbohrten Messias, der seit 1991 viel Aufmerksamkeit gefunden hat. Als der Text erstmals veröffentlicht wurde, sahen einige ihren Verdacht bestätigt, er sei durch eine Konspiration des ursprünglichen Herausgeberteams der Öffentlichkeit vorenthalten worden, weil er dem Christentum schaden würde. Das in Frage kommende Fragment enthält einige über sechs Zeilen verteilte Wörter. Die erste Zeile erwähnt die Worte „Jesaja, der Prophet", während die zweite die ersten Worte aus Jes 11,1 zitiert („ein Schößling aus dem Wurzelstock Isais"). Die Fortsetzung entlehnt die Begrifflichkeit aus Jes 11: Erwähnt wird dort der „Sproß Davids" (Zeile 3), und ein Verb des Richtens bringt den Messias in Verbindung mit Jes 11,3–4. Die Aufsehen erregende Zeile war Zeile 4. Der Forscher Robert Eisenman, der ihr zu öffentlicher Aufmerksamkeit verhalf, liest folgendermaßen: „und sie töteten [oder: sie werden töten] den Fürsten der Gemeinde, den Spr[oß Davids]". Wie bereits festgestellt, ist der „Sproß Davids" einer der Namen für den nichtpriesterlichen Messias. Die fünfte Zeile enthält ein Wort, das Eisenman als „seine Wunden" oder „Durchbohrungen" zu verstehen meinte (daher die populäre Bezeichnung des Textes). Er dachte an den christlichen Gebrauch von Jes 53, der den Tod Jesu interpretiert: „er wurde um unserer Übertretungen willen verwundet" (V 5). Das Fragment schien also die christliche Messiaserwartung bemerkenswert zu präfigurieren.

Das Fragment ist inzwischen einer sorgfältigen Analyse unterzogen worden, die zu vorsichtigeren Schlußfolgerungen geführt hat. Nur einige Punkte seien hier erwähnt. Erstens: Da die erste Zeile Jesaja erwähnt und die nächsten Zeilen die ersten Verse von Jes 11 anklingen lassen, kann man vernünftigerweise erwarten, daß die folgenden Zeilen sich ebenso auf dieses Kapitel beziehen. Auf jeden Fall sollte zuerst diese Erwartung überprüft werden, ehe in andere Richtungen hin interpretiert wird. Zweitens: Die kontroverse vierte Zeile sollte folgendermaßen übersetzt werden: „und der Fürst der Gemeinde [ein anderer Titel für den davidischen Messias] ... wird ihn töten [oder: tötete ihn]". Die drei Punkte stellen das nächste Wort dar, von dem nur zwei Buchstaben am Rand des Fragments erhalten sind. Einige lesen sie zwar als die ersten zwei Buchstaben des hebräischen Wortes für „Sproß", aber der zweite Buchstabe bleibt fraglich. Möglicherweise sollte man folgendermaßen übersetzen: „und der Fürst der Gemeinde, der Sproß Davids wird ihn töten [oder tötete ihn]". Diese Zeile spiegelt die Worte von Jes 11,4 wider, wo der Nachkomme Davids „den Schuldigen tötet". So ist es wahrscheinlicher, daß der Fürst derjenige ist, der tötet; es ist aus syntaktischen und exegetischen Gründen sehr unwahrscheinlich, daß seine Tötung gemeint ist. Daher bleibt eine zunächst ins Auge springende Parallele zum Neuen Testament auf der Strecke.

2.4.2 Bibelauslegung

Die beiden Gruppen verliehen ihrem eschatologischen Bewußtsein auch durch die Methoden ihrer Bibelauslegung Ausdruck. In Kap. 2 Abschn. 3.1.1 habe ich gezeigt, daß die Kommentare von Qumran eine Reihe von Voraussetzungen aufzeigen, von denen her der Ausleger die Bedeutung des biblischen Textes erläutert: Danach schrieben die biblischen Autoren, die die Ereignisse der Endzeit voraussagten, über die Zeit der Leute von Qumran, ja sogar über ihre Geschichte und Führer. Der Lehrer der Gerechtigkeit war ein inspirierter Ausleger der Bibelworte. Eine Zahl von neutestamentlichen Abschnitten belegen dasselbe eschatologische und aktualisierende Verständnis der biblischen Texte.

Eines der anschaulichsten Beispiele dafür bietet die Pfingstgeschichte in Apg 2. Petrus, Sprecher des Apostelkreises, dem das Sprachenwunder widerfahren ist, zitiert die Schrift um zu beweisen, daß das eben geschehene außergewöhnliche Ereignis Teil des von Gott vorbestimmten Plans für das Ende der Zeit gewesen ist: „Diese Männer sind nicht betrunken, wie ihr meint; es ist ja erst die dritte Stunde am Morgen; sondern jetzt geschieht, was durch den Propheten Joel gesagt worden ist: / In den letzten Tagen wird es geschehen, / so spricht Gott: / Ich werde von meinem Geist ausgießen / über alles Fleisch. / Eure Söhne und eure Töchter werden Propheten sein, / eure jungen Männer werden Visionen haben, / und eure Alten werden Träume haben." (Apg 2,15–17). Der Herr hatte den Propheten Joel inspiriert zu schreiben, daß der Geist Gottes „in den letzten Tagen" ausgegossen würde, und jenes eschatologische Geschehen ereignete sich bei der ersten christlichen Feier von Pfingsten. Die Worte „in den letzten Tagen", die für den Zusammenhang hier von entscheidender Bedeutung sind, stehen nicht im Text von Joel (Joel 3,1: „Danach aber wird es geschehen, / daß ich meinen Geist ausgieße über alles Fleisch ..."). Die Worte „in den letzten Tagen" stellen offenbar die lukanische Interpretation des Wortsinnes von Joel dar, und die in der Prophezeiung folgenden Verse deuten tatsächlich auf die letzten Tage „ehe der Tag des Herrn kommt, / der große und schreckliche Tag" (3,4). Die einfache Tatsache, daß Lukas diese Worte einfügte, zeigt jedoch die eschatologische Sichtweise, in der die frühen Christen die Schrift gelesen haben.

Es ist besonders interessant, die Erklärungsweisen zu vergleichen, mit denen die beiden Traditionen denselben biblischen Text auslegen. Wir haben bereits gesehen, daß die Gemeinde von Qumran ihre abgeschiedene Lebensweise in der Wüste durch die Autorität von Jes 40,3 untermauerte: „Werden diese in Israel {zu einer Einung nach diesen Vorschriften}, sondern sie sich <mitten> aus dem Sitz der Männer des Unrechts ab, um in die Wüste zu gehen, um dort den Weg des ER zu bahnen, wie geschrieben steht: *In der Wüste bahnt den Weg des ...., macht gerade in der Steppe eine Straße für unseren Gott.* Das ist die Niederschrift[1] (*midrash*) der Torah, [die Er] befohlen durch Mose" (1QS VIII,12–15). In den vier Evangelien begründet derselbe Abschnitt das Auftreten des Johannes als Vorläufer Jesu, desjenigen, der dem Herrn in der Wüste den Weg bereitet (Mt 3,3; Mk 1,3; Lk 3,4–5; Joh 1,23).

Eine weitere in der Qumranliteratur und im Neuen Testament zitierte Textstelle ist Hab 2,4b. Neben Gen 15,6 war sie eine Be-

[1] Andere Übersetzung: „das Studium"

legstelle für die Verkündigung des Paulus, daß der Glaube der richtige Weg sei, um vor Gott gerecht zu werden, und nicht die Werke des Gesetzes: „Daß durch das Gesetz niemand vor Gott gerecht wird, ist offenkundig; denn: *Der aus Glauben Gerechte wird leben*" (Gal 3,11; vgl. Röm 1,17). Paulus verstand das Wort *Glaube* in der Bedeutung eines vertrauensvollen Sich-Verlassens auf die Abraham von Gott gegebenen Verheißungen – einer Lebensweise, die er scharf von einer gesetzlichen Gerechtigkeit abhebt. Der Habakukkommentar von Qumran nimmt denselben Abschnitt auf und bietet, wie es scheint, ein abweichendes Verständnis dessen, was *Glaube* oder *Treue* in dem prophetischen Text bedeutet. Nach dem Verszitat schreibt der Kommentator: „Seine Deutung (geht) auf alle die Täter der Torah im Haus Judah, welche Gott erretten wird aus dem Haus des Gerichts wegen ihres Bemühens[1] und (wegen) ihrer Treue zum Anweiser [Lehrer] der Gerechtigkeit" (1QpHab VIII,1–3). Der erste Teil der Erklärung bringt den Abschnitt in Verbindung mit denen, „die Täter der Torah im Haus Judah" sind – eine Auslegung, die das Gegenteil dessen zu sein scheint, was Paulus unter dem Vers versteht. Außerdem beschränken die Worte „Haus Judah", was auch immer der Ausleger mit ihnen meinte, die Anwendung der Worte Habakuks auf die Judäer (oder eine andere begrenzte Gruppe, falls die Wendung symbolisch gebraucht ist); Paulus fand durch seine Lehre von der Rechtfertigung aus Glauben eine Möglichkeit, nicht nur Juden, sondern auch andere Völker in den göttlichen Plan einzuschließen. Der Ausleger des Habakuk fügt nach der Erklärung der Verse im erwähnten gesetzlichen Sinne hinzu, daß jene, die sich an das Gesetz im Hause Juda halten, aus zwei Gründen gerettet werden: einmal durch das, was sie erlitten haben, und zum anderen durch ihren *Glauben* an oder ihre *Treue* zum Lehrer der Gerechtigkeit. Diese zweite Deutungslinie stimmt schon eher mit dem paulinischen Verständnis von Hab 2,4 überein, obwohl Paulus den Glauben/die Treue natürlich auf Jesus Christus bezog und nicht auf den Lehrer der Gerechtigkeit.

2.4.3 Lehren

Die eschatologische Ausrichtung dieser zwei Gemeinschaften wird auch in einigen grundlegenden theologischen Glaubenssätzen deutlich, an die sie sich hielten. Da ich die Theologie der Leute von

---

[1] Andere Übersetzung: „Leidens"

Qumran bereits in Kap. 4 Abschn. 2 skizziert habe, fällt der Vergleich hier kurz aus. Es genügt, zwei lehrmäßig verwandte Gebiete hervorzuheben.

Zum ersten gebrauchten beide Gruppen eine dualistische Sprache, um die Konstellation des Universums zu beschreiben: Es gibt nur zwei Möglichkeiten ohne jegliche Vermittlung untereinander. Da beide Traditionen grundsätzlich jüdisch sind, wird dieser Dualismus nicht als ewig bestehend gedacht. Vielmehr ist er ethisch ausgerichtet, und die zwei gegnerischen Lager werden als Licht und Finsternis charakterisiert. Hier noch einmal einer der bekanntesten Abschnitte in den Schriftrollen:

> „Er hat den Menschen geschaffen zur Beherrschung der Welt und bestellte für ihn zwei Geister, um in ihnen zu wandeln bis zum Termin Seiner Heimsuchung. Es sind die Geister der Wahrheit und des Unrechts.
>
> In einem Licht-Quellort (ist) der Ursprung der Wahrheit und aus einer Finsternis-Quelle (kommt) der Ursprung des Unrechts. In der Hand eines Lichterfürsten (liegt) die Herrschaft aller Gerechtigkeitssöhne, auf Lichtwegen wandeln sie und in der Hand eines Finsternis-Engels (liegt) alle Herrschaft der Unrechtssöhne und auf Finsterniswegen wandeln sie." (1QS III,18–21)

Die Wege der beiden im Text genannten Geister – das Verhalten, zu dem sie die Menschen veranlassen – werden dann auf eine Weise aufgezählt, die an den Katalog der Werke des Fleisches und der Werke des Geistes erinnert, den Paulus in Gal 5,19–23 anführt. Nach der Gemeinderegel befinden sich die beiden Lager in ständigem Konflikt durch die gesamte Geschichte hindurch: „Denn Gott hat sie nebeneinander gestellt bis zur letzten Zeit und setzte ewige Feindschaft zwischen ihre Teile: / Ein Greuel für Wahrheit sind Taten von Unrecht / und ein Greuel für Unrecht alle Wege von Wahrheit, / und Eifer von Streit (liegt) über all ihren Urteilen, / denn sie wandeln nicht in Eintracht." (1QS IV,16–18). Gott hat trotzdem „einen Zeitraum für den Bestand des Unrechts gegeben und zum Termin der Heimsuchung wird Er es für immer vertilgen." (IV,18–19). Die Kriegsregel beschreibt ausführlich den letzten Kampf zwischen den Söhnen des Lichts und den Söhnen der Finsternis. Obwohl auf beiden Seiten mächtige Engel kämpfen, wird Gott zu seiner rechten Zeit entscheidend in die Schlacht eingreifen und den Söhnen des Lichts zum Sieg verhelfen.

Man kann dieselbe Rhetorik in den Schriften des Paulus und bei Johannes finden. Auf 2 Kor 6,14–7,1 wurde bereits hingewiesen, wo eine Reihe von Ausdrücken und Wendungen Eingang gefunden hat, die an die Qumrantexte erinnern. Dort fragt Paulus: „Was haben Licht und Finsternis gemeinsam?“ (6,14) Die johanneische Literatur im Neuen Testament ist lange Zeit als das theologisch fruchtbarste Vergleichsmaterial in dieser Hinsicht angesehen worden. Wie die Bundesmitglieder von Qumran greift Johannes auf den Gegensatz zwischen Licht und Finsternis zurück, nicht im wörtlichen, sondern in einem ethischen Sinne. Nach Joh 8,12 sagt Jesus: „Ich bin das Licht der Welt, wer mir nachfolgt, wird nicht in der Finsternis umhergehen, sondern wird das Licht des Lebens haben.“ Für Johannes besteht der Licht-Finsternis-Gegensatz schon seit langem: „Und das Licht leuchtet in der Finsternis, / und die Finsternis hat es nicht erfaßt.“ (1,5). In Joh 12,35–36a lesen wir: „Nur noch eine kurze Zeit ist das Licht bei euch. Geht euren Weg, solange ihr das Licht habt, damit euch nicht die Finsternis überrascht. Wer in der Finsternis geht, weiß nicht, wohin er gerät. Solange ihr das Licht bei euch habe, glaubt an das Licht, damit ihr Söhne des Lichts werdet“ (siehe auch 3,19–20; 1 Joh 1,6; 2,9f). Die Anhänger Jesu stellten sich also wie die Bewohner Qumrans selbst als „Kinder [wörtlich: Söhne] des Lichts“ dar.

Ein zweiter Glaubenssatz betrifft die von beiden Gemeinschaften hochgehaltenen Hoffnungen. Christliche Glaubenssätze über die letzten Tage sind uns vertraut: Christus wird wiederkehren, es wird eine Auferstehung der Guten und Bösen geben, und Christus wird den endgültigen Sieg über Sünde und Tod erringen (siehe z.B. 1 Kor 15,20-28.51–57). Die Auferweckung Jesu wird als ein Unterpfand dafür gedeutet, daß die an ihn Glaubenden in gleicher Weise die Auferweckung erfahren werden. Wie schon gezeigt, gibt es nun einen Beleg dafür, daß auch die Qumran-Essener eine Auferwekkung erwarteten (4Q521), obwohl die antiken Quellen sich hinsichtlich dieses Glaubensartikels womöglich widersprechen. Wir haben auch schon gesehen, daß die Einwohner von Qumran auf einen Tag blickten, an dem ein siegreicher davidischer Messias in Begleitung eines Priesters kommen wird. Soweit ähneln sich also die eschatologischen Erwartungen der Schriftrollen und des Neuen Testaments. Beide glaubten auch, daß es ein Gericht geben würde, allerdings war die Erwartung eines solchen Gerichts in weiteren Kreisen des Judentums der damaligen Zeit verbreitet. Geht man jedoch über diese allgemeinen Vorstellungen hinaus, so stößt man auf Unterschiede, z.B. daß für die Christen das eschatologische Kommen des einen Messias eine Rückkehr sein wird und nicht sein erstes Erscheinen.

Schlußfolgerungen

Der in diesem Kapitel gebotene Überblick deckt bei weitem nicht alles ab, was über die Ähnlichkeiten bzw. Unterschiede zwischen den Qumrananhängern und den ersten Christen gesagt werden könnte. Ganze Bücher sind diesem Gegenstand gewidmet. Die hier zur Erörterung ausgewählten Punkte sollen lediglich das Wesen des Materials beleuchten. Die Qumranliteratur hat zu einem weit größeren Maß, als man das vor 1947 ahnte, gezeigt, wie tief das Christentum im jüdischen Nährboden verwurzelt gewesen ist. Durch die Schriftrollen läßt sich leichter erkennen, daß eine große Zahl der Glaubens- und Lebensweisen des Christentums im Vergleich zum Judentum gegenüber nicht einzigartig war. Der wichtigste Beitrag der Schriftrollen zum Studium des Neuen Testaments besteht darin, die einfache, aber tiefgehende Tatsache hervorzuheben, daß die Einzigartigkeit des frühen christlichen Glaubens weniger in seiner gemeinschaftlichen Lebensweise und den eschatologischen Erwartungen begründet liegt, sondern vielmehr in seinem zentralen Bekenntnis, daß der Sohn einer einfachen Frau und eines Zimmermanns aus Nazaret in Galiläa tatsächlich der Messias und Sohn Gottes war, der lehrte, heilte, litt, starb, auferstand, in die Himmel auffuhr und versprach, in Herrlichkeit wiederzukommen, um die Lebenden und die Toten zu richten. Indem die Christen behaupteten, daß der historische Jesus der Messias war, hielten sie den eschatologischen Zeitplan auch für weiter fortgeschritten als die Qumran-Essener, die das Kommen ihrer Messiasse erst für die nahe Zukunft erwarteten.

Bibliographische Angaben

Die Zitate von André Sommer-Dupont stammen aus seinem Buch The Dead Sea Scrolls: A Preliminary Survey, Oxford 1952, S. 99.

Edmund Wilsons Artikel The Scrolls from the Dead Sea wurde erstmals im Magazin *The New Yorker*, Mai 1955, S. 45–131, veröffentlicht und nochmals in The Scrolls from the Dead Sea, London 1955; die Zitate stammen aus dem Buch, S. 102 und 114.

Robert Eisenmans Ansichten lassen sich in seinen Büchern Maccabees, Zadokites, Christians and Qumran: A New Hypothesis of Qumran Origins, Leiden 1983 (StPB 34), und James the Just in the Habakkuk Pesher, Leiden 1986, nachlesen.

Barbara Thierings Thesen sind in: Reading the Teacher of Righteousness,

Sidney 1979 (Australian and New Zealand Studies in Theology and Religion), erschienen sowie innerhalb derselben Reihe in ihrem Buch The Gospels and Qumran: A New Hypothesis, Sidney 1981.

Das Zitat von Millar Burrows ist dem Buch The Dead Sea Scrolls, New York 1955, S. 343, entnommen.

Der Kommentar von Krister Stendahl findet sich in seinem Aufsatz: The Scrolls and the New Testament: An Introduction and a Perspective, hg. von K. Stendahl, New York 1957, S. 16–17. Diese hilfreiche Aufsatzsammlung, mit einer Einführung von James H. Charlesworth, ist 1992 nachgedruckt worden.

Eine große Hilfe bei der Abfassung dieses Kapitels war mir der Artikel von Joseph Fitzmyer, The Qumran Scrolls and the New Testament after Forty Years, Revue de Qumran 13 (1988), S. 609–620.

José O'Callaghan hat seine Thesen in dem Aufsatz: Papiros neotestamentarios en la cueva 7 de Qumran?, Biblica 53 (1972), S. 91–100, vorgetragen; ausführlicher dann in seinem Buch Los papiros griegos de la cueva 7 de Qumrân, Madrid 1974 (BAC 353).

Zu den Kalenderfragen und zum Letzten Mahl Jesu siehe Joseph Fitzmyer, The Dead Sea Scrolls: Major Publications and Tools for Study, Atlanta ^{2}1990 (SBL.SBS 20).

Zu Annie Jaubert siehe ihr Buch La date de la cène. Calendrier biblique et liturgie chrétienne, Paris 1957 (Études Bibliques).

Kapitel 7

Kontroversen um die Schriftrollen vom Toten Meer

Seit 1991 geriet die Qumranforschung, die sich bislang gleichsam in einem kleinen, stillen Bach biblischer Wissenschaft vollzogen hatte, in einen reißenden Strom, der nicht nur das Gebiet der Bibelwissenschaft und der Judaistik, sondern auch die Medien und sogar die Populärliteratur überflutete. Besonders Ende 1991 und Anfang 1992 waren die Schriftrollen in den Schlagzeilen führender Tageszeitungen wie der *New York Times* und der *Washington Post* zu finden; täglich wurde darüber berichtet. Andere wichtige Zeitungen veröffentlichten Leitartikel über ein angebliches „Kartell“, das ein Monopol über die Schriftrollen ausübte, und über ein paar wenige Tapfere, die sie davon befreiten. Nicht selten war zu hören, daß normalerweise friedfertige Wissenschaftler in einen Strudel schriller Anklagen und Gegenanklagen gerieten. Die Autoren eines Bestsellers brachten Gerüchte über eine vom Vatikan gesteuerte Verschwörung hervor. Was war geschehen? Um die Situation zu verstehen, ist es nötig, einen kurzen Blick auf die frühen Tage der Qumranforschung zu werfen.

1. Die Herausgabe und Veröffentlichung der Rollen

In Kapitel 1 habe ich bereits die Fundgeschichte der ersten sieben Manuskripte nachgezeichnet. Diese sieben in der ersten Höhle von Qumran entdeckten Texte wurden der wissenschaftlichen Welt sehr rasch zugänglich gemacht, was lobend anerkannt werden muß. In einem gewissen Sinne war eine zügige Veröffentlichung der Texte sogar zu erwarten, weil die meisten von ihnen sich in einem hervorragenden Zustand befanden und relativ geringe Verständnis- und Rekonstruktionsprobleme boten. Was die Schriftrollen des biblischen Textes angeht, mußten sich die Herausgeber gar nicht erst um eine Übersetzung bemühen, da die Texte beinahe denselben Bestand aufwiesen wie der masoretische Text, der die Grundlage für alle Übersetzungen der hebräischen Bibel/des Alten Testaments gewesen ist.

Vorläufige Veröffentlichungen der neuen Texte erschienen ab 1948, als die Wissenschaftler, die sie erhalten hatten – Eleazar Sukenik und die drei Experten der *American School* in Jerusalem (John Trever, Millar Burrows und William Brownlee) –, begannen, ihre Ergebnisse bekannt zu geben. Die erste vollständige Edition von Schriftrollen kam 1950 heraus, als unter dem Herausgeber Burrows (zusammen mit Trever und Brownlee) die *American Schools of Oriental Research* den Band *The Dead Sea Scrolls of St. Mark's Monastery, Vol. 1 The Isaiah Manuscript and the Habakkuk Commentary* [Die Schriftrollen vom Toten Meer des St. Markus-Klosters. Bd. 1 Das Jesaja-Manuskript und der Habakuk-Kommentar] fertigstellte. Diesem ersten Band folgte 1951 der zweite Teil des zweiten Bandes: *Plates and Transcription of the Manual of Discipline* [Tafeln und Transkriptionen der Gemeinderegel]. Der erste Teil war für das Genesis-Apokryphon vorgesehen, das damals noch nicht geöffnet worden war; dieser Teil ist jedoch nie erschienen. Die drei in Sukeniks Besitz befindlichen Schriftrollen (die zweite Jesajarolle, die Kriegsregel und die Hymnenrolle) wurden postum 1954 auf Hebräisch (Die Sammlung der verborgenen Schriftrollen, die sich im Besitz der Hebräischen Universität befinden) veröffentlicht. Eine englische Ausgabe erschien im Jahre 1955: *The Dead Sea Scrolls of the Hebrew University*. Die noch ausstehende Schriftrolle – das Genesis-Apokryphon – wurde 1956 von Nahman Avigad und Yigael Yadin (den zwei Wissenschaftlern, die das Werk Sukeniks nach dessen Tod im Jahre 1953 herausgaben) unter dem Titel *A Genesis Apocryphon* ediert und veröffentlicht. Alle diese Veröffentlichungen enthielten zumindest die Fotografien der Schriftrollen und ihre Transkriptionen in gedruckte hebräische Zeichen. Die anderen Hunderte in der ersten Höhle ausgegrabenen Fragmente wurden im ersten Band der Reihe *Discoveries in the Judaean Desert* (DJD) herausgegeben, die der Verlag *Oxford University Press* den Schriftrollen vom Toten Meer widmete. Man nannte ihn *Qumran Cave 1;* er wurde von Dominique Barthélemy und Józef T. Milik, zwei Priestern, die mit der *École Biblique* in Jerusalem verbunden waren, ediert. Seit 1956 konnte also jeder, der dies wollte, alle Texte der ersten Höhle studieren.

Während der Veröffentlichung der Texte der Höhle 1 wurden weitere Höhlen entdeckt (siehe Kap. 1 Abschn. 2.2). Die Texte aus den Höhlen 2–3, 5–10 und jene aus Murabba'at wurden von einer kleinen Forschergruppe, der sie zur Bearbeitung zugeteilt worden waren, unverzüglich behandelt. Der zweite Band der Reihe *Discoveries in the Judaean Desert* (zwei von Pierre Benoit, Milik und Roland de Vaux 1961 herausgegebene und veröffentlichte Teile) enthält das Material, das man in den Höhlen von Murabba'at fand. Der dritte Band erschien ebenfalls in zwei Teilen 1962 unter der Herausgeberschaft von Maurice Baillet, Milik und de Vaux. Enthalten waren alle Texte aus den sogenannten kleinen Höhlen, d.h. den Höhlen 2–3 und 5–10. Die Manuskripte aus Höhle 11, von denen einige in sehr gutem Zustand erhalten waren, wurden anders bearbeitet. Mehrere wurden von verschiedenen ausländischen Institutionen erworben und größere Manuskripte erst in den 60er und 70er Jahren veröffentlicht.

Ein wirkliches Problem stellte die Höhle 4 mit ihren vielen Tausenden lädierter Fragmente dar. Nachdem die unzähligen Stücke von der jordanischen Regierung erworben und in das *Palestine Archaeological Museum* in Ost-Jerusalem gebracht wurden, wurde bald klar, daß ihre Bearbeitung eine schwere Aufgabe bedeuten und besonders viel Zeit und spezielle Sachkenntnis verlangen würde. Im Jahre 1952 ernannte G. Lankester Harding, der Direktor des *Department of Antiquities* von Jordanien, de Vaux zum Hauptherausgeber der Texte aus der judäischen Wüste. Nachdem immer mehr Fragmente im Museum eintrafen, entschieden die Verantwortlichen, daß ein internationales Team von Wissenschaftlern zur Bearbeitung des Materials aus der Höhle 4 ernannt werden sollte. Die Direktoren archäologischer Institute in Jerusalem (sie waren im Ausschuß des *Palestine Archaeological Museum*) wurden um ihre Hilfe für die Zusammenstellung einer solchen Gruppe gebeten; man bat auch führende Wissenschaftler in England und Deutschland, Kandidaten zu benennen. Die Experten, die schließlich die Arbeitsgruppe für die Höhle 4 bildeten, ihre Nationalität und ihre Konfession waren (in der Reihenfolge ihrer Berufung): Frank Moore Cross, Amerikaner, Presbyterianer; Józef T. Milik, Pole, Katholik; John Allegro, Engländer, Agnostiker; Jean Starcky, Franzose, Katholik; Patrick Skehan, Amerikaner, Katholik; John Strugnell, Engländer, erst Presbyterianer, später Katholik; Claus-Hunno Hunzinger, Deutscher, Lutheraner. Diese sieben, alle 1953 und 1954 ernannt, schlossen sich als internationale für die Fragmente der Höhle 4 verantwortliche Forschungsgruppe de Vaux an, den man zum Vorsitzenden des Museumsrates gewählt hatte. Im Jahre 1958 kam Maurice Baillet zu der Gruppe hinzu, Hunzinger zog sich schließlich zurück und übergab das Material an Baillet.

Die Texte wurden unter den Mitgliedern dieser Elite-Gruppe verteilt, wobei Cross und Skehan das biblische Material erhielten und den anderen unterschiedliche nichtbiblische Textsorten zugeteilt wurden. Man hat diese Aufteilung offenbar so verstanden, daß diese Wissenschaftler das offizielle Recht zur Veröffentlichung der Texte ihrer entsprechenden „Anteile" hatten. Bei unvoreingenommener Betrachtung der Wissenschaftlerliste springt das Fehlen eines jüdischen Wissenschaftlers ins Auge. Die jordanische Regierung bestand darauf, daß kein Jude dazugehören sollte. Dank der Großzügigkeit von John D. Rockefeller, Jr., der für sechs Jahre Stiftungsgelder zur Unterstützung zur Verfügung stellte, verfügte die Gruppe in Jerusalem während der 50er Jahre über große Summen. Unter diesen günstigen Umständen schritt die langwierige Reinigungs-, Sortier-, Entzifferungs- und Identifzierungsarbeit der unzähligen Fragmente gut voran. Cross hat diese Arbeit denkwürdig beschrieben:

> „Im Gegensatz zu mehreren Rollen aus den Höhlen 1 und 11, die in gutem Zustand mit nur kleineren Lücken erhalten sind, befanden sich die Handschriften aus Höhle 4 in fortgeschrittenem Verfall. Viele Fragmente brachen oder zerbröckelten so leicht, daß man sie kaum mit einem Kamelhaarpinsel berühren durfte. Die meisten waren verzogen, zerknittert oder zusammengeschrumpft, von Chemikalien aus dem Boden verkrustet, durch Feuchtigkeit und Alter geschwärzt. Die Schwierigkeiten beim Säubern, Glätten, Identifizieren und Zusammenfügen waren fast unüberwindlich.
>
> Die Fragmente wurden in Schachteln geliefert, wenn man sie von den Beduinen kaufte, in Zigarettenschachteln, Filmdosen oder Schuhkartons, je nach Größe. Die Kostbarkeiten aus Leder und Papyrus wurden auch von den groben Händen der Beduinen behutsam gehandhabt; denn sie wissen den Wert des Materials nur zu genau abzuschätzen. Oft hatten sie Watte oder Seidenpapier verwandt, um die Rollenreste voneinander zu trennen und zu schützen, und gelegentlich Stücke, die zu reißen oder auseinanderzufallen drohten, mit Klebestreifen behandelt. Daß Besitzer von Handschriften große Blätter oder Spalten aufgeteilt hätten, um sie stückweise zu verkaufen, ist seit den heimlichen Grabungen in Höhle 1 nicht mehr vorgekommen."

Im Jahre 1957 begann man, eine Konkordanz aller Wörter zusammenzustellen, die das Team in den Hunderten von Texten identifiziert hatte. Dies geschah zur Erleichterung für die Herausgeber, die oft überprüfen mußten, wo ein Wort in anderen Fragmenten vorkam. Bis in die späten 50er Jahre hinein kamen fortlaufend weitere Fragmente im Museum an. Im Jahre 1960, als die Unterstützung Rockefellers endete, beendete die Gruppe ihre enorme, sorgfältige herausgeberische Arbeit; sie hatte mehr als 500 Texte in der Sammlung der Höhle 4 identifiziert. Ihre damaligen Ergebnisse wurden in der Konkordanz aufgezeichnet.

Ihre Mühen – so bemerkens- und bewundernswert sie waren – führten jedoch nicht dazu, daß die Schriftrollenfragmente bald veröffentlicht wurden und in den Regalen der Bibliotheken standen. Alle Mitglieder des Teams bereiteten vorläufige Veröffentlichungen einiger ihrer Texte vor. Diese erschienen regelmäßig in den 50er und frühen 60er Jahren in wissenschaftlichen Zeitschriften. Während der 60er Jahre veröffentlichte die *Oxford University Press* zwei weitere Bände in der Reihe *Discoveries in the Judaean Desert:* Band IV, *The Psalms Scroll of Qumran Cave 11 (11QPs^a)* [Die Psalmenrolle von Höhle 11], herausgegeben von Jack A. Sanders) und Band V, *Qumran Cave 4, I (4Q158–186)*, herausgegeben von John Allegro. Der letztere Band war der erste in der Reihe, der Texte aus der Höhle 4 bietet. 1967 brach der Sechs-Tage-Krieg im Mittleren Osten aus und gipfelte in der Eroberung Ost-Jerusalems und des *Palestine Archeological Museum* durch die Israelis. Damals übernahm Israel die Schriftrollen von Jordanien (das die Schriftrollen 1961 zum nationalen Eigentum erklärte hatte und auch 1966 mit dem Museum so verfahren war) und wurde praktisch deren Eigentümer, obwohl die Frage, wer die rechtmäßigen Eigentümer der Texte sind, ein dorniges, allerdings rein theoretisches Problem bleibt. Als die israelischen Behörden die Kontrolle über das Museum und seine Schätze übernahmen, kümmerte sich de Vaux darum, daß die ursprüngliche Vereinbarung mit den Mitgliedern des Teams von Höhle 4 anerkannt blieb. Es gab lediglich eine neue Bedingung, nämlich daß aus dem vollständigen Titel der Reihe der Oxford University Press „*Discoveries in the Judaean Desert of Jordan*" die letzten zwei Worte gestrichen werden sollten.

In der Rückschau auf die Ereignisse der späten 60er Jahre und danach wird deutlich, daß das Projekt der Veröffentlichung der Texte von Höhle 4 seinen Schwung eingebüßt hatte. Die nächsten Bände der Reihe *Discoveries in the Judaean Desert* erschienen erst 1977 (Bd. VI, 4Q128–157, herausgegeben von de Vaux – der 1971 gestorben war – und Milik). Weitere fünf Jahre vergingen, ehe Band VII (4Q482–520, herausgegeben von Baillet) veröffentlicht wurde. Auch wenn man eine Verspätung von mehreren Jahren zwischen der Zeit, als die Herausgeber ihre Manuskripte den Verlagen aushändigten, und dem Zeitpunkt der Veröffentlichung einrechnet, kam das Projekt nicht sehr zügig voran.

Einige beachtenswerte Veröffentlichungen wurden außerhalb der offiziellen Reihe fortgeführt. 1976 veröffentlichte Milik den Band *The Books of Enoch* [Die Henochbücher], in dem er Editionen, Fotografien und ausführliche Kommentare zu den meisten Henochmanuskripten aus Höhle 4 wiedergab. Dann erschien 1977 Yadins dreibändige Ausgabe der Tempelrolle (die englische Ausgabe 1983), von der man annahm, daß sie aus Höhle 11 stammt. Diese außerordentlichen Arbeiten von Milik und Yadin erhellen einen weiteren Aspekt des Umgangs mit den Qumrantexten: Mit der Zeit gaben sich die Forscher nicht mehr damit zufrieden, Transkriptionen und kurze Abhandlungen über die Texte zu erstellen. Sie verfaßten vielmehr zusätzlich zu der grundlegenden Editionsarbeit erschöpfende Kommentare. Diese Ausweitung des Kommentarumfangs mußte für jeden Zeitplan einer Veröffentlichtung katastrophale Folgen haben.

Im Verlauf der Jahre zeichneten sich Veränderungen im offiziellen Wissenschaftlerteam ab. Insbesondere der Fall John Allegro ist seltsam. Allegro hatte sich allgemeinen Dank erworben, indem er seine Texte lange vor seinen Kollegen zum Druck gab (*Discoveries in the Judaean Desert*, Bd. V, 1968; vorläufige Ausgaben in den 50er Jahren). Aber er scheint oft zugunsten einer zügigen Veröffentlichung die Qualität seiner Editionsarbeit geopfert zu haben. Eine Folge davon war, daß Strugnell eine 114seitige Rezension verfaßte, in der er Zeile für Zeile eine detaillierte Korrigendaliste zu Allegros Arbeit zusammenstellte. Diese Art des wissenschaftlichen Austauschs deutet die Spannungen an, die sich innerhalb des Teams zwischen den früheren Kollegen entwickelt hatten. Allegros Verhältnis zu der Gruppe hatte sich seit einiger Zeit verschlechtert. Er behauptete öffentlich, die von Katholiken dominierte Gruppe unterdrücke Material, weil bekannt sei, daß es für das Christentum schädlich sei. Seine Kollegen erwiderten, sie hätten alle in Besitz von Allegro befindlichen Texte gesehen und diese könnten seine Behauptung nicht stützen. Es dürfte seinem Ruf auch kaum förderlich gewesen sein, als Allegro sich aufmachte, um nach den Schätzen der Kupferrolle zu suchen und die Rolle ohne Autorisation zu veröffentlichen, ehe die offizielle Edition herausgekommen war. Später schädigte er seinen Ruf noch weiter, indem er *The Sacred Mushroom and the Cross* (1970) schrieb, ein Buch, das von Freund und Feind bedauert wurde. Darin versuchte er, die Ursprünge des

Christentums auf den halluzinogenen Wirkstoff Psilocybin zurückzuführen. Sogar der Verleger entschuldigte sich dafür, und Allegros Mentor, Sir Godfrey Driver, war einer von vielen Akademikern, die die Argumente dieses Buches verwarfen.

Wie bereits erwähnt, war Hunzinger von seinem Posten schon sehr bald zurückgetreten. De Vaux starb am 10. September 1971. Sein Nachfolger als Hauptherausgeber wurde Pierre Benoit, der wie de Vaux Direktor der *École Biblique* in Jerusalem war. Ehe Patrick Skehan am 9. September 1980 starb, hatte er seine Materialien an Eugene Ulrich von der *University of Notre Dame* (Indiana, USA) weitergegeben, der nach und nach auch einige Texte von Cross erhielt. Benoit bemühte sich, für die Teammitglieder einen Zeitplan für die Veröffentlichung der Texte zu erstellen, wurde aber anscheinend damit nicht ernst genommen. Benoit starb am 23. April 1987, und John Strugnell, ein Mitglied des ursprünglichen Teams, wurde im selben Jahr Hauptherausgeber. Dafür waren bereits 1984 oder 1985 Nachfolgeregelungen getroffen worden.

Bis dahin war es üblich, daß die Forschergruppe bei Verlust eines Mitgliedes dieses nur durch eine weitere Person ersetzte. Die Zahl der mit der Arbeit Betrauten nahm nicht zu. Kennzeichnend für Strugnells Herausgeberschaft waren seine Anstrengungen, die ursprünglich kleine Gruppe von Wissenschaftlern zu erweitern und jüdische Fachleute in die Arbeit einzubeziehen. In der Anfangsphase des Projekts war ein kleines Team offenbar von Vorteil, weil es eine wirkungsvollere Zusammenarbeit ermöglichte, bei der sich die Mitglieder gegenseitig berieten und einander mit den Fragmenten halfen. Aber die anfängliche Editionsarbeit war eine Sache; die umfangreichen Materialien für die offizielle Veröffentlichung vorzubereiten, eine andere. Hier erwies sich diese Konzeption offensichtlich als ungeeignet. Zehntausende Fragmente waren mehr, als acht noch so fähige Experten bearbeiten konnten, selbst wenn das Geld Rockefellers weiter geflossen wäre. Als die Stiftungsgelder aufgebraucht waren und nichts mehr nachkam, verlangsamte sich die Arbeit beträchtlich. Trotzdem berief man keine neuen Wissenschaftler, die die Arbeit hätten unterstützen können. Erst mit der Übernahme der Hauptherausgeberschaft durch Strugnell wurde die Gruppe auf 20 Mitglieder erweitert. Ich war einer derjenigen, die während seiner Hauptherausgeberzeit zu der Gruppe stieß, als im Jahre 1989 Milik damit einverstanden war, mir einige seiner ihm zugeteilten Texte zu übergeben.

2. Die Ereignisse seit 1989

Während der Amtszeit von Strugnell als Hauptherausgeber (1987–1990) nahm der Verdruß der Wissenschaftler über die nach wie vor schleppende Veröffentlichung des Materials aus Höhle 4 zu und verwandelte sich in öffentlichen Protest. Strugnells erstes Amtsjahr fiel mit der 40jährigen Wiederkehr der Entdeckung der Höhle 1 zusammen. Zu diesem Zeitpunkt war die Auffassung verbreitet, die Forschungsgruppe übe ein Monopol über die Texte von Höhle 4 aus und weigere sich, sie vor ihrer Veröffentlichung – die natürlich weiterhin verzögert werde – auch anderen zu zeigen. In wichtigen Fällen machten die Mitglieder ihre Texte anderen Wissenschaftlern zugänglich (z.B. Arbeitsgruppen an Bibelübersetzungen). Lange Zeit gab es in akademischen Kreisen zwar ein gewisses Murren über die Verzögerungen, aber die Forscher begnügten sich im allgemeinen damit, die Fertigstellung der Editionen der Qumrantexte durch die Teammitglieder abzuwarten. Niemand schien die wilden Anklagen von Leuten wie Allegro Ernst zu nehmen. Die große Mehrheit der Wissenschaftler wartete still Jahr um Jahr.

Es gab jedoch einige Ausnahmen. Robert Eisenman von der *California State University*, Long Beach, und Philip Davies von der *Sheffield University* in England versuchten im Jahre 1989, Zugang zu einigen unveröffentlichten Rollen zu bekommen. Beide hatten mehrere Bücher über Qumran geschrieben. Als sie Strugnell um Erlaubnis baten, bestimmte Fragmente im Rockefeller-Museum untersuchen zu dürfen, verweigerte er das. Ihr Anliegen und das allgemeine Bestreben nach freiem wissenschaftlichem Zugang zu den vielen unveröffentlichten Rollen fand bald darauf weitere Unterstützung – durch Hershel Shanks, den Gründer der *Biblical Archaeological Society*. Durch eine seiner sehr populären Zeitschriften, die *Biblical Archaeology Review*, eröffnete er 1985 eine Veröffentlichungskampagne, die die Art und Weise des Umgangs mit den Rollen in Frage stellen sollte und die Frage aufwarf, warum sie 40 Jahre nach ihrer Entdeckung immer noch nicht zur Verfügung standen. So wuchs ein öffentliches Bewußtsein für die Lage und ein weit verbreitetes Mißtrauen darüber. Man sprach von einem Monopol, sogar von einem Schriftrollen-„Kartell" – ein Ausdruck, den man herkömmlicherweise für kolumbianische Drogenbosse oder unbeliebte Ölscheichs verwendet.

Angesichts der zunehmend negativen Publizität begannen die israelischen Behörden auf einen genauen Zeitplan der Veröffentlichung zu drängen, an den sich die Teammitglieder halten sollten. Als ich im Januar 1990 im Rockefeller-Museum arbeitete, fragte Amir Drori, der Direktor der *Israel Antiquities Authority* (IAA), daher sehr bestimmt nach, wann ich die mir von Milik anvertrauten Texte zur Publikation fertiggestellt haben wollte. Bald aber nahm eine Reihe von Ereignissen ihren Lauf, die die gesamte Qumranforschung verändern sollte. Die IAA ernannte 1989 ein dreiköpfiges *Scrolls Advisory Committee* zur Überwachung der Situation. Im Oktober 1990 berief die IAA Emanual Tov von der Hebräischen Universität zum Herausgeber neben Strugnell, in der Hoffnung, daß seine Beteiligung den Prozeß beschleunigen würde.

Der Schachzug gefiel Strugnell nicht. Bald darauf sollte er unter merkwürdigen Umständen seines Postens enthoben werden. Im Herbst 1990 gab er dem israelischen Journalisten Avi Katzman ein Interview. Die Veröffentlichung in der Tel Aviver Zeitung *Ha'aretz* am 9. November 1990 bewirkte prompt großes Aufsehen. Die Zeitung zitierte Strugnell neben anderen provozierenden Bemerkungen mit den Worten, daß das Judentum „eine schreckliche Religion" sei. Später soll er behauptet haben, seine Bemerkungen seien in einem von ihm nicht beabsichtigten Sinne verstanden worden. Strugnell war aber zu dem Zeitpunkt solcher Äußerungen offensichtlich bereits krank. Es hätte nicht überrascht, wenn ein solches Interview seine Entlassung als Hauptherausgeber jüdischer Texte zur Folge gehabt hätte, aber die Behörden in Israel hatten offenbar schon vor diesem Interview über diesen Schritt entschieden. So enthob ihn das *Scrolls Advisory Committee* im Dezember 1990 seines Postens. Die altgedienten Mitglieder des Teams wählten an seiner Stelle drei Generalherausgeber für das Projekt: Emanuel Tov, Emile Puech von der *École Biblique* und Eugene Ulrich von der *University of Notre Dame*; die IAA ernannte Tov zum Hauptherausgeber. Unter der Führung der Generalherausgeber und auf der Grundlage des Fortschritts, den Strugnell erreicht hatte, wurde das Team auf eine angemessenere Größe von etwa 50 Mitgliedern erweitert. War dieses exponentielle Wachstum schon für sich eine Neuigkeit, schlugen sich bald mehrere andere Ereignisse auf den Titelseiten der internationalen Presse nieder.

Das erste Ereignis fiel in den Herbst 1991. Am 4. September 1991 veröffentlichten Ben Zion Wacholder, ein ranghoher Wissenschaftler des *Hebrew Union College* in Cincinnati (Ohio, USA), und Martin Abegg, damals dort Promovend, den ersten Band in ihrer Reihe *A Preliminary Edition of the Unpublished Dead Sea Scrolls* (veröffentlicht von der *Biblical Archaeology Society*). Das Buch erregte sofort die Aufmerksamkeit der Öffentlichkeit, weil es sich um ein Ergebnis der Anwendung von Computertechnologie auf so alte Texte wie die Rollen vom Toten Meer handelte. Das Projekt entstand aus Enttäuschung über die lange Verzögerung in der Veröffentlichung der Schriftrollen. Wacholder und Abegg benutzten ein Exemplar der aus den Texten der Höhle 4 erstellten Konkordanz (siehe Abschn. 1) und rekonstruierten aus den Worten und Wendungen, aus denen die Konkordanz ursprünglich erstellt worden war, einen Gesamttext. Ihr Rückschlußverfahren war erfolgreich, weil in der Konkordanz jedes Wort in seinem Zusammenhang aufgeführt ist; aus diesen Informationen konnte man ganze Texte rekonstruieren. Wacholder und Abegg wurden dafür bejubelt, weil sie die Blockade der Texte umgangen hatten, die die Forschungsgruppe – wie man allgemein glaubte – aufgerichtet hatte. Einige (die Herausgeber der von ihnen veröffentlichten Texte und diejenigen, die für die Erstellung der Konkordanz aus ihren Transkriptionen verantwortlich waren) fragten sich jedoch, mit welchem Recht Wacholder und Abegg „ihr" Werk veröffentlicht hatten. Fragen erhoben sich auch bezüglich der Qualität ihres rekonstruierten Textes, der auf den Ausgaben von vor 1960 beruhte; die Wissenschaftler im Team hatten in den dazwischen liegenden 30 Jahren viele ihrer früheren Lesarten verbessert.

Das zweite Ereignis fiel in denselben Monat. Am 22. September 1991 kündete William A. Moffett, Direktor der *Huntington Library* in San Marino (Kalifornien) an, daß der komplette Satz von Fotografien der Schriftrollen im Besitz der Bibliothek für jeden zugänglich gemacht würde, der sie einsehen wolle. Wenige wußten, daß die *Huntington Library* im Besitz der Fotografien war; nur Moffett hatte erst kurz zuvor davon erfahren. Die Bibliothek hatte die Fotografien von Elizabeth Hay Bechtel erhalten, deren großzügige Unterstützung für die Erforschung der Rollen wohlbekannt war. Sie hatte die Gründung des *Ancient Biblical Manuscript Center* in Claremont (Kalifornien) finanziert und die Erlaubnis erhalten, den Fotografiensatz der Schriftrollen dort aufzubewahren. Nach ernsthaften Meinungsverschiedenheiten mit dem Direktor ließ sie einen weiteren Abzug anfertigen und überließ diesen der *Huntington Library*. Dort wurde er kaum beachtet bis zur Ankündigung von Moffett. Weil damals zur gleichen Zeit eine Ausstellung über die *Bill of Rights* in der Bibliothek zu sehen war, kann vermutet werden, daß das Kollegium wohl unter dem Eindruck des Grundrechts der Redefreiheit stand. (Einige ungeklärte Fragen hinsichtlich der Rechte an den Fotografien der Schriftrollen bleiben offensichtlich unbeantwortet.) Auf jeden Fall war die IAA über die Entscheidung Moffetts nicht erfreut, und einige Zeit kursierte das Gerücht, man wolle einen Prozeß gegen ihn anstrengen. Trotzdem erhielten Moffett und die Bibliothek ein lobendes Presseecho. Es hieß, die Rollen seien trotz der größten Anstrengungen der Herausgeber, sie unter Verschluß zu halten, endlich ‚befreit' worden.

Einer derjenigen, die sich das Angebot der *Huntington Library* zur Öffnung der Archive zunutze machten, war Robert Eisenman; er hatte zielstrebig dafür gesorgt, die Unzufriedenheit über das offizielle Team publik zu machen. Am 1. November 1991 veröffentlichte die Universität, an der er lehrt (*California State University*, Long Beach), eine Presseerklärung, in der Eisenman bekanntgab, daß er einen Text gefunden habe, der nicht nur revolutionär sei, sondern auch zeige, wie falsch das offizielle Team über die Rollen dachte.

„Robert Eisenman, der erste Wissenschaftler, dem man Zugang zu der Sammlung der Schriftrollen vom Toten Meer in der *Huntington Library* gewährte, hat die Entdeckung eines Textes bekanntgegeben, der sich auf die Hinrichtung eines messianischen Führers bezieht. ‚Dieses winzige Rollenfragment legt die gegenwärtig von dem Herausgeberkomitee der Schriftrollen vertretene Idee ad acta, daß dieses Material nichts mit den Ursprüngen des Christentums in Palästina zu tun habe', sagte der Professor für die Religionen des Mittleren Ostens an der *California State University*, Long Beach.

Führende Herausgeber der Schriftrollen haben geäußert, es gebe nichts Interessantes in den unveröffentlichten Rollen und diese hätten nichts mit dem Aufstieg des Christentums in Palästina zu tun."

Eisenman wird auch mit den Worten zitiert, daß der Text (4Q285) „einen konkreten Hinweis auf die ‚Tötung' oder ‚Hinrichtung des Führers der Gemeinschaft' enthält, eine Gestalt, die der Text als ‚Sproß Davids' zu bezeichnen scheint. ‚Obwohl dieser Abschnitt sowohl im Imperfekt als auch im Futur formuliert sein kann, besteht in der Sache kein Zweifel', sagte Eisenman." Wie oben in Kap. 6 Abschn. 2.4.1 gezeigt, steht Eisenmans Lesart sehr in Zweifel, da er sich für eine weniger wahrscheinliche Interpretation der Schlüsselzeile entschieden (es ist sehr viel wahrscheinlicher, daß die messianische Gestalt die Tötung vollzieht) und es versäumt hat, die richtigen Schlußfolgerungen aus deren Beziehung zu Jesaja 11 zu ziehen. Eisenmans Entdeckung wurde bald von allen Zeitungen ausposaunt. Die Pressemitteilung ist äußerst irreführend. Sie erweckt den Eindruck, daß es im offiziellen Team eine monolithische Interpretation der Schriftrollen gab und es versucht habe, die Rollen von den Ursprüngen des Christentums zu distanzieren. Jeder, der die unterschiedlichen Meinungen der Teammitglieder gelesen hat, weiß, daß sie über viele Punkte uneins waren und daß niemand von ihnen versuchte, die Schriftrollen von den Anfängen des Christentums zu trennen. Alle waren sich der bedeutenden Parallelen zwischen den beiden Traditionen sehr wohl bewußt; sie zogen daraus allerdings nicht die völlig uneinsichtigen Schlußfolgerungen (z.B., daß der Jesusbruder Jakobus der Lehrer der Gerechtigkeit war), die Eisenman bevorzugte.

Das rasche Tempo der Ereignisse ließ nicht nach. Am 19. November 1991 veröffentlichte die *Biblical Archaeological Society* ein zweibändiges von Eisenman und James M. Robinson herausgegebenes Werk: *A Facsimile Edition of the Dead Sea Scrolls* [Faksimile-Ausgabe der Schriftrollen vom Toten Meer]. Darin befinden sich 1785 Fotografien von den Schriftrollen vom Toten Meer. Die Quelle der Fotografien wurde nicht preisgegeben. Das war auch insofern ein bemerkenswerter Durchbruch, als das Werk einen großen Prozentsatz der unveröffentlichten Texte allen zur Verfügung stellte, die sich die Bände leisten (195 US-$ zur Zeit der Veröffentlichung) und die Texte auf den Fotografien lesen konnten. Die Bilder sind klein und manchmal kaum lesbar; viele von ihnen sind jedoch recht brauchbar. Der erste Band des Werkes enthält auch einen einführenden Abschnitt (verfaßt von Hershel Shanks), in dem eine Reihe von Dokumenten (Briefe usw.) abgedruckt wurde, die im Zusammenhang der jüngsten Kontroversen um die Schriftrollen entstanden waren. Darunter befindet sich eine hebräische Transkription des 121 Zeilen umfassenden halachischen Briefes (4QMMT oder „Einige Werke der Tora"). Einige Jahre zuvor kursierten zwar unter interessierten Wissenschaftlern Kopien der Transkriptionen, die Strugnell und Elisha Qimron angefertigt hatten. Aber hier lag der Text in gedruckter Form vor, und nirgendwo in diesem Band wurde erwähnt, daß Qimron einer der Forscher war, die die Transkription angefertigt hatten.

Während diese Ereignisse ihren Lauf nahmen, überdachte die IAA ihre Regelung der Zugangsgenehmigung für die Fotografien der Rollen. Man hinterlegte Abzüge in Jerusalem und an vier weiteren Orten: im *Ancient Biblical Manuscript Center* in Claremont, Kalifornien, in der *Huntington Library*, im *Oxford Centre for Postgraduate Hebrew Studies* und im *Hebrew Union College* in Cincinnati. Die IAA erteilte diesen Institutionen die Erlaubnis, ihre Fotografien Interessenten zugänglich zu machen. Zunächst wollten die israelischen Behörden durchsetzen, daß die Forscher, die die Fotografien der unveröffentlichten Texte einsahen, einwilligten, keine Edition davon zu erstellen, wohingegen sie die Texte für ihre Forschungen verwenden konnten. Nach etwa zwei Wochen gaben die Behörden auf Drängen der IAA diese Forderung auf. Es sollte nur etwas moralischer Druck auf die Benutzer ausgeübt werden, so daß den Teammitgliedern nicht ihr Recht auf die Erstveröffentlichung der Texte vorenthalten würde, die sie jahrelang studiert hatten.

Eine weitere Publikation soll hier erwähnt werden, auch wenn sie zahlreiche Mißverständnisse verbreitete. Michael Baigent und Richard Leigh verfaßten ein Buch mit dem Titel „Verschlußsache Jesus. Die Qumranrollen und die Wahrheit über das frühe Christentum" (aus dem Englischen von Paul S. Dachs und Brigitta Neumeister-Taroni, München 1991). Der erste Teil des Buches – in dem die Autoren die Rollen, die Vorbereitungen zur Veröffentlichung, den sogenannten Konsensus beschreiben, der sich über sie gebildet hatte, und all die Probleme benennen, die daraus resultierten – ist eine interessante und informative Lektüre. Es ist besonders nützlich, die Ausschnitte aus den Briefen von John Allegro zu lesen und aus erster Hand zu verfolgen, wie sich sein Verhältnis zu den anderen Teammitgliedern verschlechterte.

Aber nach einem ziemlich guten Anfang verkommt das Buch schnell zu einem Musterbeispiel eines erbärmlichen Regenbogenjournalismus. Die Verfasser versuchen dem Leser die Idee aufzudrängen, daß die Verzögerungen bei der Veröffentlichung der Rollen dadurch zustande kam, daß das von Katholiken beherrschte Team unter der Kontrolle des Vatikans stand, der über den Inhalt der unveröffentlichten Schriftrollen genau informiert und sehr darauf bedacht war, alle Informationen in den Fragmenten zu unterdrücken, die das Christentum unterhöhlen könnten. De Vaux, ein äußerst umgänglicher Mann, erscheint als ein Monster, das als führender Kopf die Konspiration des Vatikans anführte, um die Rollen unter Verschluß zu halten. Nach diesem quälenden und bemerkenswert unsinnigen Abschnitt schreiben die Verfasser eine Form von Eisenmans Theorie über die Rollen fort – eine Theorie, die ihnen befriedigende Antworten auf die Fragen zu geben scheint, die die Essener-Hypothese einfach nicht erbringen konnte. Ein bizarreres Buch aus einer Kombination von Disziplin und Leichtgläubigkeit ist kaum vorstellbar. Aber Verschwörungstheorien erregen große Aufmerksamkeit, und das Buch von Baigent und Leigh wurde zum Bestseller. Jetzt, da alle Schriftrollen zu Rate gezogen werden können, hat niemand etwas für das Christentum Schädliches in den Rollen oder irgendeinen Hinweis darauf gefunden, daß der Vatikan ein Interesse daran gehabt haben könnte, sie unter Verschluß zu halten. Als eine positive Nebenwirkung der Kontroversen um den vollen Zugang zu den Schriftrollen hat sich gezeigt, daß die Konspirationstheorie von Baigent und Leigh jeder Grundlage entbehrt.

Die jüngste nachrichtenwirksame Publikation ist die wertvollste. Der Verlag E. J. Brill hat unter der Schirmherrschaft der *Israel Antiquities Authority* (IAA) ein beachtenswertes Werk unter dem Titel *The Dead Sea Scrolls on Microfiche: A Comprehensive Facsimile Edition of the Texts from the Judaean Desert* (Leiden 1993) veröffentlicht. Fotografien (etwa 6000) von allen Qumranrollen und den in der judäischen Wüste gefundenen Texte befinden sich darin auf Mikrofiche. Begleitbände bieten eine vollständige Liste aller Manuskripte, die zu den verschiedenen Fotografien jeweils zugeordneten Nummern und einiges zur Geschichte der Erforschung und dem Fotografieren der Rollen. So stehen heute alle Schriftrollen vom Toten Meer für alle zum Gebrauch zur Verfügung, die in der Lage sind, damit umzugehen.

Die Fotografie ist ein wesentliches Werkzeug in der Schriftrollenforschung gewesen. Die Rollen der Höhle 1 wurden so schnell wie möglich (siehe Kap. 1 Abschn. 2.1.1) fotografiert, während die Tausende von Fragmenten, die in den 50er Jahren in das Museum gebracht wurden, zu verschiedenen Stadien im Editionsprozeß von Jajib Albina aufgenommen wurden. Wie jeder weiß, der selbst mit den Fragmenten arbeitet, sind die Fotografien häufig einfacher zu lesen als die Originale.

Im Jahre 1993 begann ein Konsortium von Fachleuten des *Ancient Biblical Manuscript Center* (Claremont), des *Jet Propulsion Laboratory* und der *West Semitic Research* eine neue Reihe von Infrarottests, bei denen Multispektraltechniken (MSI) angewandt wurden. MSI erlaubt es dem Fotografen, durch Bildverarbeitung am Computer die Kontraste zwischen unterschiedlichen Teilen eines Bildes zu verstärken, von denen jedes ein einzigartiges Spektralerkennungszeichen besitzt. Auf diese Weise können Tinte und Schreiboberfläche eines Fragmentes mit weit größerem Kontrast dargestellt werden, als es dem bloßen Auge sichtbar ist. Die Ergebnisse waren erstaunlich. Ein gutes Beispiel ist ein zuvor unlesbares Fragment des Genesis-Apokryphon; mit Hilfe der MSI-Technologie ist die Handschrift jetzt auf dem Fragment deutlich zu lesen, auch wenn einige Buchstaben, die durch ein anderes Lederstück, das auf der Oberfläche des ersten haftete, verdeckt wurden.

Das erweiterte offizielle Team setzt seine Arbeit fort. 1990 erschien Band VIII der Reihe *Discoveries in the Judaean Desert*. Darin veröffentlichte der Herausgeber Emanuel Tov (zusammen mit Robert Kraft) *The Greek Minor Prophets Scroll from Nahal Hever* – ein anderer Fundort in der judäischen Wüste, der nicht in Qumran liegt. 1992 publizierten Ulrich, Skehan und Judith Sanderson den Band IX der *Discoveries in the Judaean Desert: Qumran Cave 4, IV: Palaeo-Hebrew and Greek Biblical Manuscripts*. Der X. Band, der den langerwarteten halachischen Brief („Einige Werke der Tora") enthält, ist inzwischen erschienen: *Qumran Cave 4, V: MIQSAT MA'ASE HA-TORAH*, herausgegeben von Elisha Qimron und John Strugnell (Oxford 1994). Mehrere andere Bände befinden sich in fortgeschrittenen Vorbereitungsstadien.

Die gesamte durch diese Vorgänge hervorgerufene Publizität hat einige Fachleute auf dem Gebiet der Schriftrollen unerwartet zu gefeierten Prominenten gemacht, die mit Konferenzbesuchen, Reporterinterviews und Auftritten in Fernsehen und Radio in Beschlag genommen wurden. Die Zahl der wissenschaftliche Konferenzen nahm stark zu, wie auch die Zahl der von den offiziellen Teammitgliedern und anderen erstellten vorläufigen Texteditionen. Die Umstände zeitigten aber auch seltsame Folgen und persönliche Verletzungen. Die Veröffentlichung des von Strugnell und Qimron erarbeiteten Textes des halachischen Briefes durch Shanks in der *Facsimile Edition* führte zu einem von Qimron angestrengten Prozeß gegen Shanks, den Qimron vor einem israelischen Gericht gewann, obwohl er nicht alles Geld zugesprochen bekam, das er eingeklagt hatte (die Entscheidung geht in die Revision). Manchmal gerieten wissenschaftliche Konferenzen vor den Augen der Kameras und den gespitzten Stiften der Medien zu lautstarken Argumentationsschlachten. Andere Folgen waren hastige und schludrige Veröffentlichungen der Texte und der Gebrauch von Werken Dritter ohne ausdrückliche Einwilligungserklärung. Einige Wissenschaftler, die nie Mitglied des offiziellen internationalen Teams gewesen sind, verdächtigten weiterhin die Forschergruppe und verbreiteten die Vorstellung, das Team vertrete einen Konsensus und unterdrücke jeden, der davon abweiche. Solche Auffassungen entbehren jeglicher Grundlage. In der Forschergruppe werden unterschiedliche

Ansichten vertreten, und beinahe alle Felder der Qumranforschung werden heute – wie wir gesehen haben – einer lebhaften Debatte unterzogen, bei der jeder frei ist, das zu schließen, was er wünscht.

Ein weiterer Nutzen der Kontroversen bestand darin, daß sich wissenschaftliche Gesellschaften, deren Mitglieder an den Schriftrollen und anderen Funden von Orten aus dem Nahen Osten interessiert sind und daran arbeiten, der Zugangsfrage zu solchen Entdeckungen angenommen und offizielle Standpunkte dazu eingenommen haben. Sowohl die *Society of Biblical Literature* (1991) als auch die *American Schools of Oriental Research* (1992) haben jetzt Stellungnahmen über ihre Standpunkte in dieser Sache verabschiedet. Man verbindet damit die Hoffnung, daß durch die Einhaltung von Regeln und durch die Einwirkung auf Regierungsbehörden, sich ebenfalls daran zu halten, die Fehler und Verzögerungen, die die Veröffentlichung (oder Nichtveröffentlichung) der Schriftrollen begleitet haben, vermieden werden können, wenn weitere Texte entdeckt werden.

Die Erklärungen der beiden Gesellschaften sind sehr unterschiedlich. Die Stellungnahme der *Society of Biblical Literature* verlangt für alle den freien und unverzüglichen Zugang zu den Entdeckungen und das Recht, Texteditionen zu veröffentlichen. Sie verwirft die Idee, daß irgendeine Person oder kleine Gruppe das alleinige Recht für eine bestimmte Anzahl von Jahren erhalten soll, einen entdeckten Text zu veröffentlichen. Die Stellungnahme der *American Schools of Oriental Research* ist vorsichtiger, weil sie von einer Gesellschaft anderer Prägung kommt – sie ist eine Gesellschaft, die mit verschiedenen Regierungen in mehreren Ländern verhandelt, wo sie Besitzungen unterhält und kostenintensive Investitionen durchführt, für die Geld aufgebracht werden muß. Die Stellungnahme greift daher diese Belange auf und versucht sicherzustellen, daß die Wissenschaftler, die eine finanzielle Unterstützung gefunden und die Entdeckungsarbeit geleistet haben, auch für eine angemessene Zeitspanne das Recht der Erstveröffentlichung erhalten. Beide Gesellschaften haben sich jedoch dem Grundsatz verpflichtet, daß Funde anderen auf unverzügliche Weise zugänglich zu machen sind und nicht so lange von der Verbreitung auszuschließen sind wie im Falle der Manuskripte von Höhle 4. Die Erfahrung mit Qumran hat uns bewußt gemacht, was machbar ist und was nicht. Die Stellungnahmen dieser beiden Gesellschaften sind ein weiterer positiver Effekt der jüngsten Kontroversen und lassen uns hoffen, daß ein besseres System zur Veröffentlichung zur Anwendung kommen wird, wenn die nächste große Entdeckung von Texten gemacht wird.

Bibliographische Angaben

Da beinahe alle Nachweise in diesem Kapitel im Text erscheinen, brauchen sie hier nicht wiederholt zu werden. Das Zitat von Frank Moore Cross stammt aus seinem Buch Die antike Bibliothek von Qumran und die moderne Wissenschaft, übers. von Chr. Burchardt, Neukirchen 1967, S. 49.

Die Experten, die die Schriftrollen multispektraltechnisch untersuchten, sind Gregory Bearman vom *Jet Propulsion Laboratory* am *California Institute of Technology*, Bruce Zuckerman von der *University of Southern California*, Kenneth Zuckerman von der *West Semitic Research* und Joseph Chiu vom *California Institute of Technology.* Die ersten Ergebnisse wurden auf der Jahresversammlung der *Society of Biblical Literature* im November 1993 vorgestellt. Die *New York Times* hat darüber in Wort und Bild am 23. November 1993 berichtet.

Register